● 赵 鑫◎编著 ●

李世民传

人龙帝范

内蒙古文化出版社

图书在版编目(CIP)数据

人龙帝范：李世民传 / 赵鑫编著 . 一呼伦贝尔：内蒙古文化
出版社，2009.10
ISBN 978-7-80675-763-5

Ⅰ.人…Ⅱ.赵…Ⅲ.李世民（599~649）—传记
Ⅳ.K827=421

中国版本图书馆 CIP 数据核字（2009）第 186821 号

人龙帝范：李世民传
RENLONGDIFAN : LISHIMINZHUAN

赵鑫　编著

责任编辑	白　鹭　王　春
装帧设计	鸿儒文轩

出版发行	内蒙古文化出版社
地　　址	呼伦贝尔市海拉尔区河东新春街4 - 3号
直销热线	0470 - 8241422　　邮编　021008

排版制作	北京鸿儒文轩文化传播有限公司
印刷装订	三河市华东印刷有限公司
开　　本	710mm×1000mm　1/16
字　　数	220千
印　　张	23
版　　次	2009年11月第1版
印　　次	2022年4月第2次印刷
印　　数	8001—13000 册
书　　号	ISBN 978-7-80675-763-5
定　　价	65.00元

序

　　他，曾经南征北战，杀敌无数。

　　他，曾经横刀立马，名震一方。

　　有人说他雄韬伟略，有人说他用人有方。有人说他战功累累，有人说他举世无双。

　　在他之前，人们说汉武帝是明君，说文景之治是盛世。在他之后，盛世是贞观之治，明君是他李世民。他睿智、仁慈、勇敢。他胸怀四海，一统天下，建立了一个伟大的王朝。年仅二十一岁的青年，讨伐群雄，战果辉煌；终日奋战，栉风沐雨，将敌人各个击破，他的军事天才，早已使他的英名响彻天下。面对骑术优良、箭法奇准的十万突厥骑兵，是他，站在渭水河边怒斥颉利可汗的失信，而他身边只带了几个随从。若不是久经沙场的战将，哪有这么大的勇气和功力？薛氏父子、王世充、窦建德……乱世中奸雄们的政权，在李世民手中土崩瓦解。

　　放眼整个唐朝，人才济济，光芒万丈。足智多谋的房玄龄、善于决断的杜如晦、千古金鉴魏玄成、战神传奇李靖、勇武绝伦秦叔宝，哪一个提起来不是如雷贯耳、响彻历史的殿堂？而这些人却都是李世民生死相随的战友，原来真的可以有这么善于用人的将领存在，统领着千军万马，缔造一个朝代的巅峰时刻。

　　长安古城，灯火辉煌，车水马龙。万国来朝，八方来敬。而正是李世民以他的胸襟和气度，兼容并包，对外开放，才使长安有了后来国际大都市的美誉。

曾经有多少人被少数民族敬仰，突厥、薛延陀、吐谷浑……每一个都臣服在他的威仪之下，亿万子民齐声高呼天可汗，还有比这更荣耀的吗？

有多少人愿意为他效犬马之劳？有多少人愿意为他服务到老？更有多少人对他进谏？而他有多少次知人善任，从善如流？没有人数过，只有历史的长河记载了一切，沉淀了一切，铭记了一切。

是他的努力，使大唐国力富强；是他的勤政爱民，使百姓安居乐业；更是他的从善如流，使水能载舟亦能覆舟的真理深入人心。他是不折不扣的一代明君，没有人比他更配得上人龙帝范的称呼，没有人比他更值得万人尊敬。

五千年的文明史，你能记住几个人？当浪花淘尽英雄，总会有人在历史的大潮中被涤荡下来，让后人永远铭记于心。这其中，肯定会有李世民的名讳。

·目录·

01

动乱的年代,起义的呼声此起彼伏。

昏庸的隋炀帝杨广继续自己的小资旅程,一如既往地征兵准备啃高丽这个难啃的骨头。但是,没事被他招惹了的突厥趁机围攻,身陷包围圈的杨广竟然失声痛哭。

年仅十八岁的英俊少年,面对十万人之众的突厥骑兵,谋划良策,以初生牛犊不怕虎的勇气和魄力,救杨广于水深火热之中。一个名字渐渐让历史铭记,他就是——李世民。

【第一章】隋末乱世

群雄并起的乱世 ………………………………… 003

良好的家庭背景 ………………………………… 007

初生牛犊不怕虎 ………………………………… 011

雀鼠谷瓮中捉鳖 ………………………………… 017

群雄四起的时候，李世民怂恿李渊在太原起兵。从此，开始了李世民南征北战的征程。薛氏父子、刘武周、王世充、窦建德、刘黑闼，这些割据一方的奸雄，一个个走马灯似的在李世民面前掠过。他用自己的雄韬伟略，使一个个政权土崩瓦解。

当把最后一个中原割据势力消灭后，李渊称帝。而事实上，李世民才是真正的开国皇帝。

【第二章】消灭奸雄　乾坤一统

第一节　太原起兵 …………………………………… 025

怂恿老爸起兵 ………………………………………… 025

联合突厥做靠山 ……………………………………… 030

李渊如愿以偿称了帝 ………………………………… 032

第二节　征战薛氏父子 ……………………………… 034

先跟老子干 …………………………………………… 034

浅水源先败后胜 ……………………………………… 039

洛阳也不消停 ………………………………………… 041

谁能打进第三球 ……………………………………… 044

李密的教训 …………………………………………… 045

徐世勣归附 …………………………………………… 048

李世民

第三节 扫荡刘武周 …………………… 052

用人不明节节败退 …………………… 052

李世民挺身而出 …………………… 053

乘胜追击宋金刚 …………………… 056

第四节 东征王世充一箭双雕 …………………… 058

肆无忌惮的王世充 …………………… 058

慈涧会战 …………………… 060

再施拖字诀 …………………… 062

窦建德背信弃义强介入 …………………… 066

大举进攻洛阳 …………………… 070

虎牢大决战 …………………… 073

第五节 统一江南 …………………… 082

扫平刘黑闼 …………………… 082

李世民再度出山 …………………… 087

刘黑闼卷土重来 …………………… 093

集中实力打萧铣 …………………… 099

黄金搭档所向无敌 …………………… 101

一波还未平息一波又来侵袭 …………………… 105

辅公祏也起兵反唐 …………………… 109

一统中原 …………………… 114

全国一统后，矛盾转入人民内部。战功卓著的李世民和平庸的李建成相比，优势一目了然。李元吉的加入，使得矛盾最终演变为玄武门流血事件。李建成和李元吉因此一命呜呼。

李世民登上皇位，用他的雄才大略掀开了历史光辉夺目的一页。

【第三章】玄武门之变

李渊的烦心事 ……………………………………… 119

四弟介入拉开序幕 ……………………………… 122

李世民征战突厥 ………………………………… 129

兄弟之间矛盾升级 ……………………………… 132

人才争夺战开始了！ …………………………… 137

开始动武 ………………………………………… 139

有人告密 ………………………………………… 141

玄武门流血事件 ………………………………… 143

稳定才是关键 …………………………………… 149

秦叔宝也升了 …………………………………… 152

内阁大改组 ……………………………………… 153

突厥、吐谷浑、高昌、薛延陀，这些擅长骑射的少数民族总会在你毫无防备的时候骚扰你。但面对这些彪悍的来袭者，李世民厉兵秣马，勇敢地给敌人迎头一击，使得他们相继臣服。

除此之外，跟吐蕃和亲、跟战败的西域少数民族和亲、欢迎各国的友好使节。李世民用自己兼容并包的胸襟和气度开创了世界人民大团结的局面，"天可汗"的称号从此荣耀千古。

【第四章】民族政策

（一）南征北战　统一边疆

第一节　抗击东突厥 ………………………… 159

突厥的渊源 ………………………… 159

突厥又来了 ………………………… 161

抓紧时间勤练兵 ………………………… 165

天要亡突厥谁也拦不住 ………………………… 167

俘获颉利可汗 ………………………… 173

第二节　西平吐谷浑 ………………………… 175

按下葫芦浮起瓢 ………………………… 175

吐谷浑不想混了！ ………………………… 176

艰难的考验 ………………………… 179

第三节　统一高昌 ………………………… 180

打破安定的家伙 ………………………… 180

残酷的淘汰赛 ………………………… 183

父债子来还 ………………………… 185

第四节　北平薛延陀 ………………………………… 187

虎视眈眈薛延陀 ……………………………………… 187

不要命的薛延陀 ……………………………………… 187

喜欢创新的夷男 ……………………………………… 189

越挫越勇的求婚 ……………………………………… 190

李世民要悔婚 ………………………………………… 192

爱惹事儿的拔灼 ……………………………………… 193

第五节　亲征高丽 ………………………………… 195

与高丽的渊源 ………………………………………… 195

下定决心东征 ………………………………………… 197

亲自带军出发 ………………………………………… 200

难啃的安市城 ……………………… 202

坏事儿的长孙无忌 ……………………… 205

（二）民族大融合

第一节　唐蕃和亲 ……………………… 208

促进统一的和亲策略 ……………………… 208

整治国家 ……………………… 210

与求婚使臣斗智 ……………………… 213

第二节　汉夷一家 ……………………… 216

内迁突厥延用其政 ……………………… 216

第三节　对外开放 ……………………… 219

往来频繁的世界之都 ……………………… 219

对朝鲜日本的影响 ……………………… 222

开放的胸襟视野 ……………………… 222

第四节　玄奘西游记 ……………………… 223

向往佛理西行求法 ……………………… 223

回国译书藏经大雁塔 ……………………… 225

在李世民之前,明君是汉武帝,盛世是文景之治;在李世民之后,明君是他李世民,盛世是他的贞观之治。

本朝的经验和前朝的教训改变了年轻气盛的李世民,水能载舟亦能覆舟的结论一得出,就拉开了李世民勤政爱民、从善如流后贞观盛世的序幕。

一个国富力强的唐朝昂然屹立在世界的东方,以它震惊世界的姿态傲视世界的每一方热土。

【第五章】贞观之治

第一节　人民才是根本 ……………………… 231

治国用王道还是霸道 ……………………… 231

安抚百姓发展经济 ……………………… 232

第二节　任贤致治 ……………………… 235

治国与用人方略 ……………………… 235

为贤才打开门路 ……………………… 237

坚决把好才行关 ……………………… 238

让英雄有用武之地 ……………………… 241

李世民是个勤奋的皇帝 ……………………… 242

第三节　克己纳谏 ……………………… 244

都来进谏吧 ……………………… 244

君臣携手天下无敌 …………………… 244

要听两面之词 …………………… 246

千古良臣魏征 …………………… 246

第四节 府兵制 …………………… 250

府兵制的延续 …………………… 250

充足的后勤保障 …………………… 251

打破士族地域垄断 …………………… 253

历史是一代人的，而不是属于某个人。李世民是成功的政治家，能够站在一定的高度，把握时局，恩威并施，统领朝廷文武百官。

房玄龄、杜如晦、李靖、尉迟敬德、秦叔宝、魏征，哪一个不是叱咤风云？哪一个不是名垂青史？这些堪称李世民左膀右臂的虎将们，跟随在李世民的身边，为大唐基业献出了自己的全部心血。

【第六章】李世民的功臣良将

第一节　足智多谋房玄龄 …………………… 259

标准的正人君子 …………………………… 259

千古风流一坛醋 …………………………… 262

房玄龄的另外两怕 ………………………… 266

第二节　十八学士之首杜如晦 ……………… 268

第三节　"战神传奇"李靖 …………………… 270

发光的金子 ………………………………… 271

六十三岁又出征 …………………………… 274

恬淡的晚年生活 …………………………… 276

第四节　千古金鉴魏玄成 …………………… 277

苦练口才 …………………………………… 278

忠臣与良臣的辩论 …………………… 279

跟随太宗发光发热 …………………… 280

晚年锋芒见低 ……………………… 283

第五节　勇冠三军尉迟敬德 …………… 286

柏壁之战被收服 …………………… 286

不善言辞的回报 …………………… 289

玄武门之变立大功 ………………… 292

性子憨直得罪人 …………………… 294

第六节　勇武绝伦秦叔宝 ……………… 297

镇压起义显神通 …………………… 297

投降李密瓦岗军 …………………… 298

受王世充礼遇反归唐 ……………… 299

跟随秦王平天下 …………………… 299

贞观年间静养身 …………………… 302

第七节　凌烟阁冠军长孙无忌 ………… 302

人品不好的长孙无忌 ……………… 304

李世民

　　爱弓箭也爱诗文,爱骏马也爱字画。当你了解了李世民马背上的骁勇后,一定不要忽略他性情中人的一面。这个南征北战,战功赫赫的皇帝背后,那些不平凡的女人一样传奇。

　　阴阳深浅叶,晓夕重轻烟。李世民就是会在你看惯了他战场上的雄韬伟略之后,给你这样的惊喜和意外。但这个开创了盛世局面,得到万民敬仰的人,却没有逃出长生不老这一传说中的魔掌,几颗丹药最终结束了他的生命。

　　可悲亦可叹!

【第七章】性情中人

第一节　后宫群妃 ………………………………… 309

智慧贤德长孙皇后 ………………………………… 309

江南才女贤妃徐惠 ………………………………… 317

大杨妃和小杨妃 …………………………………… 319

第二节　嗜好弓马 ………………………………… 321

善射爱弓身体棒 …………………………………… 321

就是喜欢马 ………………………………………… 322

第三节　诗文与书法 …………………………… 326

属文赋诗倡导学风 …………………………… 326

擅长飞白融合南北 …………………………… 328

第四节　走向终点 …………………………… 331

政绩不突出的晚年 …………………………… 331

求健康食丹药反丧生 …………………………… 333

李世民的一生 …………………………… 337

隋末乱世

第一章

　　动乱的年代，起义的呼声此起彼伏。

　　昏庸的隋炀帝杨广继续自己的小资旅程，一如既往地征兵准备啃高丽这个难啃的骨头。但是，没事被他招惹了的突厥趁机围攻，身陷包围圈的杨广竟然失声痛哭。

　　年仅十八岁的英俊少年，面对十万人之众的突厥骑兵，谋划良策，以初生牛犊不怕虎的勇气和魄力，救杨广于水深火热之中。一个名字渐渐让历史铭记，他就是——李世民。

群雄并起的乱世

秦始皇一统六国，他的一小步，中国历史的一大步，几千年的文明史中新的大幕顺势就被拉开了。送走了汉朝的繁荣富强，迎来了魏蜀吴三分天下的格局。司马昭之心路人皆知，司马大家族也得以因为这点路人皆知的野心，在历史上扬名立万，风光了一把。不过，没有人可以在龙椅上坐上千秋万代，虽然每个建国的皇帝都是这么幻想的。可是有句老话说得好，历史是分久必合合久必分的。这基本就是个规律，你违抗得了？司马家族最终还是被强悍的五胡十六国赶到了长江以南，这也不错，最起码南方气候湿润，景色优美，有山有水的。

晋朝的到来对南方倒是裨益不小，鱼米之乡的殷实和那些大学士的才华，彻底繁荣了南方的文化。婉约的小桥流水，造就了婉约的南方美女，细腻的南方男子。

北方就不一样了，政权比较多，人人都想当一把手，少不了没事的时候开战。而且，这边基本都是大平原，老百姓只有一条活路，就是面朝黄土背朝天。有时候天旱只好求雨。这种环境出来的人肯定就少了南方人的婉约，打仗的时候你婉约，不是自己找死吗？

最终，那些被赶到南方的人们没有逃过历史洪流的激荡，验证了分久必合合久必分的历史必然性，也算功不可没。中国又开始了八方割据、南北分裂、连年混战的南北朝时期。南朝依次是宋、齐、梁、陈，短短的时间内四个朝代。北朝则先后由北魏、东魏、西魏割据，后来北魏、东魏由厉害的北齐统一，西魏就由北周统一了。这下就由原来的三个对立变成了两个对立。

历史从来都是大鱼吃小鱼，大虾吃小虾，谁强谁就是王者。胜者王侯败者寇啊！

历史流转到北周末年，周宣帝封杨坚为上柱国、大司马，也就是军事最高统帅，终于把某个小主角请出场了。后来老皇帝驾崩，小皇帝即位，杨坚作为大丞相，自然总揽了军政大权。这个有心计的杨坚四处平定割据，河南、湖北、四川很快就被消灭了。同时翦除了宇文氏诸王室，在大定元年（581 年）篡位成功，建立了隋朝，也就是历史上有名的隋文帝，年号开皇。隋朝掀开了历史的新篇章。杨坚做了皇帝后，第一件事就是统一割据局面。这是足以在他当政史上留名青史的一件事。除此之外，杨坚还是很有魄力的，实行了一系列政策。改组中央行政机构的格局，设了后世沿用的三省六部；用兵制度改了，新设立了法律制度，依法治国和以德治国相结合，发展生产。最最重要的是，杨坚修建了大运河，这是造福千秋万代的大事。也正是因为这个，杨坚被光荣地收录为影响世界历史进程的中国名人之一。这绝对是非常光荣的一件事，比战争年代参军打仗还要光荣。

所以，在隋朝初年的时候，人民生活还是很富裕的，提起杨坚皇帝也是人人竖起大拇指。不过，人说虎父无犬子，怎么杨坚就把政权交给了那么一个穷兵黩武的儿子？当然，这个也不能怪杨坚，杨广太有手段，太有计谋，只是这些计谋没用在正地方。

开皇二十年（601 年），杨坚废黜了原先立好的太子杨勇，另立次子杨广为太子。应该说杨广这一点真的跟我们的主人公李世民很像。两个人都不是最初的太子人选，都是皇帝的第二个儿子，但是都成功地杀了自己的兄长，做了皇帝。不过，杨广根本不具备跟李世民相比的资格，因为他即位之后，不光分帮分派，建立自己的党羽，而且杨广犯了一个致命的错误，那就是急功近利。

首先我们要为杨广的这份进取心鼓掌，毕竟他有这份要建功立业、超越前人的心。但是，他觉得贯穿自己统治始终的大兴土木、滥用人力财力、重新修复自己的宫殿、大规模征调军队，多次征讨高丽就是自己建功立业的表现。这狭隘的思想观和价值观，导致杨广最终被人民群众从还没坐热的龙椅上赶了下来。人做孽不可活！

杨广为满足自己一时的建功立业之心，对于人民的肆意蹂躏，不光使人民生活在水深火热之中，而且国力那是大大减弱。这样还不把人民的火逼出来？杨广也真是活该！

大业七年，杨广征集大批士兵准备再次进攻高丽时，先插一句，杨广真是有蚂蚁啃骨头的精神，高丽这块骨头啃了这么长时间，居然还不依不饶。邹平（今山东邹平西北）人王薄在长白山（今邹平南）忍无可忍之下愤然起义，还作了一首歌，歌名叫《无向辽东浪死歌》。原来音乐的号召力在那个时候已经显示出来了，就是在这首歌的号召下，人民群众拿起自己种地的工具，不为杨广征讨高丽服务，要为自己谋福利。于是，一场长久的压迫导致的起义爆发了。

一石激起千层浪，有了第一个吃螃蟹的人，后面就会有很多人跟风。在山东、河北地区起义的，还涌现出孙安祖、张金称、高士达、窦建德等人。

大业九年，济阴（今山东曹县西北）人孟海公、北海（今山东益都）人郭方预、河间（今属河北）人格谦、渤海（今山东阳信西南）孙宣雅、齐郡（今山东济南一带）人裴长才、济北（今山东聊城一带）人韩进洛、江宁（今江苏觥京）乐伯通、平原（今山东陵县）人李德逸、灵武（今宁夏灵武西南）白瑜娑，又相继而起，每支义军少则数百人，多的10余万。

同年六月，隋朝礼部尚书杨玄感在黎阳（今河南浚县东北）举兵反隋，进围东都洛阳，估计是自己离着杨广更近，更加忍受不了他的暴政；但是杨玄感却没有经得住时间的考验，很快就被镇压了下去。但是要提出表扬的是，杨玄感的这次起义虽然寿命很短，但是作用不小，他在客观上大大削弱了隋朝统治阶级的力量。

有了当官的人跟自己站在一条战线上，老百姓的兴致变得高涨起来。反抗隋暴政的民众的反抗斗争，从此掀起第二个高潮。当时各地四面八方都是反隋的人，大家见面的问候语由原来的"吃了吗？"变成了现在的"今天你反了吗？"山东遂成大乱，河北也不消停，有张金称、王须拔等，江南一带也是百姓天天想着叛乱的事，在集上走估计连衣服都得被抢光了。警察干嘛去了？跟着盗贼一起抢东西去了！杨广把国家治理成这样也是水平，全国人民空前的团结一致。先后起义的农民军有百余支，人数高达数百万，经过七个年头的战争磨砺，人民群众的力量没有被缩小，而是更加强大，大家彻底走出了地域限制，走向了完全的统一。河北的和湖南的拜了把子，新疆的和福建的学习各自的家乡话，北方人变得婉约一点，南方人学习一点刚强。总之，大家的力量集合在了一起，拧成了一股绳。

等到了大业十三年左右，全国范围内最终形成了三支强有力的起义军，这就是：翟让、李密领导的瓦岗军，窦建德、刘黑闼领导的河北义军和杜伏威、辅公祏领导的江淮义军。到这时候，全国上下一片征讨声，杨广的座椅真的开始晃悠了。而他们最终成功地把杨广从龙椅上推了下来。

良好的家庭背景

李世民一家祖籍在现在的河北省赵县，但他父亲李渊出生在关陇，自称祖居关陇，是西凉王李皓的后代。

李世民的曾祖叫李虎，这个李虎也是个厉害角色，在西魏时做官做到了太尉，这是当时最厉害的武官官职。后来李虎跟北周的创始人宇文泰一起，共同打天下。因为辅佐北周平定西魏有功，被封为八柱国之一，成为显赫的大贵族，死后被追封为唐国公。

后来风水轮流转，李渊当了皇帝，唐朝就有一个避讳，不说虎字。比如说有一个军官的名字叫虎牙将军，老虎的牙齿，多厉害，但是到唐朝改了，叫武牙将军。说老虎不说老虎，直接就说是大虫了。而且，唐朝这个名号的由来也是因为李虎在北周表现卓著，被封为唐国公的原因。看来，李渊还是比较孝顺的。

李虎的儿子叫李昞，也就是李世民的爷爷，李渊的爹爹，子承父业，他继承了唐国公这个爵位。但在李渊7岁时，他父亲李昞英年早逝，李渊就继承了他父亲的爵位。

李渊出身官宦世家，北周时袭封唐国公，他的母亲是后来隋文帝独孤皇后的姐姐，妻子窦氏是北周武帝的外甥女。

李世民的生母窦氏来历很不一般。她父亲是北周驸马爷窦毅，母亲是北周武帝的姐姐长公主（后母，周武帝姊襄阳长公主）。

窦美眉自小聪明伶俐，很受舅舅周武帝宠爱，经常在宫中居住（周武帝特爱重之，养于宫中）。

当时，周武帝出于政治需要，与突厥联姻，娶了一个突厥女子做皇后，但却很少宠幸她。难道是因为语言不通？也许吧！年幼的窦美眉居然告诫皇上说："四方还没有平定，突厥还很强大，舅舅应该多为老百姓想一想。虽然你不喜欢这个舅母，但是你毕竟娶了人家，怎么好老是让人家独守空房？只要能够得到突厥的帮助，有了这个强大的靠山，江南、关东也就称不上是什么问题了。"周武帝万万没料到这样关乎国家社稷的深谋远虑居然出自一个年幼的孩子之口，当时觉得特别惊讶，但马上转惊为喜，欣然采纳了。

看来一个人是否能够有成就，很大一部分原因来自于自己的遗传基因，李世民如此的雄韬伟略也难怪，是因为他有一个厉害的老妈。

窦美眉的父亲窦毅听说这件事后，觉得自己的女儿真是非同一般，便对老婆长公主说："这个闺女才貌竟然如此俊秀！可不能轻易就嫁个人家，一定要仔细再仔细地挑选！"窦毅是这么说的，也是这么做的。等窦美眉长大后，窦毅便在自家门后的屏风上画了两只孔雀，凡是有前来求婚的高干子弟，都给他们两只箭，让他们射孔雀。至于如何射，射哪里，窦毅不作要求，你随便，给这些公子们自由发挥的空间。但前前后后有几十人来试过，竟没一人让窦毅满意。窦毅心里估计也比较着急，这些人怎么这么笨？别着急，李渊马上就来了，原来红线是牵在这支箭上的。李渊到来后，二话没说，嗖嗖两箭，各中孔雀一只眼睛。窦毅这才开怀大笑。原来，他心中早就暗暗许了愿：射中孔雀眼睛的人，就是窦美眉的老公！

李渊能够与佳人订下婚约，除了其自身射术高超外，还不能不感谢命运。要知道，万一窦毅的暗号是射孔雀嘴巴，历史上就不会再有李世民了！

杨坚受禅代周的时候，窦氏还待字闺中。她听到这个消息后，在家中痛哭流涕地说："我真恨自己不是个男子，不能在国家有危难的时候出手相救。"一番话可是把她爸爸吓坏了，这话要是传出去，拉出去砍十次头都不够。于是窦毅和长公主慌忙捂住自己女儿的嘴："千万别瞎说，这可是会遭满门抄斩的！"

可见，如果有机会，窦美眉会是历史上第二个花木兰。

窦美眉出嫁后，靠着自己的聪明贤惠，把李家治理得是井井有条，跟丈夫李渊的感情也非常好。毕竟这个女人不是一般人，这些东西还不是小菜一碟。

到了隋文帝开皇十八年十二月二十二日（599年1月23日）李世民出生在现在陕西武功的李家旧宅里。这是李渊的第二个儿子。据当时的接生婆说，李世民出生时，"有二龙戏于馆门之外，三日而去"。看来不一样的人物出生一定会有很异常的现象出现，这也是这些真命天子不同于常人的地方。虽然是迷信，姑且相信也无妨。

李家几代袭"公爵"。"公"在爵位里，超越了侯、伯、子、男，是最高级的爵位。他家世代是贵族，李渊本身又是高级干部。可是，令人感到意外的是：他的儿子李世民却生在一座简陋的地洞里。当地人叫它"唐王洞"，文物保护碑现在也是这样写的。

据史料记载：李家当初曾十分简陋。（《资治通鉴》卷一八九）："右仆射苏世长……谓上（唐太宗）曰：'臣昔侍陛下于武功，见所居宅，仅庇风雨。'"

李家住宅简陋，只能遮风挡雨。在视帝王为神的古代，皇帝的出身，总是被形容得十分玄乎。李世民的家破例被说得这么不堪，说明这是绝对真实的。对此，李世民自己也一直都承认。他在诗作《帝京篇（之十）》里对比今昔，曾发过这样的感慨："望古茅茨约，瞻今兰殿广"——回想从前，我的居室破得不成样子，房顶上没有瓦，就有一些茅草；而今，我住在宽敞的用香树木兰的木料建造的宫殿里。这差距还真不是一般的大，看来年幼的李世民也是历经坎坷的啊！

"唐王洞"在今天陕西杨陵建子沟中学，这所中学同闻名遐迩的恩义寺为同一院落；而恩义寺就是李世民当初故居的改建。

"唐王洞"在这座院落的西北隅。院后为一突起的山包，形似龟盖。在龟盖西南角下，借着坡势，挖有一座大而且深的长方形地窖，窖深约5米，东西宽约6米，南北长约8米。地窖北崖凿进一孔窑洞，洞口南向，高、宽各约3米，深约5米许。再往前，则为一窄狭得仅可容三两人进入的小洞，深不可测。传说洞的另一端直达漆水河滩。李世民就诞生在这座窑洞里。当地居民现在住的都是房屋，没有住地下窑洞的，此为一孤例。推测当年窑洞的开凿，很有可能为了冬暖夏凉、以保护生育的母子平安。

传说，在李世民4岁时候，有个相面先生给他相面，说他的长相那是相当尊贵，有龙凤之姿，天日之表，20岁左右必能登基坐殿，济世安民。李渊胆小，害怕这话传出去要被杀头，赶忙出门去追杀相面先生，可那人却完全找不到踪影了。李渊以为是天机神授，所以给李世民取名叫"世民"。

初生牛犊不怕虎

突厥是中国古代很有历史的一个民族。他们的先祖源出于丁零（丁灵）、铁勒。

南北朝时铁勒原来住在叶尼塞河上游，后来南迁到高昌的北山，也就是今天的新疆博格多山。突厥是铁勒的一部，以狼为图腾。

5世纪中叶突厥被柔然征服，迁徙到金山南麓（今阿尔泰山）。因金山形似战盔，俗称突厥。突厥是以打铁为生的一个民族。6世纪时突厥首领阿史那土门遣使向西魏献方物。546年合并铁勒部5万余落（户），势力逐渐强盛。552年又大败柔然，以漠北为中心在鄂尔浑河流域建立突厥奴隶制政权。突厥最强盛时疆域东至辽海（辽河上游），西濒西海（今咸海），北至北海（今贝加尔湖），南临阿姆河南，可谓是地大物博。可汗为最高首领，其子弟称特勤，将领称设。分辖地为突利（东部）、达头

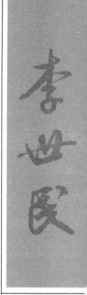

— 11 —

（西部）。可汗廷帐在东、西两部之间鄂尔浑河上游一带。汗国官制有28级。税法规定对普通牧民、黑民（战争中归附者）"征发兵马、课税杂畜"。

582年突厥搞起了内部斗争，分裂为东突厥和西突厥，658、659年先后统一于唐。658年南迁的突厥又建立后突厥，745年被回纥消灭掉。突厥各部于是大部分归附回纥，一部分西迁中亚，剩下的南下附唐。

突厥是中亚民族的主要成分之一，现在全球约有1．3亿操突厥语族语言的人，他们大多自称是突厥人或者突厥人的后裔。

大业十一年，杨广又出花样，再度北巡。他这次北巡，是想向突厥炫耀军威，迫使其惧服。

隋文帝时，杨坚曾帮助突厥启民可汗击败对手，后来两个国家之间和亲，启民可汗向隋称臣纳贡，关系一直非常友好。杨广即位后曾于大业三年首次北巡塞外，到达启民可汗牙帐。大业五年，启民可汗去世，他儿子阿史那咄吉继可汗位，号称始毕可汗。始毕可汗对隋朝，似乎不像他老爸启民可汗那么恭顺友好。此时裴矩负责管理陇右事务，他见突厥日渐强大，可能对隋王朝不利，就献策以削弱其实力。杨广听其计，派人出使突厥始毕可汗之弟阿史那叱吉设，封其为南面可汗，并把公主许配给他。谁知，这个叱吉设十分怵始毕可汗，知道自己要是接受了，可能脑袋就要搬家。于是不敢接受，还把这事报告了始毕可汗。始毕可汗觉得杨广就是企图分裂突厥，当然非常不高兴，于是就把这笔账记在了心里。

君子报仇，十年不晚！

此计没成，裴矩又生一计。他向杨广献计道："突厥本来民风淳朴，很容易使用离间计。但是一条鱼满锅腥，突厥中有许多人（指西域等少数民族）十分狡猾，竟然教唆始毕背叛我们大隋。听说有个叫史蜀悉的人最诡计多端，而且很得始毕宠信，臣请设计杀他。"

史蜀悉不是别人，正是始毕可汗最信任的得力宠臣。得到杨广的首肯，裴矩就假情假意地请史蜀悉来马邑互市。史蜀悉不知道裴矩居心叵测，信以为真，跟自己的部属带了马匹牛羊，赶赴马邑互市。

裴矩把史蜀悉迎进马邑，在宴席间埋伏好了人把史蜀悉杀了。看来不要随便相信别人，不知道谁会在你背后捅你一刀。裴矩派人传信儿给始毕可汗说："史蜀悉竟然想背叛可汗，被我们收容了。突厥是我们隋朝的藩属，有背叛突厥的人，就是对我们隋朝的背叛，我们有责任有义务要为突厥可汗清理门户。这个试图背叛可汗的史蜀悉已经被我们杀了，现在特意前来禀报可汗一声。你的隐患已经消除了，不必再有什么顾虑。"

可这个史蜀悉是始毕可汗的心腹大臣，他谋不谋反，始毕可汗自己还不清楚？现在你二话没说就把我的心腹大臣杀了，这不明摆着找事儿吗？

但是不得不佩服始毕可汗的涵养是如此的深，居然还没有动手，继续忍了下来，不过这第二笔账也就此刻在了心里。而且，始毕可汗从此以后就不再入朝了。

大业十一年八月，喜欢旅游，喜欢玩小资的隋炀帝杨广带着自己的亲信文武大臣四处游玩，来到了北方边塞——雁门，也就是现在的山西代县。这个雁门之所以有名，不光是风景的原因，主要是因为"天下九塞，雁门为首。得雁门而得天下，失雁门而失中原"。可见雁门的战略意义是多么的重大。

而且，杨广每次出去玩都搞得声势浩大，始毕可汗自然也知道杨广又出去玩了。始毕可汗觉得这是自己有仇报仇，有冤报冤的绝好时机，于是，把全国的兵力都划拉上，率数十万人马准备偷袭杨广。

玩得兴致正浓的杨广完全没有心理准备，自然是被打得落花

【第一章】隋末乱世

流水，十分狼狈，在卫队的护卫下匆忙撤回雁门郡。但此时突厥骑兵已经铺天盖地地尾随而来，接连攻下了三十九座城池，将雁门围了个水泄不通。杨广本来想趁着这次北巡边塞的机会，一来耀武扬威，二来自己还能欣赏风景，却不料竟然沦落到现在这种被人团团围住、瓮中捉鳖的地步。而且，更糟糕的是，雁门城池不大，城防也不牢固，储备的粮食只够杨广与城中十五万军民吃二十余天，情况万分危急。杨广站在雁门城楼，望着城外的突厥旌旗猎猎，不由得悲从中来，一把抱住身边只有十岁的儿子杨杲失声痛哭，感叹道："如果长孙晟在这，我怎么会沦落到这个地步?!"这个长孙晟不是别人，我们在后面也有介绍，他是长孙皇后的老爸，也就是一箭双雕、留名青史的那位。

这时候兵部尚书樊子盖对杨广说："希望陛下停止东征高丽，以安抚大家的情绪。陛下再亲自慰抚将士，并且立下条文：一旦立下大功一定重重赏赐大家。用经济利益刺激兵士的神经，一定会有人奋力杀敌，到时候还怕不能脱险啊?"萧皇后的弟弟、内史侍郎萧瑀也献策道："突厥有这样的风俗习惯，就是可汗的老婆可贺敦可以参与军机大事的讨论。现在义公主为可贺敦，她以皇室家族成员的身份嫁到了突厥，但是心里肯定还是向着我们的。陛下可以派人跟公主取得联络，没准可以起作用。此外，现在将士心中想的就是担心陛下消灭了突厥后再次征伐高丽。如果陛下下发一道诏令，特别声明不再征讨高丽，而是专心攻打突厥。大家没有了后顾之忧，必然会专心致志地对抗突厥，个个奋勇作战。"

好在现在杨广不糊涂，采纳了这些建议，亲自巡视将士，鼓舞将士，又发出布告征求天下有识之士，募兵勤王，以解雁门之围。

布告一经发出，报名者把门槛都踩破了。在各地奔赴雁门的勤王将士中，有一位十八岁的少年英雄，人长的帅不说，而且气质非常好。他就是李渊的二儿子、未来隋朝右骁卫将军长孙晟的女婿李世民。当时李渊出任河东抚慰使，正在河东与毋端儿农民起义军作战。听说杨广在雁门被围困，但是河东战事紧张，自己脱不开身，无法前往，只好派了二郎李世民领数百精骑，驰援雁门。

李世民一行到了雁门后，就投军在雁门屯卫将军云定兴麾下。云定兴将军见来了位将门之子，又见他气宇轩昂，就把李世民请到帐中聊天。

双方坐下后，云将军感叹道："公子如此年轻，就来军中效力，一片忠君之心苍天可表啊。但是你年纪还小，恐怕不能为国出力。现在敌人比我们的人多出很多倍，我军恐怕很难取胜。公子不如先回家，免得你老爸担心。"

没想到李世民却道："有句古话叫'有志不在年高'，而且，战争年代，靠的是智取，不是谁人数多就一定可以获胜。将军怎么知道世民不能为国效力呢？"言外之意就是是骡子是马要拉出来遛遛才知道。

云定兴又说："现在我手下的人马再加上新招募的新兵蛋子，总共不超过六千人。公子带来的唐公帐下的兵马也不过就是数百。就算这些人都是以一当十的精锐之师，以区区数千的兵力对付突厥强兵，还不就是以卵击石吗？不知公子还有什么退敌的锦囊妙计？"

李世民清了清嗓子说："将军，以世民之见，现在的形势，我们只能智取，不能硬碰硬。"

云定兴忙问："怎么个智取法？"

"始毕可汗这次倾全国之力，深入我们的地盘围攻天子，肯定认为我们仓促之间不能集中大量的兵士前来救援。但是，把全国的兵力集中起来肯定也是很仓促的，而且他们对我们究竟能集结多少援兵一点都不清楚。我们可以大张旗鼓地张罗一下，虚张声势，白天在各山各谷之间插满隋朝的国旗，让它延绵数十里。期间把鼓擂得响一点，百里之外都能听见。突厥不知道我们的底细，一定以为我们这边的援兵到了，不敢恋战，肯定会望风而逃。要不然，敌人比我们多这么多人，就是一人打一个也把我们打死啊。况且，他们多是骑兵而我们多是步兵。他们骑着马跑过来杀我们，逃都来不及，怎么会是他们的对手？不但不能救皇上，还得搭上很多人的命。"

云定兴暗暗吃惊，张口赞叹道："这条疑兵之计，正好可以用来吓退突厥人。公子小小年纪，竟有这样的见识，将来肯定会有一番作为的。"如果九泉之下的云定兴知道唐朝的第二代皇帝就是李世民，一定会为自己如此准确的预见性感到万分的骄傲。

云定兴采纳了李世民的妙计，按照他说的作了一番部署。突厥始毕可汗派出的侦察兵，看见漫山遍野都是隋军的旗帜，而且战鼓的响声不绝于耳，以为真的是大军前来救援隋军。于是赶忙十万火急地报告说隋军来了大量援兵。始毕可汗围困雁门十几天，最终没敢贸然进军。再加上杨广暗中派了使者，请突厥的可贺敦——隋朝嫁到突厥的义公主从中周旋，突厥最终放弃围困雁门，回老家去了。

但事情不是突厥走了就可以一了百了的。云定兴趁突厥退兵加紧追击，李世民身披白战袍，骑一匹枣红马，冲在最前列。他手上拿着硬弓，箭无虚发。

擒贼擒王，李世民深谙此道。于是冲入敌阵，看准了突厥指挥断后的为首将领，弯弓搭箭，施展李家绝学连珠三箭。敌将那摩晋，听说过李世民高超的箭术，想要会会他。突然看见李世民将目标对准了自己，连忙左右躲闪，避开两箭。没想到刚躲过第二箭，第三箭就追了过来，他下意识地举弓一挡。

"啪"的一声，两人之间隔着一段不小的距离，那摩晋哪料到李世民箭的力道竟有这么大。尽管被他挡了一下略偏了点方向，那箭仍带着一股劲风，射中了他的左肩。

"啊——!"那摩晋大叫一声，差点栽下马去，慌忙拨转马头，捂着受伤的肩膀向北逃去。

突厥骑兵群龙无首，失去指挥，更加混乱，树倒猢狲散了。

那摩晋一口气跑出去数十里地，见隋军没有穷追不舍，才停下马稍事整顿。身边的军士赶忙替他拔出左肩中的箭，包扎伤口。那摩晋用右手拿起箭，难以置信地反复查看。这个箭比一般的箭长出许多，箭杆尾羽也比平常的箭羽大了一倍，箭杆刻着一个"李"字。那摩晋端详了半天，感叹道："我们突厥，许多方面都比不上汉南蛮，就是这弓马的技术还能自豪一点。没想到南蛮中竟亦有人用这样的长箭巨弓，要不是亲眼所见，我一定不会相信! 不知道这个射箭的人，到底是什么人?"

但是队伍中有人知道李世民的大名，便献宝一样地过来说："那小子打的是河东抚慰使、唐公李渊的旗号，听说是李渊的二儿子李世民。"

"李——世——民!"那摩晋恨恨地说，记住了这个名字。

其他的将士也看着那支大羽箭，嘴巴张得可以塞进去一个鸡蛋，他们也记住了，南蛮中有个厉害的勇士叫——"李世民"。

雀鼠谷瓮中捉鳖

隋大业十二年（616年），隋朝右骁卫将军李渊率官兵在雀鼠谷（今山西介休西）地区围剿甄翟儿农民军。雀鼠谷也是战略重地，是太原通往关中长安的军事重地。

李渊率领全军正在行云流水般疾行，健步如飞，步履生风，不知不觉来到了临汾郡与甄翟儿率领的高原地区的一支反隋军队相遇。这可是完全对立的两队人马，自然是仇人见面，分外眼红。于是拉开架势对垒，李渊兵不过数千人，被甄军几万人马重重包围，在万分焦急之际，李渊派人上绵山让李世民前来救援。

— 17 —

李世民在绵山安营扎寨，养精蓄锐，训练兵马。一天，李世民夜观天象（看来李世民也懂得奇门遁甲之术），天特别高，特别蓝，没有一丝的乌云。突然李世民发现从南面的天边，有一团浓黑翻滚的乌云缓缓向绵山方向涌来，急忙转身叫来自己的心腹。二人细细研算，占卜机缘，这个心腹说："黑云飘浮头顶可是贼寇骚扰的征兆，这可不是什么吉祥的预兆。"

果然，天刚蒙蒙亮，一名兵士匆匆闯入军帐，神色慌张地禀告道："报……报大人，大事不好啦！"

李世民问道："慌里慌张的，有什么事？"

"启禀大人，小人刚接到一前方战报，盗贼魏刀儿手下悍将甄翟儿率贼兵三万余人犯上作乱，临汾郡总兵潘文长将军已经阵亡。李老爷率军在汾临郡与甄翟儿盗贼相遇，被甄贼兵将重重包围，让大人赶快去援救……"

"你说的是真的？"李世民问。

"大人，小人句句是实，如果有半句瞎话，就天打五雷轰。"

"下去，再探，再报！"

李世民说完，赶紧穿上自己的战袍，召集人马，下山救援自己被围困的父亲去了。同时集结号吹响了整个绵山的兵营，不一会儿的工夫兵将集齐，整装待发。效率还不错，果然是李世民的兵。

李世民率军大步流星，迈着迅猛的步伐，下山迎敌。很快就来到雀鼠谷，身边亲信指着蜿蜒陡峭的山势说："这里就是雀鼠谷，地势非常险要，历史上曾在这里发生过很多战事。"

李世民带领几个将领，放眼四望，只见谷地狭长，两边山峰高且陡，更关键的是这个峡谷是南北通行的唯一通道。李世民果断地说："我们就在这里埋伏，来他个瓮中捉鳖。"于是命人带领一支队伍去东岭上伏击，另外一个将领带一支人马去西岭设伏，他自己带领精兵去搭救，突围后诱敌来雀鼠谷……

这时候突然前方一阵急促的马蹄声传来，转眼就到了眼前，原来是自己的侦察兵来了。只见侦察兵滚鞍下马，跪在李世民前说："启禀大人，小人探得前方甄翟儿将李老爷围困在北山顶已经两天了，请大人急速增援搭救……"

李世民听后，这可是我亲爸爸啊，竟然这么对待他！马上带着一万骑兵精锐，前往临汾郡北山搭救突围。不到两个小时的工夫，李世民带领骑兵已与甄翟儿的敌军交上了手。李世民的勇冠三军绝不是徒有虚名，他冲入敌阵，东冲西突，如蛟龙出洞，如入无人之境。凡是被他碰着一点的人非死即伤，这样的人谁敢阻拦。很快，李世民就杀到了北山，冲破重围，把已经被困了两天的李渊从包围圈中解救了出来。

李世民救出李渊后，指挥李渊先退出雀鼠谷。李渊按照李世民的办法率兵奔向雀鼠谷，李世民与甄翟儿继续交战，二人打了三十多个回合，愣是没打出个输赢。李世民知道，继续打下去也不会有结果，于是假装逃跑。边打边退，逐渐退出重围，跃马带领精兵骑队把甄翟儿引进了雀鼠谷。甄翟儿哪里知道李世民怎么想的，于是带着胜利的喜悦，率领人马穷追不放，一直追到雀鼠谷，进了李世民的埋伏圈。

李世民的心腹大将看见南面尘土飞扬，人喊马嘶。前边一队人马为首的大旗上清清楚楚地绣着一个"李"字，知道是李世民父子诱敌的军队。紧接着后面追来一队人马趾高气扬地往这边追来，为首的大旗上写着一个"甄"字。这二人眼看着甄翟儿的军队毫无戒备地冲入了他们的埋伏圈，还听到甄翟儿骑在马上高声指挥"追、追……"

李世民一看时机已到，指挥全队人马，掉转马头，开始冲杀。顿时烟尘四起，喊声震天，甄翟儿追兵的去路被生生截断。同时李世民大喊一声："放！"只见滚木擂石在霎时间便如同狂风骤雨似的从高山上倾泻而来。李世民命一队人马堵住南面出口处。同时那些大石头砸在敌人身上，那不是一般的疼，那是要命的啊！于是敌方士兵不断地往南方撤退，逃命要紧啊！但是，进来容易，想要出去可不容易！李世民的人早就在南门口堵住了，你过来我就拿箭射你。那些被砸得嗷嗷乱叫的兵士只好找另外一个出口。但是，这边情况也很不妙，因为这边有一个更厉害的人在守着，李世民的大刀在这等着呢！敌军吓得跟没头的苍蝇似的，四处乱逃。转眼间，是死的死，伤的伤，剩下的更是抱头乱窜。为首的一个猛将官，眼看遭到袭击又无法冲出重围，只好命令士兵拿出盾牌遮挡飞来的箭。可是他忘了，盾牌只有一面，你挡住了左边的箭，还能挡住右边的箭？现在李世民的人是西面八方地射箭，再加上滚木擂石自上而下飞来，累死你你也防不住啊。

甄翟儿见状，大吼一声，拼了！随后率领人马向在山上埋伏的李世民攻去。李世民也不着急迎战，只继续用弓箭和滚木擂石猛攻。估计会把甄翟儿气死。见甄军将士逼近，李世民这才一声呼喊，率领众将借助山势一跃而起攻了下去，发着震天的喊声直冲入甄军的人堆里。刀与刀，剑与剑，棍与棍的撞击声、喊杀声、尖叫声、呻吟声和山谷中旷地上的厮杀声交织成一片。你当时在场，耳膜估计也会被震破。

李世民挥舞手中刀，左冲右杀，继续自己的勇猛无敌。很多甄兵将士成为刀下之鬼。李世民与敌军游斗半天，看见不远处有两个人发生肉搏战，拼命地互相扭打，李军好像要把对方撕成碎片才甘心。正打得难解难分，李世民急忙冲上去，照着敌将的马就是一刀，马腿应声而断。敌将摔了个狗吃屎，头盔歪了，盔甲斜了，兵器也扔出去老远。敌将正想挣扎着起来，谁会给他第二次反抗的机会？一个李军士兵抢上去，将他像捆死猪一样地绑了起来。

李世民用刀挑起头盔看时，只见他战袍上绣着一个"甄"

字，原来是贼首甄翟儿被擒住。连忙纵马驰上山岗，大声喊道："敌军听着，你们的头儿甄翟儿现在已经被我们擒住了，还不赶快放下武器投降。"

正在酣战的甄翟儿士兵，听到喊声，看到自己的顶头上司都被人抓住了，自己再打下去还有什么意思？于是纷纷放下手中的兵器投降。一场瓮中捉鳖之战胜利地结束了。

【第一章】隋末乱世

消灭奸雄 乾坤一统

第二章

　　群雄四起的时候，李世民怂恿李渊在太原起兵。从此，开始了李世民南征北战的征程。薛氏父子、刘武周、王世充、窦建德、刘黑闼，这些割据一方的奸雄，一个个走马灯似的在李世民面前掠过。他用自己的雄韬伟略，使一个个政权土崩瓦解。

　　当把最后一个中原割据势力消灭后，李渊称帝。而事实上，李世民才是真正的开国皇帝。

第一节　太原起兵

怂恿老爸起兵

隋炀帝大业九年（613 年），隋炀帝远征高丽，时任卫尉少卿的李渊在怀远镇督运粮草供给战争所需。那时候的百姓身心已经变成了筛子底儿，哪还禁得起折腾？当然，有眼光的官儿们也明白，隋炀帝虽然有领导的高瞻远瞩，但根本没学过管理，这无异于在未来将自己的皇位拱手相让，那还等什么？赶紧起来反抗！

这年六月，重臣杨素的儿子，隋朝集外交部长、教育部长、中央办公厅主任于一身的帅哥杨玄感率先起兵反隋。面对这次叛乱，李渊是立场坚定，态度明确，立刻派人日夜兼程向杨广"报料"，成为极少数几个最先向皇帝通报信息的官员之一。这让杨广非常感动，觉得还是自家人贴心啊！于是对表弟的印象分由"良"跳升到"优"。升他为弘化郡留守，做了大军区司令，身价倍增。

一朝被蛇咬，十年怕井绳。从此，隋炀帝开始怀疑身边的权臣。李渊从光屁股的时候就跟杨广在一起，他太明白杨广的个性，只要他对你有所怀疑，那很高兴你中大奖了，不久的将来你将可以在他的怀疑下变成彻底的标本。李渊为了一家老小的安危和自己的职业生涯，只好战战兢兢地投隋炀帝所好，向隋炀帝进献他酷爱的鹰犬，自己则整天吃喝玩乐，完全一副胸无大志的样子。

成功和幸福是努力创造的结果。等到时机成熟，一切自然水到渠成。

只不过现在李渊正在力量的积累阶段。

杨玄感死了，但是人民记住了他，因为他是第一个吃螃蟹的人。榜样的力量是无穷的，虽然杨玄感被螃蟹伤到了，但是却引领着后面的人疯狂地抓螃蟹。面对这样风起云涌的农民起义，杨广心里确实颤颤的，于是决定在自己身边物色一个人帮自己打跑这群抓自己螃蟹的人，找来找去就瞄在了李渊身上。打虎亲兄弟，李渊是自己的表哥，而且为人还算忠诚，就是他了！杨广在自己心里给了李渊及格分。只不过这个自己物色的亲兄弟在两年后把自己推下了政治舞台。但是那时候的李渊可以说是隋朝的一代忠臣，兢兢业业地抓反贼，为隋炀帝服务。于是不久以后加官进爵，产房传喜讯——李渊升了——太原留守。

有了这样的军权，对于李渊来说可谓是如虎添翼，如果他想要谋反的话。此时的李世民虽然年纪尚轻，但是眼光绝对老道。他知道即使累死李渊，也不可能将全国所有抓螃蟹的人杀光，既然这样，不如跟随大潮流，起来把那个多疑的杨广杀掉，自家亲戚又怎么样？

瓦岗寨的李密也是起义军之一，他的亲戚刘文静因为李密起义被抓进牢里。这个刘文静是李世民的忘年之交，二人很是惺惺相惜。李世民去牢里探望刘文静，"顺便"请他帮忙拿主意。刘文静早就看出了李世民的心思，就顺坡下驴地说："现在皇上远在江都，李密逼近东都，到处都是造反的人，可谓是过了这个村就没这个店了。我可以帮你收集十万人马，你父亲手下还有几万人。十几万人振臂而起，不出半年，天下就可以收归囊中。"一番话可是说到了李世民心中。

李世民回家跟老爸一说，当时差点挨了揍，遭到了李渊的强烈反对。但是李世民料定李渊会听自己的劝告，于是乖乖地退下了。第二天，把昨天说的话原原本本地又说了一遍，李渊经过一夜的深思，觉得李世民所言也有道理，但是仍然下不了决心，第二次又把李世民骂退了。第三天，李世民旧事重提，这次李世民还没有说完，李渊就说："儿子啊，昨天我又一宿没睡，你说的有道理，现在全国上下造反已经变成了一种时尚，我一辈子走在潮流的边缘，从没有一次变得时尚，这次我决定变得时髦一点，反了！"

李渊把本家老相识刘文静从晋阳牢监里放了出来。刘文静帮助李世民分头招兵买马，李渊又派人把正在河东打仗的另两个儿子李建成和李元吉召了回来。

李家父子的人缘绝对是有口皆碑，而且老百姓对于反抗朝廷都有点赶时尚的意味，所以对他们来说招兵买马算是很容易的事情。

隋炀帝的心腹，太原的副留守王威、高君雅面对着上万新兵被李渊父子掌控，心中甚是奇怪，隐隐觉得事情不简单，怀疑李氏父子别有用心。二人决定当机立断为皇帝铲除潜在的危险因素，于是谋划在晋祠祈雨大会上，设伏兵杀掉李渊父子。

别为李渊着急上火，为什么？这还要归功于李渊的为人啊！

晋阳乡乡长李世龙出身卑贱，但是军区司令李渊没有因为自己身份卑微就看不起自己，仍然以礼相待，李世龙心里这个感动啊，决定找机会报答李渊。这不，就在自己闲来没事的时候，得知有人要密谋干掉李渊，李世龙急忙心急火燎地把此事告诉了李渊。

李渊心想，正找不着理由杀掉你们，你们竟然自己送上门来，好的，马上成全你们！

617年五月的一个清晨，李渊气定神闲地和王威、高君雅像往常一样坐在晋阳宫城里商讨事情，但王高二人怎么也想不到此时李渊父子早已派伏兵在晋阳宫城外，悄悄地准备干掉他们。这时，刘文静按计带着开阳府司马刘正会进来，对李渊禀报说有人写来揭发信，说有人谋反。李渊不着急接过来看，故意示意王威取密信来看。刘正会没有把信给王威，说密状告的是副留守，需要李渊亲自查看。李渊接过密状，看到上面写着"威、君雅潜引突厥入寇。"

这个罪名可是不小，这明摆着是把隋朝往火坑里推啊！谁不知道那些高鼻凹眼的胡骑的厉害？那可是杀人不眨眼！王威、高君雅二人此举就算是拉出去枪毙五分钟也是不够杀的。李渊对手下人说将王高二人拉出去杀了，为皇上除害。这时，高君雅突然醒过味儿来，明白是李渊故意设计圈套，要铲除自己，于是大叫贼喊抓贼。刘文静一声令下，埋伏在后面的长孙顺德、刘弘基等人就将王威、高君雅押送进了监狱。但是有一点李渊不得不顾忌，那就是这二人都是皇帝的亲信而且身居高位，光凭这条密报，杀掉这两个人是不成立的。李渊是个老谋子，做事一定要"一看二慢三通过"，在这件事上就可见一斑。

但是，所谓无巧不成书，就在李渊为找不到理由杀掉王高二人的时候，上天给他创造了理由。在雁门让隋炀帝惊魂的胡骑，此时又聚兵数万人侵扰晋阳。李渊父子派兵迎战，同时向天下昭告，说是王高二人秘密将突厥兵引到了这里。官民看到气势汹汹的突厥人，就全都相信王高二人是突厥的内线，李渊更是十足地理直气壮，大骂他们，别以为穿上马甲我们就不认识你，你以为

【第二章】消灭奸雄　乾坤一统

群众都是白内障、青光眼，群众的眼光是雪亮的。于是在众目睽睽之下，将王高二人送上了西天取经之路，只不过，此次他们再也没有回来的机会了。

铲除了身边的异己和障碍，李渊就打着保卫隋氏王朝的忠君形象，公开起兵了。

联合突厥做靠山

还有一个问题，那就是突厥。

现在突厥人就在眼前，想躲已经来不及，只好硬着头皮作战。但是作战也得讲究策略，不能胡来。现在自己这边都是些新召来的新兵蛋子，硬来的话还不是拿自己的脑袋开玩笑，人只有一颗脑袋，可不是用来试刀快不快的。

李渊这个老谋深算的人是个绝对的多才多艺的人，看来皇帝也不是人人能当的，必须是全能型的人才。现在李渊就在重新演绎历史，那就是空城计。李渊将太原的大门大敞大开，这次轮到突厥人迷糊了，莫非李渊是有备而来？好汉不吃眼前亏，我闪！但是即使是闪，突厥也还是存在的，对于李渊来说，这个难题不解决，自己起义的时候，不知道什么时候就会挨人家一拳头。到那时候滋味会是什么样的，也只有自己知道了。

怎么办？

李渊知道，此时要想办法联合突厥才是上策，突厥对于自己来说是大有益处的，团结突厥人，一来看着这些粗犷的突厥人心里的底气就会足很多，还能吓唬敌人；二来，战争年代，多些兵马就等于增加了战胜的筹码，何乐而不为？

当机立断，李渊决定向突厥发出请柬，要突厥人一起作战，当然突厥人要为自己服务。

李渊修书一封，信写得热情洋溢，说自己愿意向突厥称臣，一起共谋大业。而且，如果突厥表示同意，那美女和财宝将是大

大的。有钱有美女，突厥人当然是非常乐意帮忙了，而且这帮忙其实就是什么都不做，完全就是坐享其成，何乐而不为呢？

这样李渊就稳住了突厥，防止自己在背后挨刀子了。李渊正式向隋朝发起了进攻。

李渊确定了自己的军事策略：直取长安。长安是隋朝的首都，当然是绝对的风水宝地。但是隋炀帝这个小资气息浓厚的人，总是习惯到处去旅游，所以长安相对空虚。另外，夺取了长安也有利于争取人心。

更值得我们一提的就是李渊的心眼。他走了一条中间路线，只反皇上不反隋朝。这是一条左右逢源的路线，不反隋，可以避免隋朝的同情者的反击。反对皇上，又可以获得反隋力量的支持。他骨子里是不反隋吗？当然不是。所以，真正隋朝的拥护者还是与李渊为敌的。而造反者也会集聚在他的旗帜之下。

但是，他毕竟打着不反隋的大旗，尊奉杨广的儿子杨侑为皇帝，这让骑墙派、观望者这些绝大多数的力量不会与他为敌。

不是一个政坛老手，能制定出如此老辣的策略来？

公元 617 年七月，李渊在太原设坛誓师。李世民在这些战役里表现勇猛，可圈可点。

公元 618 年三月，扬州正是鲜花盛开、春风拂面的季节。这美好的季节里，隋炀帝却被自己的禁卫军谋杀了，也算是给了生性爱小资的隋炀帝一个好的结局吧。

就在杨广光荣献身之后，宇文化及带着原先杨广手下的军队和十万佳丽浩浩荡荡地踏上了西归的征程。

在西归的路上，宇文化及侥幸地战胜了冲杀上来的那些企图颠覆自己政权、要为杨广报仇的各种人，一路上算是有惊无险。

但是作为西归必经之路的洛阳，形势却是相当的不明朗。

首先是李世民、李建成兄弟来到了洛阳，让洛阳守军开门。洛阳守军智商虽低但没低到引狼入室的地步，所以对李氏兄弟不理不睬。

其次是瓦岗军李密，看到平日跟自己和平相处的李渊居然要来洛阳跟自己抢地盘，心中大为光火，于是就时不时地攻击一下他们。

但是这种攻击只能限于小规模的，为什么？因为旁边还有一个更大的共同敌人，那就是王世充，此人在以后变得越加的强大，绝对不容小觑。

洛阳的诱惑力实在是够大，这里防御设施齐备，兵多将广，一旦得手，实力必将大大增加。

但是此时李世民却高瞻远瞩地说，这步棋不能走！我们根基还不稳，就算是能够占领洛阳，迟早也会被别人收编了。所以还是要回长安。

他说的非常有道理，瓦岗军现在就在城外窥视着，拿下这个城，也是给李密做的嫁衣裳。

而且，宇文化及就要到了，洛阳已然变成了大家挤破头来争抢的烤地瓜。

李世民、李建成成功地全身而退，并且占领了宜安、新阳两块对抗洛阳的缓冲地带，实在是功不可没。

但是，这还不能算是最大的喜事，因为刚刚在前不久，李渊成功地被晋升为相国，而且加了九锡。

虽然李渊的这种晋升对于实力和地位没有什么大的影响，但是这种晋升是权臣变为皇帝的必经之路。曹操当年就是享受的这种待遇。

李渊如愿以偿称了帝

表弟去世的消息传到李渊耳朵里，李渊是大哭一场，我们从小一起长大，彼此了解，现在你却丢下我一个人离开了，你于心何忍？作为你的臣子，只是因为道路不通就不去救你，叫我怎么不难受啊！

李渊当然是做给别人看的，他的观众是忠于隋朝的那些人，他的目的自然是赢得这些观众的心。如果能够产生思想上的共鸣跟他一起哭泣，当然也就更好不过了。

此时李渊的心情我们都是可以体会的，简直可以乐得一蹦三尺高。杨广死了，自己前往皇帝的路上少了一个绝对重量级的选手，这让他在竞选皇帝的时候可以少挨很多人的骂，减少道义上的阻力。

看过电视的人都知道，让一个演员压抑着心中莫大的高兴表现得如丧考妣，这是多么挑战的事情，现在李渊的表现绝对可以竞逐奥斯卡影帝的殊荣，梁朝伟估计都比不上他。虽然没有拿到什么小金人一类的奖品，但是李渊也给自己颁了一个大奖，那就是皇帝的宝座，这可是比任何的小金人都来得实惠得多的东西。

李渊在太极殿举行了隆重的登基仪式，是为唐高祖，定国号为唐，年号武德。

从此，这个代表着富强、文明、宏大的大唐，出现在了中国的历史上，成为与大汉齐名甚至超越它的强大的王朝。

杨广死后，那些留守的官员们没有闲着，他们成就了隋朝的第三位皇帝，那就是越王杨侗。杨侗登基之后，任命了王世充、段达等人，号称当时的"七贵"。杨侗的智商看来也是不怎么地的，因为他用了胆小怕事、懦弱无能的段达，不过他为自己的这种错误决定付出了惨痛的代价，所以我们也就不再追究了。

【第二章】消灭奸雄 乾坤一统

第二节　征战薛氏父子

先跟老子干

李渊虽然建立了唐朝，不代表自己从此可以做甩手掌柜了，前面的道路可是还非常坎坷，肩上的担子还是很重的。

要想实现国家的统一，就需要把大大小小的起义团伙全都消灭。虽然这有点难度，但是正如同应试教育要想上大学就必须死记硬背课本知识，否则就等着回家卖红薯吧。

现在李渊成了一国之君，自然不能亲征，而是要留在家里处理政务，这出兵打仗的事儿也就落在了几个儿子身上。在接下来的战争中，李世民的表现那是绝对的无人能出其右，建立了赫赫战功。

李氏父子的敌人很多，我们一个一个来介绍，这样的介绍当然是些拿得出手的人物，那些小鱼小虾我们就一带而过了。

首先跟李家父子交手的是薛举。

薛举祖籍山西，不大的时候跟随家人到了金城，也就是现在的兰州城关区。

薛举长得身材魁梧，英勇善战，同时为人非常豪爽，仗义疏财，非常喜欢结交各种英豪。自古以来钱这个东西就非常地有用，现在薛举的势力扩张又一次验证了这个放之四海而皆准的真理的正确性。

当时陇西的百姓也没有逃脱连年征战的悲惨后果，贫困的年代，粮食是让多少人眼前一亮的东西啊！金城令郝暖把招募到的几千名将士，交到薛举手中，让他带兵讨伐那些准备推翻隋朝统治的起义军。

金城府校尉薛举是个古道热肠的人，看到百姓活在这样的水深火热之中，心中非常不忍，于是利用手中的兵权，囚禁了郝瑗，开粮仓救济饥寒交贫的老百姓。这可是天上掉下的馅饼，薛举一下子成了救苦救难的观世音，自然是得到了百姓的一阵疯狂的拥护。薛举借此自称西秦霸王，建元秦兴，在金城定了都。

薛举的父亲非常有眼光，自己不在山西挖煤了，跑到了兰州城关，这里空气质量比山西好不说，一望无尽的草原养育了很多膘肥体壮的战马，朝廷的战马都要靠陇西一带的草原饲养。薛举如同站在苏伊士运河的峡口，这大批大批的良马还不是完全归了自己？所以说做人眼光很重要。如果薛举家依然待在山西，除了多呼吸一点质量差的空气，脸上多起点青春痘还能怎么样？

而且，随着实力的不断扩张，薛举的地盘不断扩大，人数也达到了相当的规模。

我们综合起来看一下薛举的背景就会发现他既没有李渊皇亲国戚的身价，也不像李密一样满腹经纶，但是他有自己的优势。

什么优势呢？

主要有三点：一是武力强，二是财力厚，三是儿子猛。

薛举的武力有多强呢？历史上的薛举为人凶悍，擅长骑射，可以说薛举的祖先的老道就在这了。这大草原不但让薛家的势力扩张了，而且让薛举在大草原上练就了非常的骑射能力。同时分析一下薛举的这些评价，字不多，但含金量却相当高。人凶悍，说明了他勇猛而无畏；善射，那射箭手法肯定不是一般的了得。

薛家有钱，而且不是一般的有钱，薛举家是世代富商，到了他这代已经是"家产巨万"了。说到这里我们就要注意了，家财巨万可不是家财上万的意思，而是家财万万，那就是上亿了！有了这样雄厚的家底儿还愁什么？前面讲了，薛举仗义疏财，而且广交英豪，薛举身边一定不乏愿意为自己效忠的人，这样就为自

【第二章】消灭奸雄 乾坤一统

己起义奠定了基础。

剩下最后一个优势就是薛举的儿子们。他的大儿子薛仁杲，胃口好吃的香，力大无穷，自小跟在薛举身边，骑射也非常了得，人送绰号"万人敌"。不过，不要因为前面的描述就把薛仁杲单纯地想成是四肢发达、头脑简单的莽夫，他还是很有谋略的。薛举对自己这个大儿子总体来说还是相当满意的，首先看到这个儿子就想起来自己年轻的时候，一般这个时候的父亲对于自己的孩子是非常地宠爱有加的，你见过谁否定自己儿子的？而且薛仁杲的勇武谋略也还算让薛举满意。但是人无完人，薛仁杲也是人，自然不可能事事完美。这厮有一点不像他老爸，那就是他的残暴，这也是老薛不满意的地方。薛仁杲每攻下一个地方都要杀不少人，并把这些人的妻子、女儿统统收编，留作己用。广阔的草原练就了薛仁杲的骑射力，也给了他无限想象的能力，对于不服从自己的人，薛仁杲往往能在酷刑运用上推陈出新，变着法地折磨死别人。在这点上恐怕商纣都要低头称臣。薛举经常苦口婆心地告诫他说："你小子的智谋韬略不低，从这点看来我们薛家算是后继有人了，但是你跟隋炀帝有一拼，在管理这方面从来都及不了格，不懂得团结一切可以团结的力量，迟早我们家族要败在你手里。"

所有的家长都有一个共同点，就是经常在自己孩子耳边说一些家长里短的道理，但是所有的孩子也有一个共同点，那就是左耳朵进右耳朵出。薛举说过的所有的告诫的话都从薛仁杲左耳朵进去了，但是又从右耳朵出来了。

尽管薛仁杲有这么大的缺点，但要评选隋末唐初的十大杰出青年的话，他肯定位列其中。

靠着这三大优势，薛举在与相邻的造反势力李轨不继争斗的同时，仍然能够迅速向东发展。在薛仁杲攻克秦州（今甘肃省天水市）之后，号称秦帝的薛举就把都城从金城迁到了秦州，避开了威胁自己的李轨的锋芒。

既然河西受阻，那么唯一的选择就是东进，因此薛举军马不停蹄地开始向东进攻，很快就打到了扶风郡一带。

扶风一带的造反派势力也不容小觑，它的首领是李弘芝，二号人物是唐弼，军队有十万人左右。薛仁杲的军队开拔到扶风的时候，唐弼率军在汧源（今甘肃陇县）摆出了抵抗的姿态。

这不是一个实力弱小的团队，如果硬碰硬，多半会让自己伤亡惨重。此时的十大杰出青年薛仁杲并没有依仗他超凡的武力和精锐的军队贸然出击，而是思忖了一下，决定智取。薛仁杲家有钱，而且这样富贵人家的孩子见惯了钱能使鬼推磨的作用，自然知道如何更好地发挥钱的价值。于是薛仁杲派出使者招降唐弼，如果唐弼答应，那么前途可是无量的。金钱、美女、高官、厚爵，随意挑选。使者还没有到达营地，唐弼就真的杀了李弘芝，向薛仁杲请降了。

但薛仁杲又一次发挥了自己的缺点，不管自己当初许诺的是什么，他的字典里从来没有仁慈这样的字眼。他乘唐弼不备，发动了突然袭击，成功收编了唐弼的军队。

最可怜的是唐弼，白白做了个卖主求荣的小人，到头来，赔了夫人又折兵，半点实惠没捞着不说，还讨了一顿打。所以说做人不能太不厚道，最好看清来人是敌是友才能有所行动，否则只能落得唐弼这样的下场。

万般无奈之下，唐弼只好带着数百名骑兵跑到扶风向官方求助，扶风太守窦琎对他打还来不及，怎么可能提供帮助呢？索性把他杀了。

不管胜利来得光彩不光彩，薛仁杲的势力还是一下子发展到了三十万，兵锋直指长安。面对这样的心腹大患，李渊的反应还是非常及时的，要不是自己动作快，长安还真有可能姓薛了。随后李渊当机立断决定派李世民率领大军从长安出发，屯驻在高

墟，对抗薛举军，要把敌人扼杀在萌芽状态。

薛举正待出兵之际，听说李渊已经占领了长安，心中暗说这老头子动作还真是快，只好选择稳扎稳打，先拿下扶风再从长计议，于是重兵包围了扶风。

扶风距离长安三百一十里，要进首都，快马一天便到。坐汽车三个小时用不了，坐飞机光是起飞就已经快到了。扶风太守窦琎是杨广任命的，但没有向李渊效忠，这对李渊来说有点不妙，一旦扶风被薛举占据，那长安就是光着屁股等薛举来踢了。

十二月十七日，李世民在扶风与薛仁杲发生战斗。如果一定要给李世民和薛仁杲排个座次的话，那结果将是非常明显的，如果薛仁杲算得上是十大杰出青年，那李世民就是当之无愧的一大杰出青年，全国上下无人能出其右。那二人对抗的结果就非常明显了，结果一定是——李世民胜！

当时卫尉卿郝瑗劝薛举联合朔方梁师都，在兵马人数以及地域范围上对唐朝进行半包围进攻。同时联合突厥，合力攻取长安，这三方的势力联合起来，攻取长安就指日可待。

你能想到的别人也多半可以想到，而且可能比你的计划还要周全。薛仁杲看起来谋略还不错，但是一旦跟李氏父子比较，就马上可以看出差距来。李渊知道突厥人爱财如命，得知薛仁杲的谋略后，派宇文歆正出使突厥，以金帛厚赠。薛仁杲这次终于尝到背信弃义的滋味儿了，这些突厥人比自己还不讲诚信，拿到唐朝的钱马上把自己踢开，改成支持唐朝了，看来以后要恶补诚信这堂课了。

李渊派李世民统领八总管军，出兵抵抗。辅佐李世民的是殷开山、刘弘基，因为扶风是殷开山、刘弘基占领过的地方，自家地盘，情况肯定是如数家珍。殷开山又是李世民的长史，主持过渭北道元帅府工作。从一开始，李世民就占尽了先机。

果然，唐军大败薛仁杲，斩首了一万余人，将敌人追赶到垅抵才回师。初唐的势力扩充到了陇右一带，进一步稳固了关中的局势。

浅水源先败后胜

历史证明，薛氏父子是不轻易服输的人，这样的人值得我们学习，但是肯定不招李氏父子喜欢。618年六月，薛举又起兵攻占了唐朝的泾州（甘肃泾川北），再一次威胁关中。李渊封李世民为西讨元帅，继续讨伐薛举。一个月后，李世民率兵在高坡（陕西长武北）迎战薛举军。

面对敌人的这次进犯，李世民没有轻视。既然敌人来势汹汹，最好的方法就是不轻易出战，一定要做好足够的防御、准备手段之后再出招，这样胜算会大很多。

老天爷对人的考验是随时随地的，就像这次对于李世民的考验。就在军队防御准备如火如荼地进行着的时候，因为水土不服加上劳累过度，最重要的一点就是天热蚊子多，李世民得了疟疾。当下，李世民就开始全身发抖，一会儿就烧到了40°。带兵出发的时候也没带什么军医，现在只好让李世民在帐中好好休息，希望多睡点觉能把这种隔几个小时就循环一次的病养好。李世民临躺下前将军事全部委托给了刘文静和殷开山，嘱咐他们一定不能冒然开战，一切都得等自己病好了再从长计议。

事情坏就坏在殷开山身上，虽然他是一片好心。殷开山走出营帐后对刘文静说，现在大王病得这么厉害，正是需要我们的时候。而且敌人一旦听说大王病了，必然会觉得我们好欺负，对我们发起猛烈攻击，到那时候我们就真玩完了。所以当务之急应该是我们率先向敌人进攻，打他个措手不及，这才能赢得主动。刘文静一思忖，觉得殷开山的话有道理，于是没有通知李世民，二人就擅自发兵出击薛举了。

但是他们是因为一时意气做的决定，其中必然会有某些漏

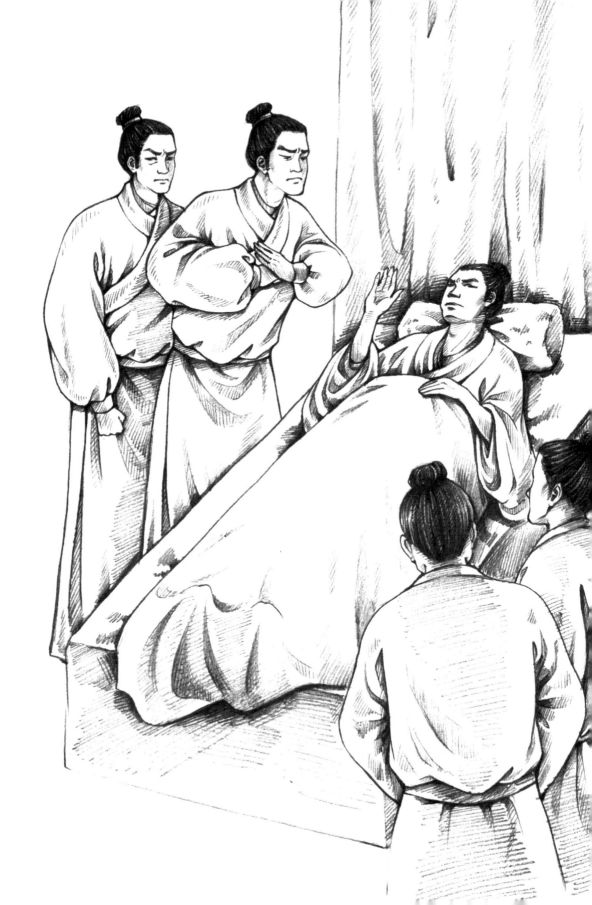

洞。兵多将广的情况下，一想起上次交手将薛举打得落荒而逃，殷刘二人就想，来吧，看你薛氏父子还有什么花花轴子可以用！

老薛可不是好惹的，上次的失败还在眼前，这次一定要报仇雪恨。老祖先说过骄兵必败，看来真是有先见之明啊！就在唐军信心满满地准备从前方迎战薛军的时候，薛老头从队伍后方来了一次袭击。薛举是有备而来，自然是越杀越勇。而唐军真的是措手不及，李世民手下的团长、师长、旅长悉数战败，手下的将士死了一大半。时间是七月九日，地点是浅水源。

李世民见大势已去，不能继续恋战，只好带着自己的将士返回长安，再从长计议。薛举占领了高坡，把战死的唐朝将士的尸体堆成高大的土堆，用来炫耀自己的战绩。看来还真不是一般的得意忘形！

回长安的途中，李世民的懊悔和愤怒之情足以将自己淹没，这是骁勇善战的李世民出道以来的第一次失败，而且是惨败。还没到长安，刘文静等人的官职就被削了，有不听话的决心就要有承担不听话的后果的能力。

李世民的这次失败对于唐朝的根基有很大的触动，毕竟根基不稳。而且大获全胜的薛举老贼看李世民落荒而逃，正磨刀霍霍地准备乘胜追击，一举拿下长安。

长安正处于极大的危险中。

洛阳也不消停

就在唐朝处于危机之中的时候，遥远的洛阳也发生了翻天覆地的变化。

这件事还得从头说起。

就在杨侗当上皇帝之后，虽然心中的仇恨比天还高，但是恨这个东西不能杀人，要杀人还要依靠武力。但是跟眼前的这些敌人相比，自己弱小得像是个蚂蚁。正在杨侗为没有兵力打败敌人

而一筹莫展的时候，有人提议可以招安李密，让李密来对付宇文化及，这样就可以节省自己的兵力。如果宇文化及被打败，瓦岗军也会被挫伤，到时候再离间他们，这是一石二鸟的绝妙计划。而李密这边既要提防洛阳守军，又要对付宇文化及，明显得捉襟见肘。但是李密要对付宇文化及，不是因为招安，而是因为宇文化及已经开始跟他找茬了，为什么？都是粮食惹的祸。只因为宇文化及的粮食已经不够吃了。

面对来势汹汹的急于解决温饱问题的宇文化及，李密这边的徐世勣没有匆忙迎战，而是跟宇文化及死磕，反正我有的是粮食，看谁耗得过谁？

宇文化及总是最先沉不住气，就去攻打李密，李密就从背后给了宇文化及一下子。李密跟宇文化及隔着河对骂，宇文化及明显不是对手，干听着李密引经据典地骂自己谋反，就是半天憋不出一个字。但又不甘心只能听着别人骂自己，于是憋出一句："你打仗就打仗，说那些文绉绉的话干什么？"

如此愚昧的宇文化及又怎么能当一国之君呢？

肚子是不等人的，老是这么让肚子唱空城计也不是办法，宇文化及就伺机报复李密。徐世勣在粮仓周围挖了很多的地道，只要宇文化及靠近就会被地道里的伏兵杀死，宇文化及为了自己的肚子可是付出了惨痛的代价。因为这个温饱问题宇文化及再也没有机会东山再起了，李密将宇文化及永远地压在了五行山下，永远地饿着肚子了。

李密大胜宇文化及之后，杨侗这帮人可是美坏了，但是有一个人很不高兴，那就是王世充。王世充的目的是要拥有高官厚禄，怎么会满足于现在的生活呢？

王世充跟自己的手下说："现在李密胜了，以前我们跟李密为敌的时候杀过人家很多人，一旦成了李密的手下，我们还不就是案板上的鱼肉？"

王世充的话意思很明确，就是为了煽动大家对李密的仇恨和畏惧心理，从而让李密不能成为杨侗面前的红人。

隋朝将领元文都听了王世充的话，明白了其中的深意：不是李密死就是王世充亡。

但是元文都是效忠于杨侗的，他不允许招安的成果被王世充破坏了，于是跟其他人策划一起将王世充干掉，杨侗自然是站在他们这边的。如果这次行动成功，元文都也就不会死得那么惨了，但是历史从来不能假设。

事情坏在段达那厮身上，这小子胆小怕事是出了名的，段达生怕这次谋划会不成功，就决定向王世充告密。

王世充得到消息以后，马上着手准备发动兵变。元文都等人总是在关键时候错过机会斩杀王世充，居然能把玄武门的钥匙弄丢了，真是奇了怪了！等到想要取道太阳门的时候，王世充已经破门而入，大势已去矣！

王世充在给杨侗解释为什么要起兵的时候，自然会这么说："元文都等人要害我，我是正当防卫，陛下应该先杀了他们！"这样，即使杨侗于心不忍也只能含着泪将元文都等人送上西天了。后来，那个胆小的段达居然这辈子第一次胆大起来，但是却是把王世充放进了宫里。

杨侗身边的忠臣死了，自然心中不甘，而且已经渐渐看清王世充的丑恶嘴脸，于是继续兴师问罪。王世充是科班出身，演技不在李渊之下，一把鼻涕一把眼泪地说："元文都等人居心叵测，一直想要将我置于死地，我是迫不得已才这么做的。当时事情紧急，来不及向皇上禀报。臣受先帝提拔，报答还来不及，怎么会危害皇上呢？臣对皇上的忠心日月可昭，如有半句谎言，天打雷劈！"相信当时王世充说这话的时候一定事先咨询了气象专家，否则肯定不敢这么睁着眼睛说瞎话。

如此言辞恳切，说得杨侗信以为真，从此开始倚靠王世充。

【第二章】消灭奸雄 乾坤一统

王世充也就开始排除异己，为自己前进排除障碍了，自己的亲信全部变成热门职业的人选，势力越来越大，而杨侗渐渐成为真正的傀儡政权。

天下已经变得异常的纷乱，而长安能够顺利度过危险期吗？

谁能打进第三球

薛军大胜李世民后，头号谋士郝瑗建议乘胜追击，攻取长安。这个决策非常绝妙，李渊就是因为采纳李世民的建议直奔长安，才有了今天的成就。薛举也不算没头脑，但是薛举没有李渊命好，就在薛举准备采纳郝瑗的建议攻取长安的时候，天公不作美，薛举死了。按理来说，薛举的身体是非常健壮的，为什么这么快就死了？我觉得有可能是死于心血管一类的病，这类病无论你原来有多么健壮，随时都有可能一命呜呼了。可怜了薛举身边有那么多的强兵强将，但是没有一个高明的医生会做心脏搭桥手术。

薛举死了，薛仁杲自然会是下任皇帝的不二人选，但是老薛死后，有很多问题开始暴露出来。首先就是薛仁杲因为残暴凶狠，自然不会有他老爸的威信，很多将领跟他矛盾重重，他登基之后会不会开始着手修理这些人呢？其次就是那个大谋士郝瑗因为自己的主子死了，很是伤心，竟然卧床不起了，看来古代的脑力劳动者需要向体力劳动者多学习一些健身技巧，这样可以多为国家作贡献啊！最后就是小薛同学已经没有时间攻打长安了，乐队已经请来了，要给自己的老爸举行葬礼了，披麻戴孝。

当然，在薛仁杲难过的时候，有一个人笑得估计已经翻过去了，那就是李渊。老薛这出戏唱得让李渊非常地开心，这样就给长安留下了宝贵的几分钟呼吸新鲜空气，这可是救命的氧气啊！李渊派加紧行动，准备再度跟薛家军交手。综合前面两次战役来看，双方战成了一比一平，但是李世民那场胜利顶多算是一个较完美的助攻，而薛家军的胜利却是 NBA 一个绝妙的扣篮，此中差异不言而喻。

但是在接下来的这场淘汰赛上，谁又能够投进第三个球呢？

李密的教训

在李世民跟薛仁杲这两个杰出青年两军对垒的时候，李密跟王世充也开始互相掐了起来，为什么？还是粮食惹的祸。王世充这厮面对着饿得脸色蜡黄的小伙子们，心中很是郁闷，这可如何是好？李密这边虽然粮食富足，但是也有一个棘手的问题，就是衣服不够穿的。仓廪食，知礼节，李密这边温饱没有问题，没有衣服穿怎么见人？这个问题对于生活已经走上小康的李密这边的人来说很是严重。

老油条王世充没有粮但是有衣服，于是提出跟李密互换，李密开始时不同意，但是禁不住手下人的怂恿，最终答应了，也由此酿成了大错。

有了食儿吃的王世充，接下来要做的就是厉兵秣马，准备跟李密大干一场。历史是注定要让李密失败的，因为在这样的时候，居然决策层的经理们意见不一致。裴仁基认为应该在战术上拖垮王世充，分兵进攻，既坚守又威胁，死磕王世充，这样，不出十天，王世充就能被拖死了。

李密这个董事长自然是同意这个战术的，但是坏就坏在他不懂坚持。

单雄信、樊文超、陈智略这三人根本沉不住气，觉得王世充根本不是自己的对手，于是着急出战。手下的将士们被忽悠得也是群情激昂，李密这个董事长不能全面地看清大局，于是脑袋发热地同意出战。裴仁基表示反对，但是站在自己这边的人太少了，所以反对无效。于是盲目出战，好在李密手下猛将众多，所以第一回合没有什么大的伤亡。但是李密这厮对于王世充是真的

没放在眼里，甚至连防御工事都没有做，这不是明摆着敞开怀抱迎接人家吗？王世充很阴，不光早就做好了进攻的准备，而且，在打仗的时候玩了一个损招，那就是找来一个能当李密替身的男演员，将他五花大绑的放在阵前，对着李密手下的将士大喊"李密被生擒了"。此话一喊出，王世充的将士豪情顿时油然而生，士气这个东西很厉害，把大家的激情一下子就点燃了。越战越勇，李密基本上只剩招架之功而无还手之力，很多将士不听调遣，投降了王世充。而李密走投无路，只好投降了李渊。

隋末最为强大的起义军就这样土崩瓦解。

李密在千百次的战役上战胜了王世充，但在季后赛的淘汰赛中输给了王世充，季后赛每年有一次，但是李密再也没有机会参加皇帝的角逐了。而且，李密因为仕途不得意，想联络自己的旧部造反，但后来被盛彦师的部队送上了西天。一代猛将就此烟消云散。

可悲！可叹！

李密虽然失败了，但是却给了李世民很多的灵感，李密败就败在轻敌上，而李世民大病初愈后再次面对薛仁杲，说死了也要跟他死磕到底。为什么？就是因为薛仁杲跟王世充的情况差不多，也是粮草不多，但是战斗力不弱，有了上次的失败，李世民不允许自己再有第二次失败。但是士气还是要鼓舞的，李世民给自己的将士分析情况说，"我们虽然上次战役失败了，但是现在只要我们坚守，再加上敌人骄傲情绪强烈，我军一定会一雪前耻！"一番话说得众将士热血沸腾，纷纷表示出战。但是李世民不像李密耳根那么软，他只说了一句话，就是"谁再提出战的事就推出去斩了！"

意志够坚定！表现够沉稳！而打胜仗就需要这样坚定的领导人！

接下来的日子，就算是薛家军喊破了喉咙，李世民也没有出来露个面。即使他们大笑李世民是缩头乌龟，李世民也淡定地听着，不急不躁！

很快，薛家军的粮食吃完了。有一拨人很快投降了李世民。李世民看着时机比较成熟了，就派行军总管梁实在浅水源扎营，这是李世民兵败的地方，在哪里跌倒，就要在哪里站起来！

薛家军的宗罗睺一看唐军终于露面了，哪里肯放过机会？但是梁实也不是好惹的，即使当时自己这边水资源严重匮乏到快要喝尿的地步了，终究没有让宗罗睺占到什么便宜，却耗费了宗罗睺很多的精力。这时候，李世民认为时机已经差不多了，宣布出战，派庞玉在浅水源列阵。宗罗睺的战斗力不是吹出来的，很快就把庞玉打得找不着北，千钧一发之际，李世民率领一队人马从背后迂回了过来，打了宗罗睺个出其不意。被薛家军骂了两个多月的李世民此时神威大发，让你们喊我缩头乌龟，也让你们知道我马王爷的厉害！唐军内外夹击，把个宗罗睺打得只能招架，不能还手，很快就溃不成军了，最终惨败。数千人脑袋没有了！

这次胜利给李世民加了不少分，争回了不少面子。

但是李世民的目的可不是打到第三节就罢休，他是要拿总冠军戒指的。于是在舅舅窦轨劝说自己收手的时候，李世民没有听进去，而是直接把兵带到高坡城下。薛仁杲在城下列阵，李世民在泾水岸边列阵，两队人马对峙起来。但是，还没到天黑，薛仁杲的人就跑到李世民这边蹭饭来了，实在是饿啊！

薛仁杲一看，怎么这么丢人？顿时觉得颜面尽失，赶紧关上大门，不让人再出去蹭饭。李世民不管这些，到了傍晚，就派人把高坡城围了个水泄不通，想出来个耗子估计都难。但是，半夜的时候，墙头上满是往下跳的黑影，别担心，这不是李世民的人，而是自己人，继续对峙下去，还没被战死就先饿死了。薛仁杲无奈，第二天只好投降，再不投降，估计城内只剩他一个光杆司令了。

最后一节，李世民凭借着高超的战术，给了薛仁杲一个大灌篮，取得了完美的胜利。但是这次胜利不同于以往，这次过后，李世民成功晋级，而薛仁杲则再也没有一起作战的机会。

薛仁杲投降后，同为杰出青年的李世民对于薛仁杲欣赏有加，依旧让其统领原来的将士，让薛仁杲对李世民好生佩服，遂表示以死相报。但是李渊没有给他这样的机会，因为薛仁杲被带到长安后，就叫李渊找了个理由杀了。

徐世勣归附

李密归顺李渊之后，并没有在什么热门职业上站住脚，而是被李渊送到了清水衙门上，做了后勤总管。想当年自己也算是叱咤风云的人物，居然让我负责皇帝的吃喝，简直是侮辱！李密能不郁闷才怪。

但是见到李世民之后，李密服气了。因为自己想到的人家想到了，自己没有想到的人家也想到了。自己没有犯的人家也没犯，自己犯了的错误错误人家却没犯。李密应该服气。

但是跟宇文化及相比，明显得宇文化及不在李密那个级别里。兵败李密之后，宇文化及逃到魏县，整日无所追求，以酒为乐。看来没有文化真是不行，所以教育还是很重要的。后来，宇文化及在魏县就地登基，做了皇帝，但是这个皇帝根本不足挂齿，因为不久的将来他还是会被淹没在历史的洪流之中。

而江都兵变、杨广被杀之后，各地的忠隋义士们纷纷作鸟兽散，长安、洛阳一带的兵士有的投降了李渊，有的投降了杨侗，江南一带的兵士则投降了萧铣。到薛仁杲被李世民击溃，全国变为四足鼎力。江南全境几乎全是萧铣的地盘，崤山以西归李渊所有，洛阳四周是杨侗说了算，窦建德活跃在河北一带。当然，除了这些人，还有诸如刘武周等人悄无声息地闷声发大财。

此时的徐世勣算是个体户，因为他占有了原来李密的大部分地盘，如果高兴，完全可以登基做皇帝来玩玩，但是徐世勣好像对此没有什么兴趣，后来一封信直接改变了他的命运。这封信是谁来的呢？

魏征！

魏征跟随李密投降李渊之后，主动请缨招降原来的瓦岗旧部。得到批准后，魏征就给徐世勣写了一封信，分析了竞选皇帝的艰巨性，投奔李渊的可行性以及现在自己当个体户的不乐观处境。把徐世勣的前前后后分析了一遍，徐世勣本来就没有竞选皇帝的野心，乐得就坡下驴，于是归顺了李渊。徐世勣被赐予国姓，这可是莫大的光荣，不同于现在被改性的耻辱。唐朝从此又得一员大将。

到了 619 年，李渊强劲的竞争对手们，要么实力大减，要么土崩瓦解，要么无意北上，要么不足挂齿。而猪头一样的宇文化及则成了人见人爱的美食，因为他手上的几万骁勇军正是收编的最佳时候，于是李渊派叔叔家的弟弟李神通去收附宇文化及。这是个没参加过什么重大战役的人，但是即使是面对这样的人，宇文化及所做出的反应竟然是处处退让，末了，弹尽粮绝提出要投降。李神通却吃错药一样坚决不受降，为什么？他是这样说的：“他们现在已经没有食儿吃了，很快就会被打败，我攻打下来就是为国扬威，而且还有那么多的金银财宝可以用来犒赏弟兄们，现在受降，怎么犒赏弟兄们？”话外之音不言而喻。看来这位皇亲国戚想要扬名立万是假，看中了金银财宝是真啊！

这块肥肉你不着急吃，可是有人着急吃。在李神通出兵的时候，窦建德也带着兵马来征讨宇文化及。面对窦建德的精兵强将，李神通屁都没放一个就偃旗息鼓了，就这样煮熟了的鸭子就到了窦建德的嘴里。窦建德有了这些兵力的加入，实力大增，成为李渊最强劲的对手。

而宇文化及的下场自然也是水到渠成的，于情于理他都得

【第二章】消灭奸雄 乾坤一统

死，窦建德也没让他多活几天。李渊虽然没吃成鸭子肉，但是他的号召力也是不容小觑的，很多人争相归附。李密的旧部，宇文化及死后，宇文士及归降，还有很多人带着自己的地盘来到李渊门下。还有一个号称"迦罗楼王"的杀人魔王朱粲在自己的自尊心自信心一次次被李渊蹂躏的时候也乐得归顺，带来了算是数量不少的地盘吧。

但是如果跟接下来的这两个人相比，朱粲就有点小巫见大巫了。来人是谁，不是别人，就是战神秦叔宝和混世魔王程咬金。

本来这二人在瓦岗寨土崩瓦解后归顺了王世充，得到了王世充的重用。但是王世充的为人是禁不住时间的考验的。日子不长，他们二人就看出王世充没什么度量而且喜欢说大话，还爱搞迷信那套，干不成什么大事，于是策划逃走。

机会很快来了，王世充跟唐军在九曲大战的时候，二人带着数十名心腹骑兵，向西跑出百余步后向王世充行礼，感谢王世充的厚待，但是王世充生性多疑，成不了什么大气候，所以要另谋高就。王世充倒是没有追赶他们，一来追不上，二来估计是已经被气得不行了。

这二人就来到了李世民手下，李世民一直都是求才若渴，现在看到这两位鼎鼎大名的悍将来降，自然是一番厚待。让秦叔宝做自己的骑兵部队总指挥，程咬金做了左三统军。

其实想想，秦程二人也没有给唐军带来什么实际利益，因为也就是数十名骑兵。但是你知道一个诸葛亮的作用是胜过千军万马的，这二人都是身经百战的人物，对于带兵打"群架"那是绝对的技术精湛。而且，在以后的日子里，这二人也没让唐朝失望，为唐朝地盘的扩大做出了巨大的贡献。

李渊这边日子一天一个新台阶，窦建德那边也是蒸蒸日上。这主要是源于三点，一是窦建德能够跟自己的手下同甘共苦，而且尽管手头有了钱了，人家连肉都舍不得吃，金银财宝全部分给了部下。

二是重用人才，任人唯贤。不以亲疏远近为原则，而且，去留由自己，来欢迎，去不拦着。这点李渊就不能跟他比，因为对草包一样的李神通，李渊也因为是自己的亲戚加以任用了。

三就是窦建德有自己的战术，窦建德历史学得好，采用了合纵战术，跟王世充套上了近乎。现在需要做的就是集中精力对付李渊就可以了，至于王世充，可以以后再说。

这样分析来，好像李渊跟窦建德相比，没有什么优势，但是别忘了，李渊有一个窦建德永远也比不上的优势，那就是李渊有几个好儿子。

首屈一指的当然是李世民，他的骁勇、他的谋略、他的智慧不是随便谁都可以比得上的。李建成虽然没有李世民有名，也很有乃父之风，李元吉的骁勇甚至高过李世民。而窦建德却没有在历史上找到关于他有子女的记载。有此一比，差距也就出来了。

现在李渊的处境一点都不乐观，因为那个顽固的李轨拒不接受李渊的封官加爵，惹恼了李渊，算是结下了梁子；王世充一面着手策划登基，一面不断地骚扰李渊；他的盟友窦建德自然也会是同一策略；刘武周也没闲着，也跟李渊较上了劲。

这还不算什么，现在李渊的威胁主要是那个认钱认美女的西突厥。好在西突厥还是一如既往地认钱认美女，李渊用了点真金白银就把他们给打发回西部了，看来金钱的力量真的是无穷的。

突厥算是暂时稳住了，但是各方的彼此争斗还是在继续，彼此之间有伤有亡。在这过程中，有几件重要的事需要说一下。

首先是李渊接连被那些强敌把地盘抢去，那个杀人魔王朱粲在一次酒足饭饱后，因听了李渊派去的段确的关于人肉好吃与否的问题后，误以为是嘲讽和侮辱，一气之下把段确和来人做了人肉包子，转而加盟了王世充。

其次，就是王世充已经在这个过程中加冕称帝了，虽然是在火枪和大炮的威逼之下杨侗才让的位，但是无论如何，619年4月，王世充开始了皇帝生活，国号郑。王世充毫不心慈手软地杀了杨侗，只不过不知道当时如果是阴天，王世充是不是真的会被天打五雷轰。

再次就是李轨被杀，跟李渊竞争皇位的人从此又少了一个。

现在李渊的威胁已经越来越少，但是敌人的势力却是越来越大，大鱼吃小鱼的结果，小鱼都被吞进了大鱼肚子。但比较乐观的是，尽管窦建德和王世充很强，然而他们距离李渊比较远，要想进攻长安需要一个城池一个城池的打下去，李渊的实力不是那么容易就被击溃的。而且，自从王世充加冕之后，窦建德就跟王世充断绝了关系，各干各的了。

现在李渊需要提防的是刘武周，因为一来刘武周距离唐朝的大本营太原最近，打起来也方便，而且已经开始进攻太原了。二来就是刘武周跟西突厥勾结了起来，实力大增，腰杆子也挺了起来，不防是不行的。

既然刘武周是志在必得，那就开打吧！

第三节　扫荡刘武周

用人不明节节败退

刘武周之所以敢这么嚣张地跟唐军叫板，不光是因为他得到了西突厥的资助，还因为他得到了一员虎将，这人就是宋金刚。

宋金刚原本是个独立的个体户，因为被窦建德打败，就带着几千人投奔了刘武周。刘武周得此大将，自然心花怒放，不光任命他为宋王，让他负责军事，算是让宋金刚大大地英雄有用武之地，还把自己的财产分了一半给他。宋金刚看到刘武周对自己如此重用，二话没说，就把自己原来的妻子休了，娶了刘武周的妹妹，算是报答了，只不过方式上有点太西方了。

有了宋金刚这个金刚，刘武周开始派宋金刚进攻并州，也就是太原，自己则去进攻介州。并州是李渊多年的据点，想要拿下可不容易，但是介州就没有那么难了。靠着一个和尚里应外合，刘武周很快攻陷了介州。

李渊派人出去迎战，但是很遗憾，唐军在开始的战斗中是节节败退，一方面是因为战术上不行，另一方面是因为李渊在人才的选用上出现了失误。你让一个没有什么军事眼光和军事才能的裴寂去指挥战斗，不是明摆着变相地给敌人开大门吗？裴寂没有给大家惊喜，在浅水源被宋金刚截断的时候留给大家的是又多丢了几座城池，眼见着太原危在旦夕，整个河东几乎全部沦陷！

你一定会奇怪为什么没有在这里面看到李世民的身影，这归因于李渊。因为李世民在攻打薛氏父子的时候表现非常出众，明显地已经盖过了太子李建成，李渊怕李世民的势力更加地疯长，所以有意识地压着李世民，让他去些无关痛痒的地方作战。

但是国家危在旦夕，裴寂逃了，李元吉逃了，并州落入了刘武周手里，再这样下去，是不是长安也要对人家拱手相让？

关键时刻，李世民挺身而出，慷慨陈词，太原是我们兴兵之地，河东是我们的屏障，这两个地方丢了，国家的处境就非常危险！作为一国臣子，我有义务有责任保卫国家，请允许我出战，荡平刘武周，收复失地！

李世民挺身而出

好在在国家危亡面前，李渊还不糊涂，于是答应李世民，让他出征。军事天才终于复出了！

同年十一月，还没有领教过李世民厉害的刘武周又开始了进

攻，这次他的目标是浩州。时值寒冬，天气寒冷，那时候还没有温室效应，也就没有什么暖冬之说，黄河的冰结得很厚，李世民利用这点，准备从龙门渡河，在柏壁安兵扎寨，跟宋金刚对峙。

但是有一个问题，就是因为先前裴寂的策略，扰乱了民心，使得老百姓心中不安，所以李世民征不到粮草。好在李世民及时发布了公告，老百姓一听说是战无不胜的秦王来了，心落回了肚子里，纷纷表示欢迎，把自己家压箱底的东西都拿了出来，这就是传说中的号召力。这就解决了棘手的粮食问题。

将士们请求出战，李世民认为刘武周占据了太原，宋金刚孤军深入，带的粮草肯定不多，现在出战正好满足他们速战速决的心愿。所以大部队应该坚壁不出，等到他粮草尽了的时候再出兵才是最佳时机。于是命令自己的大部队大门不出二门不迈，只是派小股兵士不时地骚扰一下宋金刚，消耗他的兵力。

此时，李渊也同时派李孝基去攻打吕崇茂，吕崇茂看到李孝基大军来袭，知道仅凭自己的力量不足以应战，转而向宋金刚求援。

在李孝基听从了手下人的建议埋头制造攻城器具的时候，宋金刚就派手下的尉迟敬德和寻相赶过来进攻了。李孝基腹背受敌，大败，李孝基跟几个主要将领全部被俘。

等到尉迟敬德和寻相返回浍州的时候，终于轮到李世民出招了。他派手下大将秦叔宝和殷开山在美良川截击尉迟敬德和寻相，大获全胜，斩了两千多军士的首级。

但是，不久后尉迟敬德跟寻相就又想去蒲坂援助王行本。李世民一看上次还没有打怕你们吗？那这次就让你们知道我的厉害！李世民率领三千精骑，夜黑风高的时候从小路跑到安邑截击。尉迟敬德等人没料到大晚上的李世民不睡觉跑到这里跟他们决斗，结果让李世民打得落花流水，手下军士全部被李世民俘获，尉迟敬德跟寻相二人光杆司令地逃走了。

这两次胜利使得军队的士气大振，再加上已经到了年底，大家都惦记着回家过年，就想在年前把这拨敌人解决了。李世民允许自己犯一次错误，当年对阵薛氏父子的失败教训非常深刻，不能允许自己两次掉在同一个沟里。于是安抚兵士，宋金刚孤军挺进，精兵良将几乎全都在这里，刘武周在太原靠的就是宋金刚的屏障作用，但是开始的时候他们粮草不够，现在已经沦落到到处掳掠过日子了。我们坚持不出去正好可以挫他的锐气，如果现在就快速应战才是正中他下怀呢！我们要等到他饿得不行要逃跑的时候再出兵。

双方在互相对峙的过程中，619 年翻过去了，不过不同的是，李世民他们过了一个饱年，而宋金刚他们估计顶多吃了个半饱。

武德三年正月，李渊派遣秦武通进攻王行本，取得了胜利。宋金刚派遣增援的军队也被李世民成功地击退了，王行本弹尽粮绝，打，打不赢，突围也没人跟着，无奈之下只好选择了投降这条路。但是，李渊平生最鄙视的人就是这种打不过才投降的人，对付这种人的方法只有一个，那就是杀。可怜了王行本到头来也没得到什么好下场。

刘武周眼见宋金刚渐渐支撑不住，也开始从侧面攻击唐军，期望能缓解一下宋金刚的压力。

但是唐军的精兵良将实在是太厉害了，武德三年二月和三月，唐将王行敏、李仲文分别在潞州、浩州击退刘武周军的进攻。而且张德政斩获了刘武周的部将黄子英，占领了张难堡。这对刘武周打击很大，因为该人虽然不是什么重臣，但是肩负的责任重大，他是给大家伙送吃的的，这样一来汾水东侧的宋金刚的粮道就被切断了。

乘胜追击宋金刚

宋金刚满以为这次可以有吃的了，结果又泡了汤，没有粮食，李世民也没给他留下迂回的空间，无奈之下，被迫以寻相部为后卫，向北撤军。

他这边一有行动，李世民马上知道自己的机会到了，等的就是你撤退的时候！马上出兵追击！

憋了很久的将士终于找到了发泄的时机，快马加鞭地追到了吕州，赶上了寻相，解决了之后，继续追击。一昼夜追出去200多里，大小战役发生了数十次。到了高壁岭，唐军长途跋涉很是疲惫，刘弘基总管劝李世民别再追了，否则孤军深入很有可能会吃亏。李世民却说："宋金刚是在迫不得已之下选择了撤退，现在必是人心涣散的好时机，机不可失，失不再来。如果现在放弃追赶，等到他们缓过劲了，再进攻就会延误时机。到时候再进攻就难了。"

二话没说，继续追赶。到了一个叫雀鼠谷的地方终于赶上了宋金刚主力，还有什么可说的，打吧！一天之内就打了八次，但是李世民战绩卓著，八比零！八战皆胜！斩俘数万人，宋金刚继续带人逃跑。当天，李世民驻扎在雀鼠谷西原，此时的李世民已经两天没吃饭，三天没睡觉了，随便找了点吃的，继续率领将士奋进。等追到介休，宋金刚率领余下的2万精兵，背城布了一个小阵，南北共长7里。李世民见招拆招，命令程咬金、秦叔宝等从北端进攻，翟长孙、秦武通等进攻南端，再派总管李世勣出战。但是宋金刚在李世勣处找到了缺口，乘机反扑。李世民马上率领精骑从他的阵后面进攻，宋金刚大败，斩首3000人。宋金刚趁机逃跑了。

李世民继续追击，非要把宋金刚赶尽杀绝。追到张难堡，这里已经被张德政他们占领了。张德政见到李世民心情是分外激动，二话没说，马上给饥饿疲惫的李世民端上粗糙但是可口的饭菜。休息了片刻，还有介休和永安二城有人坚守，于是马上出征。

【第二章】消灭奸雄　乾坤一统

这二城的坚守者不是别人，正是尉迟敬德和寻相。当时冷兵器时代，攻城是最难的事，况且尉迟敬德勇智超人，介休成为唐军最难啃的一块骨头。无奈之下李世民派任城王李道宗和宇文士及前往城内劝降。隋末内乱，英雄各思良主，尉迟敬德确实是"知命"之人，尉迟敬德通过跟李世民交手，知道此人非等闲之辈，已经有心要归附唐朝，便举城投降了。李世民见赫赫有名的尉迟敬德归降，大喜过望，爱才心切的他马上封敬德为右一府统军。屈突通提醒李世民防人之心不可无，李世民用人不疑，而事实也证明，尉迟敬德没有让李世民失望。

刘武周眼见大势已去，放弃了并州和宋金刚逃往突厥，但后来还是被突厥杀了。

第四节　东征王世充一箭双雕

肆无忌惮的王世充

李世民成功地平定了刘武周，算是为李渊消除了内忧，但是唐朝的外患也容不得半点马虎。

王世充自从加冕称帝后就更加肆无忌惮地进攻唐军的地盘，虽然双方各有胜负，但是唐军也白白丢失了很多的地盘。

619 年 10 月左右，王世充应该是脑袋被驴踢了，因为他居然莫名其妙地开始进攻窦建德所属的黎阳，你可知道，窦建德是他的盟友。窦建德本来在王世充强迫杨侗退位登基之后就十分地不满意他，现在居然又欺负到自己头上来了，是可忍孰不可忍！马上派兵攻占了王世充的殷州。

自此，王世充和窦建德彻底断交，反目成仇。但是这对李渊来说，是再好不过了。因为如果他们二人联合起来，李渊是不太可能攻破他们的，到头来估计会是赔了夫人又折兵，现在好了，李渊赢得了各个击破的大好时机。

在出兵之前，还是有必要综合分析一下王世充、窦建德二人的区别的。窦建德兵力强盛，而且前面也分析了窦建德在知人善任方面很是有一套，还能跟手下同甘共苦，所以很得人心。但是王世充就不一样了，这人好讲大话，还乱搞迷信活动，即使原来投降他的人也有很多都已经另谋高就了，秦叔宝和程咬金就是很好的例证。

更重要的一点是，窦建德远在河北，但是王世充近在洛阳，几乎就是自己的邻居。所以，理所当然的，王世充就是唐军的第一个目标。

在李世民胜利班师回朝的时候，李渊就召开了全体上层将领工作会议，总结了一下前面取得的经验教训，重点安排一下下一步工作计划。总的来说，李渊工作组的办事效率还是很高的，从开会这件事就可见一斑。如果按照现在某些政府领导层的办事效率，恐怕一个月的开会时间是不够用的，少说也得开上它半年，顺便熟悉一下当地的工作环境。

李渊工作组得出的结论就是：由李世民率领八位总管、二十五位将军和八万精兵全力攻打王世充。

这个时候的李渊应该已经全面认识到李世民的军事才干，如果再犯进攻刘武周时候的错误，那李渊也真的是太不慧眼识英才了。

面对李世民，王世充哪里敢懈怠，慌忙把自己所有的亲戚朋友喊上，兄弟、儿子、侄子一个都不能少，分守各个要地。

七月，李世民率军来到了距离洛阳百十里之遥的新安，也就是现在的河南省新安县一带。李世民的先头部队由罗士信率领，包围了洛阳附近的军事要地慈涧。慈涧就是洛阳的屏障，此地意

第二章 消灭奸雄 乾坤一统

义重大，于是王世充亲自率领三万人救援慈涧。

这里面还有一个小插曲，就是七月二十八日那天，李世民带领自己的少量精兵强将去查看敌情，结果很巧的遇见了王世充的大队人马。王世充嘿嘿一笑，以为这次可以活捉李世民。如果是一般人遭遇这天的情况，估计真得被吓死。但是李世民不是一般人，他的厉害之处我们就不再赘述，光他身边那些精兵强将哪个也不是盖的啊，这些人就足够王世充那拨人抵抗一会子的啊。很快，李世民杀出重围，毫发无伤不说，还把王世充的左建威将军燕琪生擒了。这是一般人能做出来的吗？

王世充一看李世民如此厉害，赶紧好汉不吃眼前亏，退兵了事。但是心中开始打鼓，这李世民怎么会如此厉害呢？

慈涧会战

第二天，李世民率领五万大军进攻慈涧。

王世充和寇仲登上城楼，观察敌势。

唐军军容鼎盛，士气如虹，装备精良，训练有素。

王世充在寇仲耳旁低声说："看来是我错了，少帅现在有没有可以补救的方法？我们是应该坚守还是出门迎战？"

寇仲听得心头一震，这个王世充白是一国之君，原来如此怯战，这样下去，接下来的战役肯定是要吃大败仗的。

但他凝神打量唐军，也是心惊胆战，他们大约有五万人，中央清一色的步兵，两翼和前后都是骑兵。中央的步兵又分成九组，每组三千人，由不同兵种合成，都有弩、弓、枪、刀、剑、盾、拒马等兵器。可以想像，一旦开战，这些兵士在李世民的指挥下阵法将是多么的变化无穷，随时会针对情况作出种种最有效的应变。

难怪王世充会害怕啊！

而且如果慈涧是洛阳、长安那个级别的坚城，或者再不济是黎阳或虎牢那种低一级的城池，他不用想也会选择坚拒不出，因为就算是凭借稳固的城池和强大的防守力也能拖死李世民。但是现在慈涧只是个不堪大军冲击的小城池，连两万郑军都无法容纳。现在没的选择，只能选择应战。

郑军布下的是半月形圆阵，以慈涧城作依托，将防御线尽量缩小，用来收紧密集的队形，尽可能形成有机的防御体系对抗唐军。

两万郑军分左、中、右三个师，左、右各两个师骑兵各五千，居中的是两万步军。右方的骑兵由杨公卿和麻常指挥，左方则以陈智略为主，跋野纲为副。

中军步兵分成四组，每组五千人，分别由郁元真、单雄信、段达和郭善才统率，宋蒙秋和郎奉留守城池。

本来李世民这边只比王世充多出两万多人马，但是李世民采取的是松散的进攻方式，结果漫山遍野都是李世民的旗子，看得王世充更加地心惊胆战。王世充这边的兵士明显地面有惧色，全都抱着能扛着敌人的进攻已经很了不起了的心态。

气势上王世充已经输了。

战鼓齐鸣，大战开始了！

李世民阵行变换无穷，一拨一拨地持续进攻，用箭射，肉搏战，无休无止。李世民这边不断取得胜利，而且打得气定神闲，王世充这边死伤无数，好在有寇仲这个军事上比较厉害的人在，否则早已经完蛋了。

但是战事渐渐对王世充不利，因为李世民使出了最后的杀手锏，也就是他最精锐的玄甲天兵，也是能凿穿的奇兵。李世民曾经靠着这些奇兵攻克了很多的敌人，现在又一次显示了自己的神威，将王世充的兵力折损无数。

王世充一看自己明显不是李世民的对手，于是果断而又坚决地放弃了慈涧，带兵返回洛阳老巢坚守。

再施拖字诀

拿下战略要地之后，李世民采取了一系列措施。派行军总管史万宝从宜阳出发向南占据龙门，派刘德威从太行向东出发占据河内，派上谷公王君廓从洛口隔断向洛阳运送粮食的道路，派怀州总管黄君汉从河阴出发攻回洛城，李世民自己则率领主力军驻扎在北邙，进逼洛阳。

李世民这套组合拳虽然要得让人有点迷糊加混乱，但是意思很明确，就是要各个击破王世充的军队，肃清敌人，对洛阳守军施以高压政策。同时截断王世充的运粮通道，断绝他的粮食供应。

用通俗一点的话说李世民的战略是紧紧包围洛阳，王世充想要救援洛阳就会非常困难，当然，洛阳城想要出来人也是很困难的。对洛阳守军实行高压政策，王世充想要转身都难，更别说想要有大的作为了。断绝粮食供应就更明确了，就是采用疲劳战术拖垮王世充，用最小的代价获得最大的胜利。当然，前面的打击和高压都是为断绝王世充的粮食服务的，前面李世民已经用这样的方法战胜了两个比较厉害的敌人，薛氏父子和刘武周。那么这次，面对心眼长得不正但是比较多的王世充，是不是一样能够有效呢？

不得不佩服李世民的决策能力，因为即使有好的对策，也要看能够识别执行这个决策的人是不是能够正确完好地执行。很高兴，李世民全都做到了。接下来就历数李世民取得的战绩吧！

首先是八月，黄君汉从水路袭击回了洛城，不但搞定了城池，而且生擒活捉了守将达奚善定，连带着周边二十多个堡寨全部投降了。

接着十一天后，刘德威也顺利地完成使命，占领了怀州的外城，把堡寨也占领了。

金秋九月，史万宝进了甘泉宫。

与此同步的是，右武卫将军王君廓上演了一出大戏。先是他带兵攻陷了一部分阵地，料定王世充要来攻打，还没等看见王世充的人马，王君廓就逃跑了，王世充一看，敢跑？追！跑着跑着觉得不对劲，周围草丛里好像有点动静。还没等想明白是什么东西的时候，王君廓事先埋伏好的伏兵一跃而起，把王世充的人打得完全找不着北了，只剩下四处逃窜的份了。王君廓一看敢跑，追！一直将这帮落水狗追到管城方才罢休。

唐军在这次对付王世充的过程中，使用了一个绝好的对策，那就是两手抓，两手都要硬。一手拿着刀枪棍棒，一手拿着棒棒糖。刀枪棍棒是用来对付王世充的，而棒棒糖则是用来给窦建德吃的。

其实，现在的窦建德看戏看得正是过瘾，因为李世民跟王世充的战争正在如火如荼地进行，他坐山观虎斗，乐得到时候享受渔翁之利。因为他跟王世充的同盟关系早已经是很多年前的事了，王世充脑袋进水破坏了他们之间的和谐，也不能怪窦建德现在袖手旁观。现在唐军既然带着这么好吃的来跟自己讲和，就送个顺水人情，把原先攻打宇文化及时兵败的猪头领袖李神通还给了李渊，算是礼尚往来吧。

唐军现在就已经跟窦建德建立了友好邻邦的关系，算是正式建交了。这下轮到王世充慌了，全军上下一片军心不稳，上演了N场叛逃的戏，邓州的土豪抓了王世充任命的刺史归唐，显州总管田瓒、尉州刺史时德睿纷纷归顺唐朝。而且这些人都不是空着手来的，都带着重礼归顺的唐朝，田瓒二十五个州的归顺使得襄阳的王弘烈军与洛阳王世充之间断绝了消息，时德睿带来了七个州。唐朝的实力不断地扩大，王世充则不断地缩水。

但是，不幸的是李世民这边也出现了叛逃的事故。

不过好在逃跑的人没有带着豪礼叛逃。

逃跑的人是谁呢？就是原来刘武周的手下寻相，他们原来是因为战败，无奈投降的，现在兵荒马乱的时候，跑到前线刚好可以有机会脱离李世民的掌控，此时不逃更待何时？

你可能会问，那跟寻相一起投降的尉迟敬德怎么样了？他很好，他没有逃跑。

但是降军的叛逃严重伤害了唐军的自尊心，对这些人以礼相待，他们居然现在要逃跑，真是岂有此理！现在还剩一个尉迟敬德，这个人不是寻常人物，会不会是留下来做接应，到时候另寻机会逃跑的人呢？于是唐军诸将没征求李世民的同意，就把尉迟敬德五花大绑地捆起来囚禁了。李世民帐下屈突通、殷开山两位高级助手又劝言："尉迟敬德刚刚归顺我们，跟我们感情没有多深。这家伙不是一般人可以对付的，现在又被我们抓起来了，心里不知道怎么骂我们呢？不如早点杀了，省得到时候找到机会反抗我们，那时候就晚了！"

李世民却不这么想，一来尉迟敬德是个人才，这样的人才要是随便放过了自己将来一定后悔；二来，尉迟敬德要是真想逃跑，早就跟寻相一起走了，还用等到现在被别人抓起来？谁知道被抓起来后会不会顺便把脑袋砍了啊？没有这么赌自己的脑袋的。

当晚，李世民就把尉迟敬德给放了，把他带到自己的卧室，拿出一袋钱来，说："男子汉大丈夫就要打开天窗说亮话，大家都说你要逃走，但我觉得不是。不过如果你要真的想走，这里是些银两，做你的盘缠，也不枉我们相识一场。"李世民一番话完全是发自肺腑的，但尉迟敬德是个粗人，不懂那些表达自己感恩之情的豪言壮语，闷着头坐着没有离开。但是，很快，尉迟敬德就用行动表达了对李世民的忠诚。

九月二十一日这天，李世民带着一帮人在魏宣武陵观察敌情，忽然遇到了王世充的数万大队人马。估计他们是想偷袭李世

民，没想到半路上就遇见了李世民这条"大鱼"。从瓦岗寨跳槽到王世充手下的单雄信很想给自己制造一个立功受奖的机会，找了个空子就率一队骑兵直冲李世民而来。说时迟那时快，眼看着单雄信一丈八多长的大槊就要刺到李世民。危急关头，尉迟敬德跃马大呼，纵马驰来，一个横刺，单雄信翻身落马。尉迟敬德趁机把李世民挡在身后，成功杀出了包围圈。

等到李世民等人进入唐军人多的安全地带，屈突通正好率领大队人马及时赶到，正好与尉迟敬德分率一队骑兵和王世充军队交战。大战数回合，王世充的军队被打得屁滚尿流，惨象横生，活捉了王世充大将一名，六千多排槊兵被俘虏，还有一千多人脑袋没了。但是王世充侥幸逃跑了。

面对意气高扬归来的尉迟敬德，李世民感慨言道："大家都说你要逃跑，我就坚信不会，那晚你一声不吭，却没想到行动原来这么快！"大庭广众之下，特赐给尉迟敬德一大柜金银。自此以后，尉迟敬德更加得到李世民的赏识。

窦建德背信弃义强介入

王世充在李世民一干猛将的震慑和打击下，不光屡战屡败，没有吃过什么胜仗，而且失去了越来越多的拥护者。而且王世充内部的将领上演了不同版本的投降。九月份的时候，原来李密手下的将领杜才向王世充诈降，当初，王世充任命邴元真为滑州行台仆射。濮州刺史杜才是李密的旧部，因为邴元真背叛李密，对他恨之入骨，于是假意率众投降邴元真，以便伺机报复。邴元真仗着自己官大，前往濮州招抚，杜才特意出门迎接邴元真并请邴元真入内就座，还没等邴元真坐定就抓住他的脖领子斥责道："你本来就是个蠢材，魏公给了你那么高的职位，你一点功劳没建，还闯下大祸，现在来到我这，我正好送你上西天！"快刀斩了邴元真，派人带着邴元真的脑袋到黎阳祭了李密。随后，杜才带着濮州降了唐；十月，王世充手下的员工张镇投降；十二月，王世充统治的许州、亳州等十一个州都向李世民投降了。

驻守在虎牢的王世充的太子殿下王玄应带兵攻打管城。管城的的守将是李世勣，他不是尉迟敬德这样的猛将，但是他擅长用计。这次就是因为一个妙计把王玄应打败的。

先是李世勣击退了王玄应的进攻，然后，李世勣写信给王世充的荥州刺史魏陆，劝他投降，结果居然把这厮说通了。这还不算，魏陆还在王玄应派张志向他征兵的时候，把张志抓起来当做见面礼献给了李世勣。看来，王世充内部不是一般的人心所向不明啊！

这还不够，魏陆还让张志伪造了一份王玄应的书信给张慈宝，让他先回汴州。然后又给边州刺史王要汉偷偷送信，要他暗中陷害张慈宝。可怜了张慈宝被支来支去，刚到汴州，就被王要汉杀死，脑袋献给了唐军。

王玄应一看大家这么不够意思，全都舍他而去，二话没说，撒丫子跑回了洛阳。

除了那些，还有更令人高兴的事。阳城令王雄也率领着下属的各个城堡降唐。王雄虽然是个七品芝麻官，看着是不足挂齿，但他管辖范围内的那些城堡却是战略要地。他的投降给唐军带来了极大的便利，这样就能很容易的打通嵩山以南的交通，王雄也因此加官进爵，被李渊封为嵩州刺史。

王弘烈此时还占据着襄阳，李渊下令金州总管府司马泾阳人李大亮安抚樊州、邓州，以便伺机攻取襄阳。十一月初一，李大亮不负众望，进攻并攻克了樊城镇，王弘烈手下大将国大安脑袋搬了家，李大亮随后又攻破了十四座城池。

此时的洛阳，成了真真正正的孤城一座。

此时的王世充还面临着缺粮断炊的危险，只要李世民再加把劲，王世充最终会成为阶下之囚。

眼见着王世充已经快要无力回天，还有什么杀手锏能使出来吗？

王世充没有让大家失望，关键时刻他把一个人拉了出来，这个人就是已经跟他断交的窦建德。王世充派出求救的使者到达窦建德营帐中，窦建德一分析当前的形势，就得出了要发兵援助的结论，为什么？因为现在王世充、李渊和他窦建德三足鼎立，形成了一个比较稳固的三角形。现在李世民加紧进攻王世充，等于是把三角形的一边给破坏了。这样，也就破坏了三角形的平衡性，这个三角形也就不可能再存在。而且，李世民一旦成功地搞定王世充以后，不但实力大增，而且下一步肯定会把矛头指向窦建德，到时候就是窦建德要遭殃了。

窦建德不傻，不会坐以待毙。他手下的谋士刘彬给他支招说，现在时机非常好，李世民带兵进攻王世充杀得正酣，王世充在内，我们在外。如果内外夹击，刚好把李世民夹在中间，这可是一个绝对美味的三明治。搞定了李世民再来搞定王世充，那还不是小菜。到时候，嘿嘿，天下就要改姓窦了。

这是个绝对让人心动的计划，窦建德不是没有称帝的野心，自然是非常乐意事情这样发展的。

打定出兵援救的计划，窦建德先给王世充送去了一颗定心丸。然后考虑到自己一贯以德服人的形象，而且自己已经跟唐军建交了，不好干太撕破脸的事，不能处处跟美国一样不顾别国的感受，按照自己国家的利益想干什么就干什么。于是派出礼部侍郎李大师到李世民处要求停火、撤军。

李世民透过现象看出了窦建德想要援助王世充的本质，不但毫不留情地扣留了这个李大师，而且半个字也没给窦建德回复。

其实李世民的压力也很大，为什么？因为扣留李大师等于就是直接跟窦建德叫板了，现在自己已经跟王世充耗上了，再加上一个窦建德，情况就变得不是很妙了，当务之急就是赶紧把王世充搞定了。

　　但上天是眷顾李世民的，因为在这种关键时候，一个叫杜伏威的人给了李世民一个大礼包，他抽出了两千精兵来支援李世民。这无异于雪中送炭。而这个杜伏威又是谁呢？

　　杜伏威是齐州章丘人，隋末农民起义首领，为人豪爽放荡。在淮河一带非常的有名气，后来另外一支在长白山坚持斗争的农民起义军李子通部也转战淮南与杜伏威会合，从此声威大震，成为江淮间起义军主力。但是好景不长，不久李子通企图吞并杜伏威部，于是对杜伏威发动了突然袭击，杜伏威身受重伤。屋漏偏逢连阴雨，隋军乘机攻击，杜伏威惨败，侥幸逃脱。后来重整旗鼓，几次大败隋军，起义军迎来了自己的第二春。

　　620年，杜伏威派辅公祏率大军渡过长江，围攻已建国称帝的起义将领李子通，好把新账旧账一起算清了。杜伏威义军与多于自己十倍兵力的李子通义军血战江都，最终获胜。

　　621年，杜伏威派遣将领陈正通、徐绍宗带领两千精兵，与李世民胜利会师，一起攻打王世充。这年正月二十六日，攻克了梁县。

　　李世民的警惕性很高，时刻准备着，没有一丝懈怠。他亲自挑选了一千多精锐骑兵，全部是黑衣黑甲，组成玄甲兵，可以想象一下这是很酷的一种装备。分为左右两队，分别由秦叔宝、程咬金、尉迟敬德、翟长孙统领。每次作战的时候，李世民自己也换上黑色的铠甲率领他们作为先锋，向敌人进击。战场上的黑旋风一刮起来，很多敌人就想哭，因为不一会就不知道自己被刮到哪去了。

　　机会总是留给有准备的人的。很快，在屈突通和窦轨带兵巡行营屯的时候，就和王世充邂逅了，但是，屈突通和窦轨渐渐支持不住了。李世民亲率自己的黑甲奇兵前来救援，王世充只感觉一阵黑影从眼前飘过，随后看到的就是无数躺在地上的士兵，当

然是自己这边的。李世民成功俘获王世充的骑将葛彦璋，俘虏歼灭了六千多敌人。王世充丢盔弃甲地逃回了城。

人都是要吃饭的，更何况是粮食本来就不富裕的王世充，更是要多多地储备粮食，于是派自己的儿子王玄应从虎牢运粮食到洛阳。李世民对此早有察觉，等到王玄应走得快要差不多的时候，李世民派李君羡截击，王玄应又一次吃了败仗，狼狈地逃跑了。

到现在，洛阳的外围已经被唐军基本肃清了。

大举进攻洛阳

箭在弦上不得不发的时候了，李世民派宇文士及回朝上奏请求进军包围洛阳，李渊对宇文士及说："回去跟你们秦王说：这次攻打洛阳，不获全胜，决不能收兵。攻陷之后，除去各人所必需的物品，其他的你先收集一下，至于那些男男女女玉器布帛，就用来分赐给将士们吧。"

二月十三日，李世民将军营转移到青城宫，就在唐军营垒还没构建好的时候，老奸巨猾的王世充就率两万兵马从方诸门而出，凭借旧马坊的墙垣沟堑，临着河水列阵，企图趁机给李世民一掌。

李世民的将士有些惊慌，是你你也慌啊！王世充太阴了，选手还没准备好，他就开打了！李世民先安抚大家的情绪，让精骑在北邙山列阵，自己则登上北魏宣武帝陵观察郑军情况，对身边的人说："老贼王世充的处境已经很窘迫了，现在倾巢出动，不过就是想侥幸打一战，想要咸鱼翻身。现在就让我们打败了他的回光返照，看他以后还敢不敢出战！"

李世民命令屈突通率领五千步兵过谷水攻击王世充，并告诫屈突通："军队一交锋马上放烟火。"屈突通很能干，跟王世充的军队交战之后，他立即命令部下点起烽烟。

李世民一看烟着起来了，马上带领骑兵向南冲击，身先士卒，与屈突通会合，内外夹击，奋力战斗。为了了解王世充军阵兵力的分布情况，李世民率几十精锐骑兵冲入敌阵，一路从阵前一直冲到敌阵背后，锐不可当，杀死的敌人不计其数。

但是不是人人都能像李世民这般神武啊，很快，李世民就和众骑兵走散了，但是身边还跟着一个人，就是将军丘行恭。

突然，李世民的坐骑不幸被王世充的人射中，李世民处境危险。关键时刻丘行恭调转马头向回骑，一路过关斩将，射击追赶的郑兵，箭无虚发，追兵哪还敢近前？丘行恭下马将自己的坐骑让给李世民，自己在马前步行，手执长刀，左右开弓，大喊着斩杀了很多人，冲出了王世充的军阵，回到组织的怀抱。

像丘行恭这样的勇敢无畏而且刀法好，射击好，力量大，奔跑能力也不错的人放在现在一定是国家队争相挖掘的人才。到时候估计能刷新菲尔普斯的奖牌纪录。

当然，我们也不能小瞧了王世充的兵士们。他们殊死战斗，军队几次三番被打散后又重新集合起来，从上午七八点钟一直打到中午，王世充的军队方才退军。

李世民哪里肯放过他们，挥军追击，一直追到洛阳城下，俘虏歼灭了七千人，趁势包围了洛阳。

面对这座让李密土崩瓦解的洛阳城，李世民能够成功地颠覆李密的魔法圈，战胜王世充吗？

李世民包围了洛阳宫城，不分昼夜地攻城，但是进展却十分缓慢。为什么？因为王世充有秘密武器。

首先是大炮飞石，也就是现代大炮的原始模型，大炮的威力我们就算是没有领教过也了解个差不多。这些大炮可以射出五十斤重的大石头，并且能抛出去二百步远，这五十斤重的大石头要是砸在身上，马上就可以知道你这些天吃的什么；另外一个秘密武器是八个弓的弩，箭杆像车子辐条，当然是大车的辐条，比较粗，可以射出五百步远。

再加上王世充的城墙坚固，使得李世民攻城变得十分困难。但是王世充内部也不消停，先后有十三个人想以城倒戈投降，都还没来得及发动就被杀死了。现在王世充就剩下这座城了，就算是拼死也不能让人给自己捅了漏子啊！

李世民这边屡次攻城都没有什么进展，将士们变得没有什么士气，想回关中的想法不言而喻。总管刘弘基等人也觉得这样拖下去不是办法，于是请求班师回朝，李世民却坚持继续战下去，他说："现在洛阳已经变成了名副其实的孤城，我们战斗了那么久，就应该一次搞定了他，希望的曙光就在前方，怎么能在这个节骨眼上放弃呢？"又命令全军，"洛阳不破，决不撤军，再有胆敢提起班师回朝的一律斩首！"

这句话的威慑力还是很大的，毕竟丢了脑袋就是真的完了，从此没人再敢提班师一事。

李渊知道这个情况后，也秘密下令让李世民班师回朝。李世民心想：大家怎么都赶在这个时候劝我班师呢？但是毕竟这个是皇上，要解释的。李世民上表说明洛阳一定能攻克，又派参谋军师封德彝回朝当面给李渊讲现在的军事形势："名义上王世充得到的地方虽然多，但只不过是些远方的亲戚，没有近亲。他实际管辖的不过就是洛阳这座孤城罢了，现在老贼只剩下苟延残喘的份儿。如果现在回师，就会给他留下充足的喘息时间，再加上各地互相联合，以后再消灭就难了！"

各方面解释得差不多的时候，李世民也跟王世充通了信，动之以情，晓之以理，但王世充没有回复。

洛阳城易守难攻，但是洛阳城外的背叛一直在上演。二月三十日，王世充的郑州司兵沈悦派人到唐左武侯大将军李世处请降。唐左卫将军王君廓夜晚带兵攻击虎牢，沈悦就做了内线，唐军夺取了虎牢，抓获了郑国的荆王王行本及其长史戴胄。

此时窦建德也在着手准备救援王世充一事，拔掉了他的一颗滚刀肉似的眼中钉——孟海公。

西边也不安宁，突厥那边换了主子，更加地野心勃勃。李渊使劲地贿赂也没起什么大作用，好在唐军有才的人多，才使得李世民可以不用顾忌那么多，专心对付王世充。

李世民看自己这样老是不停地进攻也没有什么效果，把自己屡试不爽的疲劳战术又抖落了出来，要跟王世充耗到底。

王世充玩得起吗？当然不！当时城内最为紧缺的就是粮食，金银财宝真的就是粪土一样的东西，如果你拿一个馒头跟人家换金银财宝，估计会有很多人挤破头似的跟你换。倒是个可以发财的好机会，可以乘机哄抬物价啊！

城里的草早就被吃光了，树皮、腰带、皮鞋，凡是能吃的基本都进了肚子，到最后这些东西也没了，只能吃泥了。没吃过的人不知道，吃泥的结果就是浮肿，所以很多人在用泥填饱肚子后，做了饱死鬼——病死了。

虎牢大决战

就在王世充快要饿瘪的时候，窦建德终于出手了！

可以说窦建德此次出发，很是厉害，攻克了李唐的管州，又占领荥阳、阳翟等县后，从水陆两路运粮西上，直逼洛阳。随后与王世充弟弟王世辩的手下郭士衡会合，带领着三十万大军驻扎在成皋的东原。

面对着窦建德的大军来袭，李世民这边的将士各种意见纷纷出炉，但是大部分意见都是避开窦建德的锋芒，以免两面开战腹背受敌。但是还是有少数人持不同意见，这就是郭孝恪和薛收。

郭孝恪认为王世充已经是秋后的蚂蚱，现在只要守住虎牢随机应变，窦建德更是不足挂齿。

薛收的意见更加详细，他说："现在王世充在我们的疲劳战术的久拖之下马上就要体力不支了，关键是不能让他拿到窦建德运来的粮食。现在我们兵分两路，一路继续包围洛阳，但不跟王世充决战。而是应该以逸待劳跟窦建德决战。拿下了窦建德，王世充自然会被摆平。二十天之内，他们两个都会被我们俘虏。"

厉害吧？甚至把敌人灭亡的时间算好了！果然厉害！

虽然李世民董事层的几个领导都不同意这个冒险的计谋，但是李世民力排众议，要求坚决执行。这就是"一举两克"的战略方针，而时间会证明这个战略方针的无比正确性。

说干就干，李世民把军队一分为二，让屈突通带着一半士兵辅助李元吉继续包围洛阳城，而李世民自己则率领三千五百名精兵进驻虎牢。

兵贵神速，不到一天的时间，李世民已经到达虎牢。就在李世民刚在虎牢跟王君廓会师的时候，窦建德军的前锋已经逼近虎牢了。

李世民带来了三千多士兵，王君廓部也只有几千人。加起来也就一万，还是四舍五入的。

以一敌十，李世民行吗？

回答当然是肯定的！因为李世民选择了一个易守难攻的好地方——虎牢！历史上这样的地方所取得的胜利不计其数，现在轮到李世民也要上演这样的精彩了。

到达虎牢的第二天，李世民就和尉迟敬德等一行四人前去查看敌情，李世民和尉迟敬德殿后，先是杀了个过瘾，随后策马佯装逃走。敌人不知有诈，急忙加紧追赶，不小心就跑进了李世民的包围圈，李世勣、程咬金、秦叔宝从左、右、后三路率军突然杀出，敌骑猝不及防，大败而逃，唐军将他们一路赶回军营。这一仗杀死敌骑三百多人，抓获敌骁将殷秋、石瓒。

唐军胜利回到虎牢关。从两位俘虏身上，李世民对窦建德的军情有了大致的掌握。更重要的是，通过这次交战，李世民已清

楚夏军虽然兵力众多，战斗力跟唐军相比差距却不小

随后李世民给窦建德写了一封信，大意是，赵魏一带的土地本来就是我大唐的，现在是你在巧取豪夺。本来我们两国建交，关系处得还不错，现在王世充浮言虚词诱惑你，你竟率三军之众，为他浪费时间浪费钱财，方略实在是不太高明。今天跟你的前锋一遇才知道真的不堪一击。大战之前希望你三思而后行，能作出正确的选择，以免将来后悔莫及！

窦建德气得脸变成了猪肝色，但是面对险关无法攻克，只能打持久战，结果几仗打下来，又连连失利。

面对窦建德这种进也不是退也不行的境况，国子祭酒凌敬站出来了，建议窦建德"围魏救赵"，北渡黄河，攻取怀州、河阳，翻越太行，进入上党，攻取汾、晋，再率主力直扑蒲津，威慑关中。这样就可以迫使唐军从洛阳撤军。

窦建德给这个建议极大的肯定，批准马上"照凌敬同志的意见办"。

但是，很不幸，这个意见还没有实施就已经流产了。

为什么？还不是因为王世充。

北渡黄河，攻取怀州、河阳，翻越太行，进入上党，攻取汾、晋，再率主力直扑蒲津，威慑关中。这中间需要多少时间不太好计算，但是如果真的实施了，估计王世充只有两个下场，不是饿死就是吃泥病死，而且估计到时连砌墙的砖头都会被吃没了。王世充不会眼睁睁地看着窦建德这么舍自己而去的，于是他的两位使臣王琬和长孙安世早晚都在窦建德面前哭诉，请夏军西进救援东都。又暗中用金银珠宝狠狠地贿赂窦建德的主要将领，请他们阻挠北上计划的实施。

窦建德最终动摇了，他向凌敬表示歉意："现在将士们斗志这么强，是上天在帮助我啊，凭着这股士气决斗，还能不胜？对不住你老人家了。"

凌敬秉承读书人严谨的治学态度，斗胆与窦建德争辩，窦建德大怒，下令侍卫将这位书生强行扶了出去。

窦建德的老婆也表示对凌敬的支持，窦建德更加恼火："你个妇道人家懂什么？我现在是来救王世充的，如果现在北上就是弃他不顾，怎么可以如此的背信弃义？"

一番话说得曹氏红着眼圈，不敢再说话。

诚信至上的窦建德留了下来，跟李世民一耗就是两个月，军事上毫无进展。

后来，窦建德发现李世民的草料快要用完了，觉得大好时机马上就要来了。因为李世民非常倚重这些骑兵，等到马没了草料李世民的战斗力锐减的时候，也正是自己发动进攻的最佳时机。

很快，窦建德以为的机会就来了。

五月一日，李世民带领军队出了虎牢四处察看，并且故意留下了一千多匹马在河洲放牧，以加强敌人以为唐军缺乏草料的印象。到了晚上，他率军偷偷回到虎牢关，一千多匹战马仍然留在那里。

一看骑兵没马了，窦建德第二天一大早就大举出兵，在汜水东岸布阵，正面北达黄河，南到鹊山，有二十多里宽。并且敲着战鼓前进，脚步声和战鼓交汇在一起，很有点威慑力。

李世民登上高处观察之后说："夏军在这么危机的时候居然还能让人听见大声吵嚷的声音，这纪律可见一斑。他的先头部队直接迫近虎牢城下布阵，可见有多狂妄。现在我们故意按兵不动，看他们的士气能撑多久？到时候又饥又渴，必将自动退却。那时我们再凶猛攻击，必将一举击破！今天中午时分就是他们的大限！"

窦建德心存鄙视，派出三百精骑趟过汜水，大大咧咧地来到距唐军只有一里路的地方。又派人前去叫板，李世民就派王君廓带领二百名长槊兵前去应战，这些长槊兵忽进忽退，打了半天，没分出胜负，最后各自回营，白白消耗了窦建德很多的时间。

李世民这么打打闹闹很快就到了中午，窦建德这边就比较难熬了。窦建德的大批先头部队一上午都是闲得看表演，顶着大太阳，又热又渴，一片萎靡。李世民远远地望见了敌阵的混乱情形，知道出击的时机到了，便令宇文士及率三百骑兵从敌阵西端向南飞驰。他告诫道："敌阵如果不动，你就带兵回来；如果动了，你就带兵向东猛攻。"

宇文士及率三百骑兵飞驰而去，敌阵果然骚动起来。

李世民断定：敌人现在体力衰退，心志已经混乱了，连战斗队形都无法保持了。

李世民大笑，"出击！"

此时身后一阵隐隐的轰响——放牧的战马回来了。

李世民走下城墙，令秦叔宝率几十名精骑首先冲向敌阵。他和李世勣、尉迟敬德、程咬金等人率大队骑兵紧随而至。殷开山等人则率步兵军阵跟在骑兵之后冲杀。

可笑的是，当时的窦建德正在跟自己的人开会，而且还不是什么有用的会议，没有研究出对付唐军的方法，还延误了军队的调度，看来官僚主义真害人啊！

大唐骑兵才不管窦建德在干嘛，向他们凶猛地冲来。群臣惊慌失措，急忙向窦建德身边躲去，像小鸟要钻向父母的胳肢窝一样。窦建德急召大夏骑兵去拦竟无法通过。窦建德大声喝斥指挥文臣们让开大路，就在这进退之间，大唐骑兵冲杀过来，把窦建德的侍卫冲乱，窦建德窘迫之极，慌忙向地势高的东坡退去。

疾如风，徐如林，掠夺如火，不动如山，难知如阴，动如雷霆，侵吞之势如海潮！

中华民族的"兵圣"、"兵家之祖"——孙武的至理名言！

历史上很多有军事才能的人都做到了这一点，岳飞、韩信、袁崇焕都是很厉害的诠释者。当初李世民也是一个。在放马引诱

窦建德出击的时候，他做到了难知如阴；在窦建德锋芒正盛的时候，做到了不动如山；在对窦建德大举进攻的时候，做到了疾如风、动如雷霆。

看到窦抗练不过窦建德，李世民亲自出马，所向披靡。另外，李世民的叔伯堂弟李道玄也非常的了得，小小年纪就十分神勇，尽管自己快被射成刺猬了，还继续用自家祖传的神箭术射杀敌人，成果卓著。

但是一个李道玄的力量毕竟是弱小的，要想取胜还要依靠全军主力。李世民令骑将史大奈、宇文歆带人到附近拔下上百面军旗，全部卷在旗杆上，再迅速集合。然后冲到敌阵后面，再扛着军旗杀回来。

李世民带着这群骑兵冲出城门洞，飞速杀入敌阵。途中遭遇程咬金和秦叔宝等人，李世民令他们也加入进来，很快会合成一千多名骑兵。战马嘶鸣，烟尘冲天，很快便冲到了敌阵背后。夏军将士回头看见大唐军旗飘扬，以为真的陷入了包围，顿时是两腿筛糠。恐慌这个东西比甲流传染得快，顷刻之间窦建德全线崩溃，十几万夏军开始在原野上四散奔逃。唐军追出去三十多里，三千多夏军将士被斩了首级。

依靠骑兵保护的窦建德身中一槊，只身逃窜到牛口渚。大唐军白士让、杨武威渐渐迫近，窦建德见追兵已到，便狠狠地用鞭子抽打马臀，催马快跑；马在慌乱中不小心失蹄倒地，窦建德的身子从马头飞过，重重地摔在地下。窦建德束手就擒。

但是当窦建德被押到李世民面前时，却始终坚持站着，决不下跪。

是条汉子！

李世民问他为何要阻挡自己征讨王世充的时候，窦建德的回答却是相当的雷人："今不自来，恐烦远取。"翻译成普通话就是，我自己不主动跑过来，还得麻烦你大老远地过去抓我。

多体贴！但是这好像跟刚才的誓死不跪有着天壤的差距，实在是让人匪夷所思。难道是窦建德的思维运转的太快，具备常人所不具备的跨越式思维？这就无从考证了。

擒贼擒王，窦建德已经落入虎掌，士兵溃散，窦建德原来的私有财产，老婆、金银财宝全部归了李渊，原来的旧部宣布解散。第二天一大早，李世民就带着自己的战果赶赴洛阳。还专门给窦建德、王琬、长孙安世、郭士衡等人各找了一辆车，不过是行动不便的囚车。

到了洛阳，李世民慷慨地让窦建德跟王世充见了一面，王世充伏在城墙上，窦建德从车里抬头向上看，两人交流了一下心得体会。

"我履行了自己的诺言，"窦建德颤着声音说，"但被秦王打败了，这是天意啊！"

王世充哭了起来，窦建德也淌下了热泪。

随后，李世民又派长孙安世入城，向王世充详细介绍窦建德失败的情况。

这两招比大炮厉害，大炮可能激起战士们的士气，这两招之后，大家全部萎靡了。人家窦建德十万大军都被这样生擒活捉了，我们一群饿得半死的人还能怎么样？所以，王世充提议垂死挣扎的时候，被大家想都不想地拒绝了。无奈之下，王世充选择了跟李世民谈投降的条件。王世充在李世民再三保证不杀自己全家的情况下，五月九日率领自己的属下投降了。

虎牢之战，李世民大获全胜。

在这场战役里，李世民完美地实现了一箭双雕的计划，将王世充和窦建德两个强劲的敌人一举拿下。综合评述一下这场战役，除了那些顺应历史潮流的原因之外，最值得称道的当然就是两方领导与人马之间的对比。

首先是军队构成，窦建德人数众多，其中不乏精兵良将，但

【第二章】消灭奸雄 乾坤一统

是有很多人是后来加入的，这还存在一个适应的时间问题，不可能一下就如鱼得水了。而且，还有一个问题就是那些水土不服的兵士除了需要适应环境还需要适应纪律，所以才有了战场上的纪律混乱。而李世民则不同，手下名将众多，619 年实行的十二军制度，每军都有一个名将统率，平时种田，战时出征。李世民从这些人中间选优秀的人组成玄甲兵，由秦叔宝、程咬金等这些擅长打群架的人率领、训练，纪律严明，训练有素，每到战时冲锋在前，成了李世民最得力的左右手。这就是一个精锐之师跟一群乌合之众的对抗，胜负自然明了。

再从策略上来看，李世民自始至终都是异常清醒的，作出的决策也是准确的。孤立洛阳、疲劳战术、中立窦建德、放马诱降窦建德、快马出兵攻打窦建德，最大限度地削弱了窦建德的力量。

而窦建德，不听凌敬的建议，盲目诚信至上，不动脑子骄傲轻敌，大兵压境的时候居然还在开会，这样的人不被打败还有天理吗？

五月十日，李世民正式进入洛阳城。洛阳城的百姓欢欣鼓舞，因为从此以后可以告别吃泥的日子了。李世民进入洛阳本来只是为了拿存放在洛阳中书省、门下省的百姓的户口、土地资料，但是狡猾的王世充早就把这些东西一把火烧了，结果是房玄龄扑了个空。

但是好在还有很多的金银财宝还在，李世民拿出一些犒劳自己的将士们，有财一起发，干起活来才能更卖命，李世民不会不明白这个道理。当然，会按照业绩来公正地分配，古代的量化考核制度甚至让现在的很多企业家汗颜，看来我们要学习的东西还有很多。同时，李世民还把几个实在是该死的人杀了，比方说杀人魔王朱粲，吃里扒外经常出卖朋友的段达，还有一个有些叫人意外的"飞将"单雄信。尽管李世勣再三的为单雄信求情，李世民还是执意把他杀了。不是因为单雄信为了在主子面前表现自己差点杀了李世民，而是因为这人信用实在是不太好。先是翟让的心腹，后是李密的悍将，瓦岗寨土崩瓦解后，又成了王世充的爱将，槽跳太快，这样的部下实在是死不足惜。而且，跟李世民身边的大将们相比，单雄信的武艺一点都不出奇，扔到人堆里就被淹没了。后来，单雄信在自己行刑前，还责怪自己誓同生死的把兄弟李世勣不会办事没有保住自己，这人的素质就可见一斑了。

杀完人，发完钱，李世民还把王世充关押的一些犯人从监狱里放了出来，祭奠那些被王世充迫害致死的人。这些事看似平常，但是意义重大，一来可以拉拢那些反对王世充的人，二来可以树立李世民光辉的形象，赢得老百姓的爱戴。

前面说了，皇上都是多面手，李世民天生就是当皇上的料，搞起政治来自然也是有两把刷子的。

七月九日这天。李世民快马加鞭回了长安，李渊举行了盛大的欢迎仪式。

王世充和窦建德先是在街上风光地被游行了一回，因为王世充有李世民的保证，所以在李渊当堂数落了他胆敢抗拒大唐的罪行之后，脑袋暂时保住了。他的兄弟子侄就没有那么幸运了，全部按谋反罪处死。但在王世充兴高采烈地回四川准备做个平民的途中却被仇人害死，多行不义必自毙啊！

窦建德也没有这么幸运，李渊干脆利落地派人在市集砍了他的脑袋，这个最有希望跟李渊竞争皇帝之位的人就这样结束了自己的一辈子，享年四十八岁。

【第二章】消灭奸雄　乾坤一统

第五节　统一江南

扫平刘黑闼

窦建德死了，王世充没有烦劳李渊动手，王世充的仇人帮了李渊，现在李唐的敌人还只剩下那个安心在江南过日子的萧铣。李渊以为天下业已平定，四海一统，便宣布大赦天下。但仍下令追讨窦建德的余党，抓捕后充军流放到边疆。同时加紧对窦建德和王世充旧部的治理，这是很必要的，如果治理得好，不但可以对他们放心，而且可以让他们为政府出力。

窦建德被消灭后，他手下的将领都带着多年积攒的财物回到了乡里，这可是他们提着脑袋辛辛苦苦挣回来的。但是，李渊的那些基层干部们素质实在是有点不太高，眼见着那些人手里有钱，就找各种各样的理由想从中抽肥。

理由很多，就好像那些诚心找茬的城管，管你是谁，到时候你在那儿摆摊就是要占你便宜。说人家多拿了钱而且还总是伺机谋反，这必然是说不通的理由了。人家一有反抗，这些人就实行棍棒政策，暴力先行，弄得窦建德的旧将个个惊惶不安。窦建德的主要将领高雅贤、王小胡家在洺州，不堪忍受折磨，打算偷偷带着家产、妻儿老小逃亡外地。但是你想这些基层人员已经盯上你了，你的一举一动尽在掌握，想跑容易吗？他们只好逃到贝州。

无巧不成书，这时，李渊又征召窦建德旧将范愿、董康买、曹湛以及高雅贤等人进京，这下他们就真的坐不住了。

几个人一想，王世充的将相段达、单雄信等都被李世民杀了，自己是窦建德的旧部还能活着回来？自己曾经是窦建德信赖的人，现在他死了就要为他报仇，进京也是死，反了大不了也是死，干脆反了！

商周遗留下的好习惯，就是但凡在做大事之前一定要先占卜一下，看看上天的旨意。神明指示他们说，让姓刘的人领导自己，才是大吉大利。刚巧他们有一个同事姓刘，叫刘雅，于是几个人偷偷跑到漳南，将他们的密谋大计讲给刘雅听。可谁知，这个刘雅已经金盆洗手，准备安安分分地过下半辈子，不再涉足谋反圈。

范愿等人劝了半天，刘雅就是不答应，结果，这拨人一气之下，让刘雅这辈子都在土里安分了。同时也保证了这个消息不会被他泄露给官府了。这几个人怎么肯轻易放弃，继续在自己的电话簿里找姓刘的，有了！刘黑闼！

众人赶紧去拜访，跟刘黑闼一说，刘黑闼无比爽快地就答应了。刘黑闼祖籍就是漳南，小时候就是个无赖，好喝酒，好赌博，不务正业。他与窦建德很早就是好友，他家里穷得揭不开锅，窦建德经常帮助他。大业年间，先是投奔郝孝德当了毛贼，后来归附了李密，做了偏将。李密失败后，又当了王世充的俘虏，被任命为骠骑将军。每每见到王世充的虚伪作派，总是暗地里偷着笑。后来在战斗中被投降了窦建德的李世勣俘获，于是在转了一大圈后，又回到了窦建德身边。窦建德任他为将军，封汉东郡公，令他率领一支奇兵四处打游击。

刘黑闼跳过很多次槽，见识过很多东西，善于根据形势变化及时作出反应。他作战骁勇，鬼点子也多。窦建德想进攻哪里，便令他侦察敌情。他常偷偷潜入敌营查看虚实，有时候出其不意向麻痹大意的敌军发动突袭，也能大有斩获，天长日久也赢得了神勇的美名。

窦建德失败后，他潜回漳南，深居简出。范愿等人来时，他正在种菜，听了大家的计划，非常赞同，立即杀了一头牛，摆下酒宴，与大家一道边吃喝边拟定起兵计划。单在他们乡里，就有一百多人加入了义军。

七月十九日，刘黑闼率这支一百多人的队伍突袭漳南县，将其占据，然后大肆招兵买马。

为了对付刘黑闼，李唐让常败将军李神通做山东地区的副长官。

八月十二日，刘黑闼率义军攻陷蚪县，贝州刺史戴元祥、魏州刺史权威立即率州兵前来征讨，被刘黑闼击败，两人在战斗中被斩杀，有一千多名唐军在被俘后加入了义军。范愿、高雅贤等老将军也一批一批地赶来归附，刘黑闼的队伍迅速发展到两千人。

刘黑闼这伙人不光作战厉害，还十分有心计。窦建德生前跟老百姓的关系处得不错，刘黑闼正是抓住这点大做文章。他在漳南筑起高坛，隆重奠祭窦建德的亡灵，宣布自己起兵就是要了给窦建德报仇。刘黑闼知道现在自己要低调行事，于是宣布自己不称王也不称帝，只称大将军。这下各地窦建德的旧部觉得看到了希望，于是纷纷起兵响应。

看到刘黑闼发展得如此迅速，李渊没敢掉以轻心，加紧派兵镇压，但是都没起到什么好的作用。刘黑闼这边一路顺水顺风地攻城略地，而且不断的算计能够更快发展起来的好方法。

很快刘黑闼就想到一个绝好的势力扩张的方法，就是拉拢高开道和徐圆朗。

高开道很厉害，脸变得比脸谱还快。先是跟着格谦造反，后来转投高昙晟，没多久，取而代之，自己做了燕王。曾经援助李艺攻打窦建德，还归顺了李唐，被封为北平郡王。等到李艺来他这度假的时候，他却翻脸不认人，不但把李艺的人马占为己有，而且，恢复自己燕王的称号，做了突厥的走狗，三番五次地攻打幽州。这次刘黑闼盛情邀约，高开道自然是爽快地答应了。

而当初徐圆朗在兖州为盗，纵兵略地，发展了一下也拥有正式兵力二万多人。后来他归附了李密，李密失败后，他又易主王世充。等到王世充败了，他就归降了大唐，被任命为兖州总管。刘黑闼起兵后，暗中给他写信，他跃跃欲试，筹划着响应刘黑闼一下。就在李渊派将军盛彦师安抚河南一带经过他地盘时，他突然下手了，纵使盛彦师神机妙算，这次也只能束手就擒了。徐圆朗趁机宣布举兵造反。刘黑闼得知后，赶紧任命他为大行台元帅。

徐圆朗对于抓获的大唐将军盛彦师，倒是十分有礼貌，他让盛彦师写信寄给他的弟弟虞城县令，要他举虞城投降。盛彦师照办了，只不过信写得很短，连上标点符号也就不过才二十几个字。内容是这样的："我没能完成皇上交给的使命，被反贼活捉了，作为臣子没能为皇上尽忠，我只能以死谢恩，以后你要好好照顾老母，不要挂念我。"

徐圆朗看了信，气得抓狂了，居然利用公家的纸笔做私事，真是岂有此理？顿时就要杀了盛彦师，但是盛彦师站在一旁，却神态自若。

"你们的皇帝喜欢杀人，"徐圆朗平息了怒气，笑着对盛彦师说，"你也喜欢杀人。但我不喜欢。"于是，盛彦师没有被杀。不久，盛彦师从徐圆朗的队伍里逃脱归来，被任命为宋州总管。

刘黑闼的粉丝也不少，除了前面讲的这几个，还有其他人。窦建德原来的深州刺史崔元逊得知刘黑闼起义后，就找来一拨自己人充当农民推着装有庄稼的车子到衙门去告状。还没等刺史明白是怎么回事，就结果了刺史的性命，脑袋给刘黑闼做了见面礼。

面对这些起义的人，李渊没有坐以待毙，他派两个人应战，一个是李艺，另一个还有待考证作战质量，那就是李神通。

李神通和李艺会师后，带着五万人马九月底在饶阳城跟刘黑闼展开会战。这次战役，李唐军人数众多，而且装备精良，跟刘黑闼相比，李唐军占有很大的优势。

李神通带领主力部队，布阵长达十几里。刘黑闼虽然兵力少，但是背靠大堤，列成单行，并不惧怕唐军。历史上的韩信曾经利用背水阵战胜过强敌，这次刘黑闼加以应用，也取得了胜利。曾有史料记载说唐军是因为逆风作战才失败的，这种说法很是牵强，主要原因还是因为李神通指挥能力有问题，典型的烂泥巴糊不上墙。刘黑闼大败李神通，李神通手下的军队损失了三分之二。

李艺毕竟是久经沙场的老将，在西边大败高雅贤，追出去好几里。后来听说大军主力失利，急忙退回藁城。刘黑闼乘胜攻城，李艺抵挡不住，只好率军逃回幽州。但是，李艺的得力将领薛万钧、薛万彻被刘黑闼俘虏。刘黑闼发了发善心没杀他们，但是，刘黑闼也太阴了点，把人家每人剃了个光头就给放了。那是在古代，讲究身体发肤受之父母的年代，动不动就剪头发那是不孝的表现，而且还是在自己完全不自愿的前提下，这是莫大的耻辱啊！

刘黑闼这边取得了胜利，声名大噪。很多人望风追逐。各地窦建德旧将纷纷起兵，争杀大唐官吏响应。

十一月十九日，刘黑闼攻克定州，生擒李唐的总管李玄通。

这个李玄通虽然姓名和李神通差不多，但是关系不大。李玄通是陕西蓝田人，而且，更重要的一点是，李玄通能征善战，比李神通强很多倍。

刘黑闼对李玄通也很欣赏，想拉拢他，被李玄通严词拒绝了。

后来，李玄通在酒后舞了一段优美和壮美完美结合的剑舞后，觉得无颜见江东父老，用刀剖腹而死。

真是条汉子！

李唐虽然有一些不争气的基层干部，也有李神通这种饭桶，但更多的是李玄通这种既有才又忠诚的人才，李世勣就是这当中的出类拔萃者。

武德四年十二月，刘黑闼攻破冀州之后，他的目标指向了宗城，就要面对曾经亲手俘虏过他的大将李世勣了。

但是这次李世勣没有重复上一次的精彩，因为不光双方力量差距悬殊，而且，经过几次胜利，刘黑闼的士气逼人。李世勣退守洺州，刘黑闼奋起直追，结果大败李世勣，两天后，占领了洺州。李世勣单骑逃走。

刘黑闼进入洺州，在城东南筑起高坛，祭告上天后，再次奠祭了窦建德的亡灵，然后举行了入城仪式。刘黑闼虽然名字不怎么样，但是脑袋很是灵光，之前的策略很好地收复了窦建德的旧部，而且在仅仅半年时间内，他就便收复了窦建德的旧地。

这时候李渊开始有点慌了。

跟上次一样，李世民在平定了王世充和窦建德后，就被李渊束之高阁了。好在李世民不是无所事事的人，很沉得住气，他和房玄龄、杜如晦等号称"十八学士"的人搞起了学问。他们分为三班，每隔一天来文学馆值班并住宿一晚，由李世民供给精美的食物，恩宠、礼遇都很优厚。李世民每次朝会、办事之余，都来到文学馆中，和各位学士一道讨论典籍，有时到了深夜才入睡。官员和学者对被选中者羡慕之极，把这称为"登瀛洲"，就是说跟到了仙境一样让人心潮澎湃。

但是战事吃紧，李渊派出去的人基本都是无功而返，这时候不派李世民就等着吃更多的败仗、丢失更多的土地吧！

李世民再度出山

在刘黑闼连战连捷、李唐一筹莫展的时候，李渊终于又想到

了李世民。

十二月十五日，李世民被任命为讨伐刘黑闼的总指挥，副总指挥是李元吉。

武德五年春正月，刘黑闼自称汉东王，改元天造，定都洺州。任范愿为左仆射，董康买为兵部尚书，高雅贤为右领军；征召王琮为中书令，刘斌为中书侍郎，窦建德的旧部全部官复原职。而且，公众一致认为，刘黑闼的立法与行政完全仿效窦建德，但在带兵打仗方面他超过了窦建德。

当月，李唐的济州别驾刘伯通抓住刺史窦务本，献上济州投降了徐圆朗；东盐州治中王才艺杀了刺史田华，向刘黑闼献城投降。

武德五年正月初，李世民率军抵达获嘉，刘黑闼不傻，知道硬碰只会得不偿失，于是避开了李世民的主力，放弃了相州，退保洺州。正月十四日，李世民收复相州，随后进军肥乡，在洺水沿岸扎营，逼近敌人的纵深。

这时，幽州总管李艺又率领数万兵力来跟李世民会师。刘黑闼得知后，留下一万兵力，由范愿带领着守卫洺州，自己率主力前往袭击李艺。当夜，他的主力在距洺州城几十里外的沙河宿营。

李世民发现敌军主力已北上，故意命令将领程名振带人带着六十具战鼓，在洺州城西二里外的长堤上使劲地擂，咚咚的鼓声，把洺州城的范愿吓得半死。自己只有一万人马，而且面对着的是如雷贯耳的李世民，到时候可能连自己是怎么死的都不知道。惊恐之极马上派人报告刘黑闼。刘黑闼急忙率军赶回，只派了弟弟刘十善与行台张君立带一万兵力阻截李艺。

这就给了李艺可乘之机，正月三十日，李艺抱着复仇的情绪，一阵狂打，结果刘十善、张君立大败而去，一万人有八千人死亡或被俘。李艺长长地出了一口恶气。

这还不算，洺水县人李去惑凭借县城向唐军投降，李世民派将军王君廓率一千五百名骑兵前往支援，入城与李去惑共守。二月十日，刘黑闼率军进攻洺水县城，十一日，刘黑闼行进到中途，遭到了秦琼率领的大唐骑兵的突然袭击。这可是赫赫有名的玄甲兵，刘黑闼此番只是伤亡惨重，但是能保住命已经是万幸了。

在接连损兵折将之后，刘黑闼决定奋起反击，于是对洺水城的进攻越发猛烈了。

洺水县城四面都有护城河，河宽五十多步，刘黑闼在城东北挖了两条甬道，计划一直向城内挖去。李世民三次率军前往救援，都被刘黑闼的军队向外筑下的营栅拦截住，无法继续向前推进。李世民担心王君廓会体力不支，便召集众将商议。李世勣说："一旦甬道通到城下，这城肯定就守不住了。"

就在大家束手无策的时候，行军总管罗士信主动请求替换王君廓去守城。李世民于是登上城西南的一座高丘，用军旗招唤王君廓出城，王君廓率部下奋勇出战，终于突破重围。罗士信率领二百人敢死队乘机入城，代替王君廓坚守洺水。刘黑闼的队伍不分日夜地猛攻，正巧赶上下大雪，援军无法接近，罗士信坚守了八天，二月二十五日，洺水县城被刘黑闼攻占，罗士信被俘。刘黑闼想要留罗士信一条性命，为自己效力。罗士信态度强硬，宁死不屈，年仅二十三岁的罗士信英勇牺牲。

洺水易攻难守，但在刘黑闼攻陷洺水四天之后，二月二十九日，李世民还是率军攻下了洺水城。

三月初，李世民和李艺在洺水城南会师，他分兵到洺水北面驻扎，在那里挖下深沟，筑起高垒。洺水城虽然不易防守，但是它就在洺州城眼皮底下，对于刘黑闼来说无异于在自己的屁股底下扎了一根钉子。于是刘黑闼不断向唐军挑战，李世民再施拖字诀，随便你怎么挑战，我就是不出招。

【第二章】消灭奸雄 乾坤一统

李世民这边不搭理刘黑闼，但是那边却派出奇兵，断绝了刘黑闼的粮道。

这次，李世民就可以更加肆无忌惮地拖着刘黑闼了。

三月十一日，就在刘黑闼以为李世民还会无休止地僵持下去的时候，刘黑闼任命高雅贤为左仆射，相当于政治局常委、国务院总理级别的显赫官职，在军中大摆酒宴。当晚的主角高雅贤人逢喜事精神爽，自然是喝高了。可就在这晚，李世民派兵出击了。为首的将领是李世勣，他率军逼近敌人军营，敌人慌忙抵抗。酒高人胆大，高雅贤喝醉了酒，雄性荷尔蒙开始大规模发挥作用，居然一个人骑上马前去迎战了。

但是喝醉了的高雅贤根本不具备什么战斗力，还没怎么着，就被李世勣不怎么厉害的部下潘毛刺中，从马背摔到地上。高雅贤的侍卫急忙赶到，将他抢了回去，但这位上任还不到一天的左仆射还没到军营，就断了气。可悲可叹！

因为喝酒刘黑闼损失了一员大将，看来喝酒真的会耽误大事啊！

过了两天，众将领再次前往刘黑闼处挑衅，这次刘黑闼吸取上次的教训，没有喝酒，于是来进攻的人中了刘黑闼设下的埋伏，前日立下大功的潘毛这次不幸被刘黑闼的骁将王小胡活捉。

这还不算，刘黑闼派兵从自己控制的冀州、贝州、沧州、瀛州运粮而来，水陆并进，又被李世民的部下程名振发现。程名振带着一支上千人的奇兵发动突然袭击，水路的运粮船全部被沉到水底，陆路的运粮车被付之一炬。于是刘黑闼的军队渐渐地断了粮。

刘黑闼也不全是失败，在洺水前线，李世民与刘黑闼相持了六十多天的时候，刘黑闼突然率军偷袭李世勣的军营，李世民急忙率精锐骑兵猛攻敌人的后背，援救李世勣，却被刘黑闼率军包围。好在尉迟敬德率数百名壮士破围而入，李世民与叔伯弟李道宗乘势突出重围。

对于刘黑闼带兵偷袭李世勣，李世民认为刘黑闼已经断炊了，料定刘黑闼必定会前来与唐军寻求决战，便派人在洺水上流筑起了一道堤坝。他指示看守堤坝的军官说："等我与敌人交战派来使者的时候，你就立即将堤坝扒开。"

三月二十六日，刘黑闼果然出动了，他率步骑二万南渡洺水，紧逼着唐军营栅列下军阵。李世民有意向后拖延出战时间，一直等到唐军吃了午饭，才命令唐军出动。李世民亲自率领精锐骑兵向刘黑闼的骑兵发动冲击。大唐骑兵来势凶猛，敌人一见慌了神，转身便逃；李世民乘胜下令自己的骑兵尽情蹂躏敌人的步兵。刘黑闼收拢溃散的骑兵，又重新杀回战场，他的部下殊死作战，几散几聚。这样，从正午到黄昏，双方交手数次。到了后来，敌人渐渐顶不住了。刘黑闼的亲信王小胡对刘黑闼说："我们全部力量已经快用尽了，还是早点走了。"刘黑闼表示同意，两人率先从军阵后面跑掉了，但是刘黑闼的部下不知道头儿已经走了，依旧在战场上奋力搏斗着。

这时，上游看守堤坝的军官看到了李世民派来的使者，迅速将堤坝扒开，大水咆哮着汹涌而下，有一丈多深。刘黑闼的军队后路被大水切断，全盘崩溃，一万多人被杀，几千人被大水淹死。

李世民又一次将自己的军事才干发挥得淋漓尽致，以一场小洪水的代价打败了刘黑闼。只可惜了英勇善战的刘黑闼败在了一场蓄意安排的小洪水上。

刘黑闼和范愿等人率领两百骑人马逃奔突厥，河北各地全被唐军平定。

李世民随即率军南下进剿下一个目标——徐圆朗。但是关键时刻，李渊一声召唤，命令李世民赶紧回去。李世民将军队指挥权暂时交给了李元吉，自己慌忙回去见老爸。李渊让李世民回去

【第二章】消灭奸雄 乾坤一统

的理由是什么没人知道，知道的就是在李世民对李渊把当前的情况讲了一遍之后，李渊又让李世民回去了。

徐圆朗虽然是个造反高手，但是真实实力没有多少，一般人都比不上，更别说跟李世民、李密等人相比了。之前他的势力得以扩张完全是因为有刘黑闼在前面替他挡着。

现在李世民的到来对徐圆朗来说不啻于灭顶之灾。

开战！

李世民向徐圆朗发动了大举进攻，一口气攻下了十几座城池，声威震撼了淮、泗一带。在吴地长期割据的杜伏威感到害怕，便请求入朝晋见。李世民认为下面无须恶战即可取得胜利，便留下淮安王李神通、行军总管任瓌和李世勣继续进攻徐圆朗。自己和齐王元吉一道在七月六日班师回朝。

这中间有一个徐圆朗的老熟人先他一步走了，那就是盛彦师。

盛彦师被任命为宋州总管，带领齐州总管王薄攻打许昌。

盛彦师虽然有勇有谋，他的军队也要吃饭。

但是粮食从哪里来？

向地方要。

不巧的是潭州刺史李义满跟王薄有矛盾，李刺史一听说王薄来要粮食，立即把粮仓关上了门。

就不给你！

盛彦师攻下许昌之后，开始"秋后算账"，把李义满关到齐州的大牢里去了。

李渊听说了这件事，专门下诏让释放李义满。可是李渊的使者还没到，李义满就已经死在大牢里了。

最好笑的是王薄，回来的时候居然还敢从潭州经过，结果被李义满的侄子抓住杀了。

盛彦师也因为这件事的牵连而被判了死刑。

三个中高级官员就这样死于窝里斗，真是可悲。

而不久后，徐圆朗在连战皆败后弃城夜逃，被地方乡勇所杀，他的地盘也全部被唐军平定。

刘黑闼卷土重来

就在李唐的统一大业顺风顺水地进入收官阶段的时候，东突厥又来捣乱了。

虽然之前李渊已经花费了很多的银两用来打点突厥的一切，而且双方也把自己扣留的对方的使者放了回去，双方感情眼见着进入了蜜月期。谁知，只认利益而不讲情义的东突厥在和李唐双方互相表示友好之后不久，颉利可汗就跟高开道、苑君璋合兵一处，开始攻打雁门了。

李唐驻防雁门的主将是并州总管刘世让。刘世让也很厉害，之前曾击退过东突厥的进攻。

这次，以颉利可汗为首的、来势汹汹的三路大军仍然没能撼动刘世让。僵持了一个多月后，一筹莫展的颉利可汗无奈地选择了撤退。

但是颉利可汗不是什么无能之辈，实际上他是非常生猛的，李渊手下的另一员大将李大恩马上就领略到了他的厉害。

这个李大恩原是窦建德手下的大将，在窦建德败亡之前就归附了李唐，屡次击退东突厥，后被封为定襄王。

武德五年初，李大恩上书李渊，说东突厥发生了饥荒，可以乘机攻取马邑。

李渊批准了李大恩的方案，并且派遣殿内少监独孤晟率军于二月在马邑与李大恩会合，然后一起进攻苑郡璋。

结果独孤晟放了李大恩鸽子，无奈之下，李大恩只好退守新城。

颉利可汗见李大恩落单，立即派遣数万骑兵和刘黑闼一起围

攻李大恩。

李渊知道后，立即派李高迁去救援。

可是李大恩这边的粮草不等人，援兵还没到，李大恩就断炊了。李大恩只得率军逃跑。

可惜刘黑闼和东突厥的将领们已经料到李大恩可能采取的行动，在他逃跑的路上截击他，结果唐军被打散，李大恩战死。

李大恩虽然死了，但是能够抗击东突厥的将领还大有人在。东突厥五月进攻忻州时，被李高迁击退。

东突厥就是十足的滚刀肉，六月，东突厥又联合刘黑闼一起进攻定州。

吐谷浑也趁火打劫，进攻洮州、旭州和叠州。吐谷浑好对付，岷州总管李长卿把他们击败了。但是到了八月，吐谷浑又来进攻岷州。与上次相同的是，防御的仍是总管李长卿；与上次不同的是，胜负的双方调换了位置，也就是说李长卿这次被吐谷浑打败了。而且刘黑闼复出之后，重新回到河北、山东一带。他的旧将曹湛、董康买已经逃往民间躲藏，见刘黑闼返回中原，又起兵响应。颉利可汗这时候也来捣乱，亲自率领十五万骑兵从雁门出发进攻并州，同时派遣另一支部队进攻原州。

这下足够李渊脑袋大了。虽然自己也部署了应对的策略，但是颉利可汗的十五万铁骑可不是闹着玩的，一般人根本拦不住他啊！无奈之下，李渊只得使出老伎俩，派郑元璹去见颉利可汗。郑元璹出使过东突厥五次，跟东突厥的高官们早就混熟了，对东突厥的情况也非常了解。郑元璹见到了颉利可汗，首先说东突厥不守信用。这倒是个事实，颉利可汗自然也没有话说。

郑元璹动用自己的三寸不烂之舌，开始忽悠颉利可汗。

总结一下，是这样几层意思：

一、突厥跟中原由于存在很大的地域差异，所以很容易产生水土不服的症状，即使占领了中原，情况也不会太乐观。

【第二章】消灭奸雄 乾坤一统

二、即使可汗你得到了钱财，也要分给手下的兄弟们，自己能得到多少呢？但是如果可汗放弃进攻中原，却可以从李渊那里得到数目相当可观的钱财。

三、可汗如果放弃进攻中原，还可以免于跟李渊结怨。

最后这句话很有点威胁的意味，话外之音就是如果不放弃进攻中原，那李渊也不是很好惹的。

这番话虽然词藻并不华丽，句式也谈不上优美，但是不得不说这个郑元璹却准确地抓住了突厥的心理——想要钱，还怕失败。

在见过郑元璹之后，颉利可汗果然撤军了。

这就是心理学的魅力之所在。同时也说明了一个硬道理，外交官是一门崇高的职业。当然，外交上的胜利最终还是要以军事和经济实力为后盾的。

如果郑元璹不提李渊数量可观的好处费，如果李唐没有一支能征善战的军队，即使郑元璹说得再天花乱坠，恐怕也无法让东突厥的铁骑后退半步。

但是即使这样，东突厥和李唐之间的关系也没缓和多少。经过多次征战，东突厥的势力被削弱了很多。但是，吐谷浑、刘黑闼、高开道等人却一点也没消停。

八月，吐谷浑攻陷瀛州，杀了刺史马匡武。接着，盐州人马君德向刘黑闼献城；高开道进攻洮州。

面对刘黑闼的东山再起，十月初一，李渊任命李元吉为领军大将军、并州大总管，负责征讨刘黑闼。刘黑闼也算是个人物，几经惨败，恢复力却很强，现在已经恢复到生猛的状态了。生猛的刘黑闼还让李唐看到了他的战斗力，淮阳王李道玄和总管史万宝率三万大军前往征讨，和刘黑闼军在下博对阵。结果陷入重围，李道玄临阵被杀，史万宝率轻骑逃回，李唐可谓损失巨大。李道玄的失败对河北一带的战局产生了重大影响。崤山以东都为这次战役而震动，洺州总管李瑗吓得弃城而逃，各州县纷纷归附刘黑闼。十来天的时间，刘黑闼又重新占领了以前属于他的所有地盘，十月二十七日，刘黑闼进入洺州，回到了他以前的统治中心。

而且，尽管李渊已经将李元吉派出去作战了，但是，李元吉畏狼如虎，压根就没采取什么军事行动。现在的刘黑闼对于众人来说，已经是非常厉害的角色，现在李唐到了无人可派的处境。李渊考虑到将来的皇帝问题，所以不想再派李世民出战。那李唐是不是就要坐以待毙了？

就在这关键时候，一向文静仁厚的李建成主动请缨，要求征讨刘黑闼。这是李建成的属官太子中允王珪和太子洗马魏征给李建成支的招儿。他们跟李建成说：殿下只是因为生在李世民前面所以登上了太子之位，跟李世民的功盖天下、四海归心相比，没有什么能令天下人服气的功勋。现在可以借征讨刘黑闼立点儿功，再结交点河北一带的英雄人物，这样对保住自己的地位就很有利了。

李建成一听，很有道理，于是挺身而出，征讨刘黑闼。十一月初七，李渊下诏陕东道大行台、山东道行军元帅和河南、河北诸州都受李建成管辖，李建成全权负责征讨刘黑闼的事宜。

看到自己的哥哥主动请缨，李元吉也来了士气，在魏州一举打败了刘黑闼的弟弟刘十善。同时，刘黑闼很是气愤一个人，在别人都望风投降或者逃跑的时候，这个人镇定地不动不摇，这个人就是李唐的魏州刺史田留安。

刘黑闼取得的胜利已经不少了，但是惟独，拿田留安无可奈何。为什么？

只因为这个田留安深谙安民之道。在李唐不断战败，人心极度不安的时候，田留安一如既往地坦诚待民，无论官吏还是平民，亲密还是疏远，只要找他有事，都可以直接进入田刺史的卧

【第二章】消灭奸雄 乾坤一统

— 97 —

室。对待自己的敌人，田留安也是非常诚恳。刘黑闼手下有个内线苑竹林潜伏在田留安这边，对田留安很是不利。但是田留安不但没有揭穿他，还把仓库钥匙交给他保管，生生地把这个人感化了过来，直接成了田留安的心腹。就是依靠这样的诚，田留安感动了百姓，也感动了自己的敌人，立下了功勋，后来还被封为道国公。

就在刘黑闼僵持在魏州的时候，李元吉和李建成带着大部队开始威胁刘黑闼，刘黑闼只好应战。但是，双方心里都很没底，只是互相对峙着，僵持着。好在不久，燕王李艺又带本部兵马前来与李建成会师，使得唐军军力大增，率先打破了僵局。

关键时候，魏征又向李建成建议说：上次刘黑闼战败时，他的将领都被处死了，他们的家人还被投入了监狱。前段时间齐王虽然宣布了诏书，赦免所有人，但没人敢相信。现在只要我们履行承诺，刘黑闼的队伍就会慢慢土崩瓦解。

李建成采纳了魏征的建议。不久，刘黑闼又闹起了粮荒，部下接二连三地逃亡，有的还绑着上司前来投降。刘黑闼担心这样下去，魏州城中的军队会与唐军勾结，对他前后夹击，便企图在某日夜间秘密撤退，将队伍驻扎在运河以南的馆陶。但由于运河上还没搭好桥，队伍只好暂时停在南岸。

李建成和李元吉看刘黑闼想跑，奋起直追很快追到馆陶。刘黑闼令王小胡背水列阵，自己亲自督促搭桥，桥一搭成，他便率先过桥。手下人见自己的头儿都走了，纷纷丢下兵器投降。唐军继续追击刘黑闼，但才过了一千多名唐军骑兵，桥就垮了。刘黑闼用自己的豆腐渣工程救了自己一命，带着几百名骑兵逃走了。

李建成派骑将刘弘基追击刘黑闼，为了活命，刘黑闼只好一直跑着，不敢休息。但是，累再加上从闹粮荒起就没吃饱的饿，等刘黑闼等人到了饶阳的时候，已经是头昏眼花了。这时候，刘黑闼任命的饶州刺史诸葛德威出城迎接，力邀他入城休息。刘黑阄开始时死活不答应，但经不住诸葛德威流着眼泪的一再请求，刘黑阄勉强接受了。就在刘黑阄等人准备大快朵颐的时候，却被诸葛德威派兵抓了起来。不是诸葛德威变脸快，而是因为他早已暗中投降了唐朝。

刘黑阄被押送到李建成那里，和他的弟弟刘十善一道在洺州被斩首示众。刘黑阄临终前的一句话比较搞笑："我本来在家中种菜除草，都是被高雅贤害得才落到这步田地！"

一代枭雄就这样离开了人世。

刘黑阄败亡后，徐圆朗在唐军的攻击下也支撑不住了，带着几名骑兵将士弃城逃走。结果当月就被当地的老百姓杀了，他的地盘也被唐军悉数收编。

在平定刘武周、王世充、窦建德和刘黑阄等人的战役里，可能你会奇怪，为什么一直没有看到唐朝大将李靖的身影。不奇怪，因为在这些战役打响的时候，李靖正在南方着手准备平定萧铣。

集中实力打萧铣

萧铣是兰陵人，出身皇帝世家，后梁宣帝是他的祖爷爷。

到萧铣这代，家道已经衰落到不行，他的少年时代为了赚钱就给人抄书，挣来的钱用来孝顺父母。

到了隋炀帝即位的第二年，萧铣的姑母被杨广册封为皇后，也就是历史上的萧皇后。一人得道，鸡犬升天，萧铣也因此受益良多，被任命为罗县县令。不过，好像萧铣的官职小了点。

后来，人民群众受不了隋炀帝的黑暗统治起兵反抗，萧铣也不管隋炀帝就是自己的姑父了，集结士兵，自称梁公，又进军岳阳，与董景珍等会合。后称梁王，建年号为鸣凤。618 年四月，在岳阳称帝，国号为梁。

到了隋朝末年，形势纷乱，远近归附者渐渐增多，于是萧铣

迁都江陵。他的势力范围东至九江，西至三峡，南至交趾，也就是现在的越南河内，北至汉水，拥有精兵40万，雄踞南方。

虽然萧铣一直安于在江南一带生活，但是对于李渊来说，仍然是眼中钉、肉中刺，拔之才能后快。而李靖自从度过了早期的颠簸之后，用兵打仗的才能渐渐得到了展示。武德三年，因为在谷州抵御王世充有功，他被光荣地授予独立开府领军的权力。当时萧铣正在割据荆州，李渊就派李靖前去征讨。李靖率轻骑到达金州，遇到萧铣数万军士盘踞在山谷，挡住了大军的去路。对于这拨人，庐江王李瑗率军多次征讨，但是效果甚微。李靖到后，与李瑗一起谋划，设下埋伏，杀死、俘虏了萧铣很多人。随后他率军抵达峡州，结果，萧铣的军队一夫当关，万夫莫开，李靖的队伍根本没法动弹。李渊对此非常生气，暗中下诏令峡州都督许绍将李靖斩杀。

该着李靖吉人自有天相。这个许绍非常看重李靖，对他是欣赏有加。而且，他是李渊多年的好友，在皇帝面前自然有几分说话权，于是上书为李靖讲明实情，李渊这才息了怒，免了李靖的罪。

正巧这时开州酉长冉肇则反叛，率军入侵夔州，赵郡王李孝恭与蛮贼大战失利，李靖率领八百人对冉肇则军营发动突然袭击，将敌人击溃。随后又在险要处设下埋伏，临阵斩杀了冉肇则，俘获了五千多人。李渊听到胜利的消息后，不但下诏表示慰劳，还写了一张便条给李靖："既往不咎，过去的事我已经忘了很久了。"

武德四年，李靖再次向李渊上书，陈述了十条平定萧铣的计策，李渊于是任命李靖为行军总管，兼任李孝恭的行军长史，让李孝恭和李靖一起攻打萧铣。这对黄金组合在南方可是威力无边，捷报频传。622年9月，李孝恭被任命为荆湘道行军总管，也就是荆州和湖南战区的总司令；李靖摄行军长史，也就是荆州和湖南战区的秘书长，属于二号人物。两人率领十二名总管从夔州顺流东下。

黄金搭档所向无敌

同时，李渊又派庐江王李瑷、黔州刺史田世康、黄州总管周法明从不同的方向一起攻击萧铣，用来配合李孝恭的攻势。

当月，李孝恭从夔州出发。当时江水暴涨，众将领都要求等到水位下落的时候再进军。

这时，李靖站出来说话了。他的原话是这样的："兵贵神速。今吾兵始集，铣尚未知，若乘江涨，倏忽抵其城下，掩其不备，此必有擒。不可失也！"

这段话翻译成现代文就是"赶快出发、攻敌不备"。

李孝恭慧眼识英才，果断地采纳了李靖的意见，率领两千多艘战舰顺流东下。

而萧铣果真如李靖预测的那样，觉得唐军不可能在江水上涨的时候来攻，甚至都没有采取什么防御措施。结果，李孝恭和李靖很快就攻下了荆门和宜都，来到了当年陆逊火烧刘备八百里连营的夷陵。萧铣手下的将领文士弘也不是吃素的，大敌当前，他带领数万精兵驻扎在清江，像一颗钉子一样挡住了李孝恭前进的道路。

对于李孝恭和李靖这对黄金组合来说，文士弘这样的小钉子基本不能称其为障碍，如果连这样的小钉子都不能拔下来，那就枉称黄金组合了。特别是李靖，作为被李世民推崇的军事天才，怎么说也不会被一个无名小卒难住的。

九月中旬，李孝恭击败文士弘，文士弘狼狈地丢下三百多艘战舰和上万具将士的尸体后跑到了百里洲。李孝恭继续追击文士弘，在百里洲再次与文士弘交战，文士弘又败，李孝恭和李靖挥师直逼萧铣的老巢。萧铣的江州总管盖彦举率领部下以五个州降

【第二章】消灭奸雄 乾坤一统

唐。

萧铣也是聪明一世糊涂一时，居然效法赵匡胤，来了个发展农业解散部队。这招倒是把军权削弱了，但是军队的力量一并被削弱了。在唐军即将到达跟前的时候，萧铣身边只有数千名将士。

数千名将士想要抵挡这对黄金组合，貌似困难很大，萧铣只好抓紧时间征兵。但是上轿了才扎耳朵眼——为时已晚，征兵令刚发出去，唐军就已经兵临城下了。无奈之下，萧铣只好派出全部人马出城抗击。

李孝恭当即下令：打！这时候李靖却有不同的意见，他说："现在敌人已经是垂死挣扎了，如果硬拼，以楚地士兵的骠悍精锐，一定很难抵抗。不如先在南岸驻扎下来，等他们分兵或撤兵时再乘机追击，到时候一定能取胜。因为求败之师的战斗力是不能持久的。"

但这次李孝恭没有采纳李靖的建议，他把李靖留下来守营，自己率领精兵出战。而结果是，李孝恭果真被萧铣的军队击败，被迫跑回了长江南岸。萧铣的将士则纷纷争抢战利品，每个人都抢到了很多东西。

李靖一看时机到了，于是乘机出击，大破萧铣军，乘胜直逼江陵，并顺利进入江陵的外城，接着又拿下了水城，得到了大批战船。就在唐军将领认为这些战舰可以作为己方战争的重要工具时，李靖却让李孝恭把这些战船丢到了长江里。对于李靖的建议，众人不光有意见，而且百思不得其解。

李靖的回答却非常地高瞻远瞩，因为他在众人考虑如何攻取江陵的时候，已经在考虑久攻不克的对策了。把战舰扔到江里顺流而下，可以给人江陵已被攻破的假象。就算是江陵久攻不下，萧铣的援军在假象的迷惑下也不敢贸然进军，这样唐军就会有充足的时间攻打江陵。

有才！实在是太有才了！

有李靖这样的人作出战略、战术决策，想不胜都难。

这次果真又被李靖算准了。萧铣的援军看到顺流而下的船舰，都不敢轻易前进。好事不出门，坏事传千里，很多人听说萧铣失败的谣言之后，纷纷投降了李唐。这其中就有高士廉。

这个高士廉的官职不大，来头却不小。先不说他的祖父和父亲在北齐时位极人臣，单是他妹夫一家就能把一般人的耳朵震聋了。

他的妹夫叫长孙晟，如果你不熟悉这个名字，有个成语你一定听过，那就是"一箭双雕"。没错，一箭双雕就是长孙晟干的。

长孙晟是隋朝的名将，在对突厥的镇抚和战争中展示了过人的才华、成就了一世英名。而他的女儿你更是如雷贯耳，那就是历史上著名的"长孙皇后"长孙氏。

因为长孙晟去世比较早，长孙氏和长孙无忌就是高士廉抚养大的，李世民和长孙氏的婚事也是高士廉首肯的。

除了这些名人亲戚的光环和抚养贤后名臣的功劳，出身豪门世家的高士廉本人也是很有才能的，跟薛士衡、崔祖浚等著名知识分子关系非常好。高士廉的前途自从归唐之后可谓是一路飙升，但是现在萧铣的处境就比较危险了。

在李孝恭的进攻之下，萧铣打也打不过，突围也突不出去，援军又迟迟到不了，萧铣算是江郎才尽了，无奈只好向自己的重臣、中书侍郎岑文本咨询。这个岑文本和萧铣是很有渊源的，岑文本为人稳重，才思非常敏捷，博览群书，写得一手好文章，而且长得帅。

千万不要说这是以貌取人，即便是现在，好的相貌也是可以让庸才掩饰缺点、让人才更加显眼的。

萧铣如此信任岑文本还有一个更重要的原因，那就是岑善方曾经当过梁宣帝萧察的吏部尚书（相当于组织部长）。而萧察是

萧铣的曾祖父，岑善方是岑文本的祖父。

岑文本的意见是投降。

这个建议是很明智的。兵临城下，投降也许还能保住一条命，否则在李靖的进攻下负隅顽抗基本上就意味着死路一条。

十月二十一日，萧铣开门出降。虽然在搞军事方面萧铣不在行，但是搞仁政萧铣还是不错的。他出降的时候，守城的人都痛哭流涕。而且别看萧铣是个文人，他率领群臣走到唐军军营前，说了句："当死者唯铣耳，百姓无罪，愿不杀掠。"要杀就杀我一个，百姓没有罪，请不要烧杀抢掠，这慷慨壮烈丝毫不输给那些作战勇猛的将士。

原来失败者也是可以这样让人尊敬！

李孝恭进驻江陵之后，萧铣言犹在耳，唐军的将领们就打算抢掠了。

在唐军将领们摩拳擦掌地准备洗劫的时候，岑文本又站出来了。他对李孝恭说：江南百姓遭受了这么多的战乱，身心疲惫，现在最渴望的就是安定。如果这个时候纵兵抢掠，百姓们因为失望，就不会再归顺李唐了。

李孝恭觉得在理，就下令严禁唐军将士抢劫，江陵的百姓因此逃过了一劫。唐军的将领们却觉得自己吃了大亏，于是一计不成又生一计，说萧铣的将领们杀死、打伤过不少唐军将士，应该将他们统统抄家赎罪。至于抄家得来的财产，理所当然地应该作为奖品发给将士们了。

但是这一次，又有人站出来表示反对，他就是李靖。李靖说：我们是王者之师，要提倡的是仁义。萧铣的将领们为自己的主子死战，表明他们忠诚，决不能把这当做抄家的理由。

这下提议抄家的人歇菜了，事不过三，两次提议都破产了还要提第三次？

也正是因为唐军在江陵城秋毫无犯，才使得江南各地纷纷归唐，来救援萧铣的十几万援兵也悉数投降。萧铣派出扩大地盘的黄门侍郎刘洎也献上自己所得的地盘降唐，被李渊任命为南康州都督府长史。

萧铣则被送到京城面见李渊。李渊少不了一段批评指责，但是这位文人皇帝再次上演了一样的悲壮和硬气："隋失其鹿，天下共逐之。铣无天命，故至此；若以为罪，无所逃死！"大家都是争夺天下，我走到今天这步不过是因为运气不好，想杀要剐悉听尊便。结果，萧铣在集市上被斩首。

可以说，萧铣在这个时候表现得好像很看不懂人情世故，但是即使是他卑躬屈膝，李渊就能饶恕他吗？窦建德、薛仁杲、李轨，所有李唐的对抗者的下场无非就是一种——被杀。王世充凭借李世民的承诺，免于一死，后来还不是一样被仇家杀了？而最后仇家被李渊无罪释放。

在这次平定萧铣成功后，李渊论功行赏，任命李孝恭为荆州总管；任命李靖为上柱国，赐爵永康县公，负责岭南地区的全面工作，同时授权李靖按照有关规章制度任命下属官员。接着，岭南的割据势力在李靖的招抚下，纷纷归顺唐军。后来，萧铣的桂州总管李袭志献上所辖州县降唐，李靖被任命为岭南抚慰大使、检校桂州总管，就是岭南特别行政区长官、代理桂州总管。

李靖终于得以独挡一面了。新官上任三把火，李靖很快就占领了岭南附近的十六州，为李唐得到了六十多万户百姓。在科技并不发达的冷兵器时代，六十多万户百姓意味的是数百万的人口，大片大片的土地有人耕种了，政府的一笔不菲的赋税收入，统治者多出了一大批兵源，这个国家的战斗力大大增强了。

一波还未平息一波又来侵袭

刘黑闼被李建成毫不犹豫地杀了，萧铣也因"不懂变通"被李渊砍头了，现在能够带给李唐压力的已经所剩无几了。但是想

【第二章】消灭奸雄　乾坤一统

要一统国家是非常不容易的，常常是一波还未平息一波又来侵袭。

时光要回溯到刘黑闼和李建成对垒的时候，在这时候契丹趁火打劫，进攻北平。

刘黑闼平定后，雟州人王摩沙在正月起兵反唐。

李艺入朝后，高开道又发飙了，在三月劫掠文安、鲁城，被李唐的骠骑将军平善政打败后，他又联合奚和突厥进攻幽州。

而吐谷浑在西北一带不断骚扰。四月，连续对芳州、洮州、岷州发动攻击，刺史房当树逃到了松州。

洪州总管张善安在四月起兵反唐，攻陷孙州后把孙州总管王戎都抓走了。

南州刺史庞孝恭四月跟当地人宁道明、高州人冯暄一起反唐，攻陷南越州后，又进攻姜州。

武德六年的四月可真是不太平啊。

对于四面八方的威胁，李渊见招拆招：派舒州总管张镇周征讨张善安；合州刺史宁纯救援姜州；至于吐谷浑那边，他派出了岐州刺史柴绍。

六月，柴绍跟吐谷浑展开大战，结果不幸被包围。

吐谷浑占领制高点向唐军射箭，箭像雨点一样密密麻麻地落下来。

这个时候柴绍想出一个绝招，他先把战斗停下来，然后找人弹奏胡琵琶，还找来两个女子跳舞。

这下轮到吐谷浑将士晕了，这柴绍葫芦里卖的到底是什么药？于是都停止战斗，专心致志地看起了歌舞表演。但是，这样专心的欣赏是要付出代价的，免费的歌舞表演换来的就是柴绍的胜利。就在吐谷浑将士津津有味地欣赏歌舞的时候，柴绍的精锐骑兵已经悄悄绕到了他们身后，然后突然袭击，很多吐谷浑将士笑着就死去了。

在柴绍胜利的同时，李渊还得到了另一个让人激动的消息——高满政归顺了！

这个高满政原本是苑君璋手下的大将。刘武周死后，苑君璋就代替他做了东突厥攻击李唐的急先锋。高满政攻击的目标基本上都是在并州一带，而李唐的并州总管刘世让却是个厉害角色。打仗厉害倒在其次，关键是他的谋略非常了得。

他不光多次挫败苑君璋和东突厥的进犯，还在自己即将调任广州总管之前，给李渊在加强边备问题方面支了一招：东突厥进犯中原的关键是中转站马邑，可以让一员勇将在马邑附近的崞城率军驻扎，一面重赏投降的，一面经常派兵践踏马邑的庄稼。一年的时间内，马邑就会出现粮食危机，接着就会投降。

李渊觉得这个对策非常可行，当即命令刘世让率军在崞城驻扎，从此之后马邑就进入了混乱期。马邑人本来就不愿意依附东突厥，这时李渊又派人劝降苑君璋。加上高开道与奚和的联军被李唐的幽州长史王诜击败、高开道和东突厥的联军又被李唐的盟友突地稽击败，高满政就对降唐产生了浓厚兴趣。他劝苑君璋把驻扎马邑的突厥兵全部杀掉，然后降唐，苑君璋却食古不化没有采纳他的"合理化建议"。

高满政决定不等了，就准备在夜里袭击苑君璋，然后降唐。谁知，竟然被苑君璋察觉了，高满政最终杀了苑君璋的儿子和二百名驻扎在马邑的东突厥士兵，归顺了唐。后来苑君璋和东突厥的吐屯设一起进攻马邑，还是被高满政击败了。高满政因此被封为朔州总管，赐爵荣国公。七月，双方又在腊河谷激战，结果东突厥军大败。这时候，东突厥发扬"屡败屡战"的优良传统，于六天后进攻原州。过了两天，东突厥又进攻朔州，这次东突厥尝了一点甜头，李高迁被打败。

由于中原已经没有强敌，东突厥和吐谷浑是现在的最大威胁，李渊派遣李建成率兵在北方驻扎、李世民在并州驻扎，共同

防范东突厥。

死性不改的东突厥才不管来者何人，八月继续对真州和马邑发动攻击。胸怀大志的颉利可汗见一个小小的马邑都拿不下，一怒之下派出重兵进攻马邑，大有不夺马邑不罢休之势。

面对来势汹汹的东突厥军队，李高迁害怕了，晚上直接带领自己的两千直属部队杀掉把守关卡的士兵，跑了。可谁知，东突厥早就料到了李高迁这一手，在半路截击李高迁，使得他兵力损失将近一半。颉利可汗乘胜亲自率领军队攻城，高满政只好硬着头皮出战。毕竟军士人数相差悬殊，高满政渐渐招架不住，李渊命令刘世让援救马邑。但是，这个被李渊称为一代勇将的刘世让也被颉利可汗的大军镇住了，居然在半路停下来不走了，退回了崞城。

面对颉利可汗的人多势众，高满政却一点不含糊。双方激战数日，颉利可汗始终拿不下马邑，就命令在幽州处处吃不开的高开道到马邑来一起围攻高满政。颉利可汗邀高开道一起作战，不是因为看上了他没有多少战斗力的部队，而是因为高开道制作攻城器械的特长。

高开道来到马邑城外之后，颉利可汗就加了把劲，更加猛烈地进攻。不过高满政依然坚强地防守，颉利可汗始终无可奈何。但是长此以往，即使不被颉利可汗攻进城来杀掉，也会被饿死，因为高满政的粮食已经不多了！就在高满政打算解决粮食问题、突围到朔州去的时候，他的手下杜士远却认为敌人太强大、太难突围而把高满政杀掉投降了。

一代忠臣就这样被杀死了！

苑君璋进入马邑之后，把与高满政一起谋划背叛自己的三十多人全部杀掉，也算是为儿子报了仇。十几天后，东突厥再次要求和亲，把马邑还给李唐。李渊任命秦武通为朔州总管，负责高满政生前的所有辖区。应该说，高满政的死直接制造者是杜士远，根本制造者是颉利可汗，刘世让也难辞其咎。但是刘世让也没比高满政多活多久。颉利可汗让大臣曹般陁去见李渊，说刘世让与颉利可汗同谋，想要造反。结果，不知道当时李渊是怎么想的，反正刘世让是被判了死刑。

辅公祏也起兵反唐

就在东突厥的进攻一浪高过一浪的时候，江淮一带也不太平——淮南道行台仆射辅公祏起兵反唐了。

辅公祏是杜伏威的老哥们，两人从穿开档裤就在一起玩。杜伏威小的时候家里穷，而辅公祏却有个有钱的姑姑家养了很多羊。辅公祏就经常带杜伏威偷羊涮羊肉。

在杜伏威起兵反隋的过程中，辅公祏也帮他干了不少事，二人之间的情谊非常的深厚。军中将士也非常地敬畏辅公祏。

但是一山不容二虎，慢慢地杜伏威开始削弱辅公祏的权力：让自己的养子阚棱担任左将军，王雄诞担任右将军，分辅公祏的兵权。

辅公祏不傻，很快就察觉到杜伏威的意图，他将计就计跟老熟人左游仙在一起假装学习辟谷之术，用来消除杜伏威的猜疑。

杜伏威到长安之前，让辅公祏在丹阳留守，让王雄诞作为辅公祏的副手掌握军队。怕的就是辅公祏叛乱。就在杜伏威启程去长安之后，左游仙果真建议辅公祏起兵反唐了。然而兵权在王雄诞手里，辅公祏想反也反不起来啊。但是，突然有一天老谋深算的辅公祏放风说杜伏威写信给他说"王雄诞有贰心"。王雄诞立下过赫赫战功，哪里受得了这样的委屈？于是选择了生病。

生病当然是假的，撂挑子才是真的。

结果，这一病正中辅公祏下怀，他直接就接管了兵权，然后宣布起兵反唐。这时，王雄诞察觉到了辅公祏的阴谋，说："现在杜伏威在长安，我们一起兵，他就危险了。而且，唐军如此的

所向披靡，现在就算是让我死，我也不愿意因为起兵而死！"

辅公祏知道现在说什么也没用，于是把王雄诞杀了。

王雄诞向来宽仁，而且队伍纪律严明，从不侵扰百姓，很得军心和民心。他死那天，当地有很多将士和百姓为他痛哭。

人能活到王雄诞这个份上，值了！

夺得兵权后，辅公祏造谣说杜伏威被李唐扣留无法回到江南，写信命令自己起兵。大家一听既然是杜伏威的命令，自然没有意见，于是辅公祏开始为起兵做准备。不久，辅公祏干脆在丹阳当起了皇帝，任命左游仙为兵部尚书兼东南道大使、越州总管，同时跟张善安联合，封张善安为西南道大行台。

李渊得知辅公祏造反，立即命令当时任襄州道行台仆射的李孝恭率水军赶到江州，岭南道大使李靖率领交州、广州、泉州、桂州等地的精兵奔赴宣州，怀州总管从亳州出发，齐州总管李世勣从两淮、泗水出发，共同征讨辅公祏。

辅公祏还真是不幸，一下子就遇到了三个难对付的角色。

李唐黄州总管周法明率军进攻辅公祏，周法明驻扎在荆口镇，和驻扎在夏口的张善安相互对抗。一场大战即将拉开序幕。

然而，预期中的这场大战却没有了下文。

为什么？

原来周法明死了。身体倍儿棒，吃嘛嘛香的周法明怎么会突然死了呢？

这还得从喝酒说起。驻扎在荆口镇之后，一天，周法明正在战舰上喝酒，喝着喝着，就看见几个人坐着打渔的小船过来了。周法明和他的部下都没当一回事，结果那几个人突然扑过来，把周法明刺死，然后扬长而去。原来这几个人是张善安派来的刺客，张善安几乎没费任何代价就赢了周法明。

后来到了十二月，李唐的安抚使李大亮奉命攻打张善安，结果又没打成。

李大亮跟张善安隔河布阵，两人进行远距离交谈。

首先是李大亮就"顺唐者昌、逆唐者亡"这一命题给张善安进行了深入的分析，最后忽悠得张善安表示后悔造反、愿意投降。为了表达对张善安的诚意，李大亮一个人骑马渡河到了对岸张善安那里。李大亮见到张善安，像是见了亲人一样，一直拉着张善安的手，当即表示愿意受降。过了一会儿，张善安带着数十名骑兵前去李大亮的军营。李大亮下令只见张善安一个人。两人相谈甚欢，但是张善安准备离开的时候，李大亮却突然六亲不认，把张善安抓了起来。这下惹恼了张善安的手下，下令全军出动，准备攻打李大亮。

李大亮一点不着急，让人告诉张善安的部下说：不是我不让张善安走，而是他一心归降，怕回营之后被你们控制所以不回去，这怎么能怪我呢！

张善安的部下想到张善安跟李大亮之间一直进行的是友好会谈，于是信以为真，大骂张善安不是玩意儿后就散伙了。李大亮知道时机已到，立即下令追击张善安的部下。

以严阵以待的军队追击溃散的兵勇还不是小菜？张善安的将士很多变成了俘虏。

后来，张善安被送到了长安。这次张善安也学乖了，他坚持说自己从没跟辅公祏联系过。结果不但被免了罪，还得到了优待。

在这同时，李唐和辅公祏之间的战斗也没停止过。李唐军所向披靡，直指辅公祏的势力中心丹阳。但在攻打丹阳的战略问题上，李唐的将领们产生了分歧。

问题根源于辅公祏的防御部署。辅公祏派遣冯慧亮、陈当世率领三万水军在博望山驻守，陈正通、徐绍宗率领二万步兵和骑兵在青林山驻防。同时在梁山布置铁锁横断江面，还修筑了长达十余里的城墙，另外又在长江西岸修筑了防御工事。尽管李唐军一路攻无不克，但是冯慧亮却吃了秤砣——铁了心不出战，大有效法李世民拖死对手的那种架势。

但李孝恭和李靖比李世民所有的对手都要厉害很多倍，他们当机立断派人把给冯慧亮运送粮食的道路给截断了。冯慧亮没了粮食，无法再坚守，只能求战。这时候，面对冯慧亮的主动骚扰，李孝恭不为所动，一直躺在床上不起来。

这时候大家纷纷建议说冯慧亮兵强马壮，而且占据了险要之地，很难一下子攻克。应该直捣丹阳，这样冯慧亮等人自然就会溃散。

在李孝恭点头表示同意前，李靖站了出来，表示反对。李靖认为：冯慧亮等人不好对付，辅公祏身边的军队也不会好对付。如果放着不打冯慧亮而直接打丹阳，如果不能很快拿下，就会遭到冯慧亮等人的夹击，倒时就成了真正的夹心饼干，这样就真完了。应该想办法让冯慧亮等人出战，然后一举取胜。但是让冯慧亮出战简直比登月还难。

不过，对于李靖、李孝恭和李世勣这三个天才的军事将领来说，这并不难。这次，他们派出军队中的老弱病残进攻冯慧亮的营垒，同时让精锐部队做好战斗准备。

面对李唐的老弱病残，冯慧亮自然是打得酣畅淋漓，这些老弱病残只好开溜了。冯慧亮的军队乘胜追击，一下子就追出了好几里路。追到几里之外，冯慧亮才惊觉：上当了！

因为他们马上就面对着李孝恭等人部署好的精兵，而那群老弱病残的唐军显然是用来引蛇出洞的。

这次双方终于可以面对面地决一死战了。尽管这是冯慧亮极度不愿意看到的。但是，很多时候人生的选择就是这样，不管你愿不愿意，该你摊上的一个都不能少。

相信这时候冯慧亮最盼望的就是能保住大部分实力，这样才有东山再起的机会。但是，上天显然是不愿意让他如愿的，因为李唐军中一个人的存在直接给冯慧亮判了死刑。这个人就是杜伏威的养子阚稜。这个阚稜也是年少有为，在军中很有威望。

等到两军对阵的时候，阚稜摘下头盔对敌军喊：难道你们不认识我了？怎么敢来跟我作战！阚稜这一露面，很多原来他的老部下就不愿打了，有的甚至在战场上就直接向老上级行礼了。

有了这么多的意外惊喜，唐军自然是大获全胜，唐军乘胜追击，取得了显著效果——博山、青林两地的防御工事被唐军攻克，冯慧亮、李正通逃回丹阳，冯慧亮的部队损失一万多人。这下，唐军就可以完全没有后顾之忧地直逼丹阳了。

辅公祏这时可慌了神，率领部队放弃丹阳城，准备向东到会稽跟左游仙会合。李唐军能这么轻易地让辅公祏离开丹阳？李世勣的步兵负责追击辅公祏。这是项虽然光荣但是不怎么艰巨的任务，因为不用唐军动手，在漫漫前路没有一丝光明的前提下，辅公祏的将士自动地锐减，到了句容，就只剩下可怜的五百来人了。

果真是墙倒众人推。

而且，在那个时候，英雄可以自由地选择自己的主子，眼看着跟着辅公祏已经没有什么前途，他手下的将领吴骚等人就动起了歪脑筋，准备把辅公祏抓起来，投降。辅公祏是老油条了，马上察觉到空气中的不忠诚的味道，妻儿老小都没来得及带就慌忙逃走了。

但刚到武康，众叛亲离的辅公祏就遭到当地人的攻击，结果西门君仪战死，辅公祏被生擒。辅公祏被送到老巢丹阳处死，他的死党随后也全部被杀，李唐的又一个对手被平定了。

接下来的奖惩自然也是因人而异的。李孝恭被任命为东南道行台右仆射，李靖被任命为兵部尚书。不久李渊下令全国撤销行台，李孝恭就成为了扬州大都督，李靖成为了长史。同时，李靖被李渊称赞为萧铣和辅公祏的克星。

而阚稜也算有功，待遇却是完全不一样了。

在李孝恭没收辅公祏一党的土地时，顺带把阚稜和杜伏威、王雄诞三人在江南的田地、住宅没收了。这下阚稜怎么肯干，就向李孝恭"讨说法"，结果惹恼了李孝恭，被李孝恭以勾结辅公祏的名义给杀了。而他的养父——杜伏威本人也在老哥们辅公祏之前就死在了长安。而且，就在孝恭平定辅公祏之后，将辅公祏以杜伏威名义起兵的情况告诉了李渊，李渊下诏抄了杜伏威的家。

可以说这父子俩死的真是有点冤枉。

一统中原

到现在为止，李唐的统一之战基本可以告一段落，统而观之，在隋末大战乱中，先后有李密率瓦岗军称雄于黎阳到洛阳之间，自称魏公，号为四海盟主，在他极端强盛的时候，却被王世充击败。李密无奈只好率领残部归降大唐，但是后来因为叛逃而被唐军杀了。

薛举、薛仁杲父子割据陇西，自称西秦皇帝，尽管李世民在对付这对父子的战争中曾吃了出道以来的唯一一次败仗，但是后来使用疲劳战术，成功拖垮了薛仁杲。

刘武周割据马邑，跟突厥可汗狼狈为奸，后来得到大将宋金刚，败在李世民的手下。

王世充和窦建德分别割据东都和河北，自称郑皇帝和夏王，但是李世民一箭双雕的妙计将二人一举打败。

刘黑闼以为窦建德复仇为名义兴起义兵，自称汉东王，先是被李世民率军歼灭了他的精锐主力；尽管后来得了突厥的支持，最终还是被李建成平定了。他的同盟军徐圆朗在刘黑闼死后也成了秋后的蚂蚱，没有蹦跶几天。

李轨割据凉州，自称凉皇帝，被李渊的内线安兴贵成功打入内部，忽悠不成的前提下，与他的哥哥安修仁一道发动兵变，将李轨活捉，凉州天下太平。

萧铣割据江陵，偏安于江南，自称梁皇帝，被李靖和李孝恭这对黄金组合平息。

还有高开道割据渔阳，自称燕王，部下响应大唐，发动反叛，高开道穷途末路而自杀，于是渔阳平定。

有朱粲流窜于山南，自称楚皇帝，以吃人肉著称于世，后被各地豪强攻破，先投唐，后投郑，东都平定后被李世民诛杀。

有李子通割据江都、海陵，自称吴皇帝，被杜伏威派大将王雄诞率军平定。

有辅公祏诈称奉杜伏威之令起兵，自称大宋皇帝，被李靖率军平定。

……

经过多次战争后，中国重新统一在大唐的麾下。虽然死伤了很多的民众，毕竟民众终于可以过上幸福安定的生活，不必再担心今天的安定会毁于明天的战乱。在这些平定战乱的过程中，李世民当之无愧的是第一功臣，这是李建成和李元吉所不能与之相媲美的。而且，李世民通过与突厥议和的郑元璹和颉利可汗通了信，送给他大批珍宝财物。见了钱颉利可汗自然是十分高兴，回信表达了对秦王威名的仰慕。于是双方通过书信结为盟好，约定在有急难时相互援救。这就成功稳住了突厥。

就在一切看起来欣欣向荣的时候，大唐内部，李世民和李建成之间的矛盾渐渐凸显，逐渐演变成长期、剧烈的冲突。

【第二章】消灭奸雄　乾坤一统

玄武门之变

第三章

　　全国一统后,矛盾转入人民内部。战功卓著的李世民和平庸的李建成相比,优势一目了然。李元吉的加入,使得矛盾最终演变为玄武门流血事件。李建成和李元吉因此一命呜呼。

　　李世民登上皇位,用他的雄才大略掀开了历史光辉夺目的一页。

李渊的烦心事

武德七年五月三十日傍晚。长安乾元殿。

现在对于李渊来说，天下基本已经平定了，可以松一口气了，于是这晚便跟自己的三个儿子一道举行家宴。太子李建成与齐王李元吉坐在李渊左侧，秦王李世民坐在李渊的右侧。席上李建成和李元吉不断地交头接耳，而李世民则独自闷坐着，当大家一道举杯时，动作都有些僵硬，没有平时那么自在。

李渊轻轻地叹了一口气，看着几个儿子，心情那叫一个复杂。他想劝一劝兄弟几个相互关爱、去除猜疑，一时又不知如何开口。他们不和的原因就是和尚头上的虱子——明摆着：将来的皇位之选究竟是谁，这牵动着这三个人的心弦。

宫女在后面摇着桔黄的毛扇，送来阵阵凉风。李渊目光柔和地端详着李世民，这大唐江山，事实上就是他们父子二人一起打下来的。刚进长安时，李渊被封为唐王，殷开山、刘弘基、长孙顺德，还有刘文静，都曾劝李渊立李世民为太子。当时李世民是坚决推辞，现在估计已经后悔了。

但是后来事情的发展超出了所有人的预料，李世民是那样的用兵如神，薛仁杲、刘武周、王世充、窦建德、徐圆朗……普天

下狡狂的枭雄，全被他一手平定。李渊面对这样一个骁勇的儿子，也曾想过废黜李建成改立李世民，但是太子之位早定，怎么能轻易更换？何况，自古立长不立少，立少就是祸乱的温床。隋文帝废太子杨勇，立老二杨广，致使天下大乱，教训就在眼前！虽然李建成没有什么特长，但是为人仁爱宽厚，用他的斯文治天下，并不是完全不合适。但是李世民好像就是太傲慢、暴躁了点。

而且，李世民跟李建成和李元吉的关系一直不怎么好。有句俗语是鱼找鱼、虾找虾，凡事都是物以类聚，人以群分的，如此厉害的李世民跟那两个几乎没特长的人肯定是没有多少共同语言的。李建成就是个无所事事的公子哥，只知道喝酒、打猎，初上战场骑马都能掉下来。至于李元吉，简直就是恶少一个，残害了不知多少百姓，早该废为庶民。因为李渊对他十分溺爱，让他跟着李世民白捡了一些战功，从此恶少洗白，摇身一变，变成了常胜将军，又开始嚣张起来。现在这二人居然联合起来要一起对付李世民。论能力，他们肯定不是李世民的对手；可是论权势，李世民就不行了。更让李世民担心的是，现在自己功勋太高，四海归心，李建成的心胸有蚂蚁那么大，一旦由他做了皇帝，估计自己离死也就不远了。李世民知道，命运把他投进了一个只能前进不能后退的赌场。对这场赌局唯一拥有决定权的就是李渊，可李渊是个说话出尔反尔的人。在消灭刘武周、宋金刚之后，李渊曾亲口对李世民承诺，如果李世民将王世充和窦建德平定了，便让他来做太子。可现在王世充和窦建德都快投胎了，李渊还是没有兑现诺言。而且，现在四海一统，李渊已经全身心地沉浸在后宫生活中，就在这几年生下来的小王子就得有 20 个。这些王子的母亲们自然希望自己的孩子将来能够大富大贵，于是想方设法地巴结李建成。李建成知道人多力量大，枕边风的威力是无穷的，有时候甚至可以超过龙卷风，也对李渊的那些妃子拍尽了马屁。

这些人之间礼尚往来，关系那叫一个密切。但是李世民在这方面很是吃不开，因为他从不答应这些人的任何要求，当然，多半是无理要求，比如说讨要珍宝什么的。于是李世民在这些人中口碑相当不好。

现在的处境对于李世民来说，是很不利的，因为几乎所有人都不站在他这一边，李渊沉溺后宫的时间越长，受枕边风的影响就越大。日复一日，李渊就算是有改换太子的心也会慢慢地打消的。

而且，现在很多人的心态就是重在参与，李元吉就是这么想的，在李渊为两个儿子闹矛盾一个头大成两个的时候，李元吉掺和了进来。好在他不是以竞争皇位的姿态进来的，但是对李世民来说也不太妙，因为他站在了李建成那边。

四弟介入拉开序幕

李元吉跟李建成可是完全不一样的人，他是个行动派，自从他高举着拥护李建成，打倒李世民的口号站在了李建成一边后，就一直在李建成耳朵边强调一个真理：先下手为强，后下手遭殃。但是李建成毕竟是宅心仁厚，始终绵软着没有动手，李元吉看不过去了，决定替大哥动手。

第一回合：

就在某天，李世民跟着李渊去李元吉住所的时候，李元吉就命令自己身边的高手、心腹武将宇文宝埋伏在卧室里，准备趁李世民不备刺杀了他，结果被李建成制止了。

结果：手足相残的一幕因为李建成的宅心仁厚宣告暂停，兄弟之间仿佛又回到了原有的和平局面。

第二回合：

不久，大概是武德七年六月的样子，两个告密者打破了这短暂的平静。这两个告密者就是李建成部下的武官，尔朱焕和桥公山。两人告的什么密呢？说趁李渊到仁智宫避暑，李建成让他的老部下、现在的庆州都督杨文干先起兵，李建成随后响应，而尔朱焕和桥公山二人是用来给杨文干送军队用的铠甲的。

无独有偶，随后宁州有个叫杜凤举的人也到官府告发这件事。

这究竟是怎么回事？这还要从杨文干说起。杨文干曾经做过东宫卫士，与李建成关系很是亲密。在李建成的推举下，杨文干做了庆州都督。上次李艺送兵的事被发觉后，李建成不死心，又秘密踩下了杨文干这条线路，暗中派他招募壮士，找机会送到长安来。现在李渊外出避暑，正是壮士入京的好机会。李建成便派手下大将尔朱焕、校尉桥公山将一些铠甲送给杨文干。二人走到幽州，估计想明白了自己这样做脑袋会不保，突然向当地官府紧急告发太子密令杨文干举兵，要与长安里应外合。幽州官府一听，立即通过驿站快马将告发密件火速送到仁智宫皇帝李渊这里。

李渊一听此事，心里的火都窜到了房梁上：这还得了，反了你们了，居然敢造老子的反！

不过，李渊也不是小孩子，知道对待这种事要小心谨慎，一旦在处理该类事件时心浮气躁就容易出乱子。因为不管是李建成那边造反还是杨文干那边发生变故，都不是什么好事。于是李渊决定先查个水落石出再做定夺。那就先让李建成到仁智宫来问个明白，看他怎么说。

李建成一接到李渊的手诏，就知道可能是东窗事发了。他和亲信们想来想去，觉得自己又一次落入了秦王的算计中。他收买的军官尔朱焕和桥公山，必定早就暗中投靠了李世民，有意在半路上告发，目的就是要令李建成一下子陷入绝境。现在事已至此，李建成立即召集自己的幕僚们来咨询，希望可以征求点意见。但是这时候大家的意见是非常的不一致：太子舍人也就是太

子的秘书徐师谟认为事不宜迟，应该立即起兵，以免夜长梦多；但太子詹事主簿就是太子的秘书长赵弘智则认为应该轻车简从去见李渊，先谢罪再从长计议。李建成思来想去，深知如果举兵反叛，成功的希望必定渺茫，觉得赵弘智的建议比较保险，于是李建成按照李渊的要求带着自己的一群僚属们赶赴仁智宫。在离仁智宫还有六十里的地方，李建成把僚属们都留在了那儿，自己则带着十余名护卫去见李渊。

李建成战战兢兢地来到李渊面前，知道现在唯一能做的就是赶紧往死里谢罪，以求得李渊的原谅。于是，李建成不停地叩头谢罪，还使出了苦肉计，拿自己的脑袋往坚硬的物体上撞，差点都撞死了。毕竟是亲生儿子，李渊生怕把李建成撞成深度脑震荡什么的，于是喊停了。但是，当晚为了惩罚李建成，李渊让李建成待在宫殿外，吃粗茶淡饭，要是赶在现在粗粮可是比细粮营养丰富多了，可见李渊还是很照顾自己的儿子的。这还不算，李渊还派了人专门看管李建成。同时，派遣司农卿宇文颖骑快马去召杨文干到仁智宫来，把起兵之事说个明白。

李渊这下算是选对人了，这个宇文颖是李建成的"粉丝"，到了庆州之后，没说别的就把李建成的遭遇跟杨文干和盘托出了。杨文干一听自己的主子都这样了，二话没说，起兵！

这下李世民的机会来了！这是上天在帮李世民。

对待这件事，李渊非常谨慎，虽然杨文干不是什么近人，但是李建成是亲儿子，不能把他的脑袋也随随便便地就摘了啊！于是，李渊一面派遣左武卫将军钱九陇和灵州都督杨师道进军庆州，一面召李世民来商量对策。李世民觉得这件事不必太放在心上，杨文干不是什么强敌，就算杨文干手下的忠诚将领不把他搞定，随便一个别的将领也能把他给消灭了。但是，李渊还是不放心，一定要李世民亲自去办才觉得稳妥。而且，李渊这时候还搬出了奖励政策诱惑李世民，只要这件事李世民搞定了，回来就册立他为太子，让李建成去当蜀王。

李世民的预料非常的准确，他的大军刚到宁州，还没动手呢，占据着宁州的杨文干就幸运地被部下杀死了。那个李建成的"粉丝"宇文颖也没什么好果子吃，被李世民轻松地捉到后处死。

平叛对于李世民来说不是什么难事，但是要想当上太子就没有打仗这么容易了。为什么？因为李建成虽然不能在李渊面前多说多少话，但是他还有一个力挺他的李元吉。在李世民出征的这段时间里，李元吉多方协调，四处打点，还派出了封德彝来劝说李渊。这个封德彝历史学的非常好，搬出了大量历史典故来证明更换太子的风险。他先正论：秦始皇将公子扶苏贬去修长城，结果政权落到了小儿子胡亥手上，结果秦朝二世而亡。隋文帝被次子杨广迷惑，废太子改立杨广，结果杨广当政，隋朝二世而亡，天下生灵涂炭，是我们亲眼所见啊！接着反论：汉高祖开始觉得太子刘盈懦弱无能，想换成"英果类我"的赵王如意，结果大臣们一致反对，最终汉高祖放弃，结果，刘氏做了四百年的江山。曹操也是那样啊，立长子曹丕而弃次子曹植。历史的经验教训昭昭在目，怎能不作为我们国家的借鉴啊！然后总结：太子虽然像扶苏、刘盈一样本领不太大，但他宽厚仁爱，礼贤下士，将来安大唐江山者，肯定是太子！最后表明立场：我跟太子关系不亲密，相反跟李世民关系比较密切，这样就更具有说服力了。如此一来，李渊最终没有废掉李建成，又让他回到长安继续当他的太子去了。当然，对于李世民来说，李渊不过就是再一次地出尔反尔了。

但是，对于这件事的善后工作，李渊还是处理得非常严谨的。李建成的幕僚太子中允王珪、左卫率韦挺和李世民的幕僚天策兵曹参军杜淹被流放，罪名是未能让李建成和李世民兄弟两人精诚团结。这三个人不是一般的冤，当了李建成的替罪羊。

结果：李世民差一点就赢了李建成，取得最终的胜利。但

是，李建成还是保住了自己的太子地位，同时还把李世民拉到了杨文干事件当中。

另外，让人奇怪的是，李渊不光找了李建成的替罪羊，而且还打了李世民和李建成各五十大板。打李建成可以理解，但是打李世民就有点说不过去了，因为李世民是平定叛乱有功的人啊。李渊是为了保全李建成的面子还是觉得是李世民设计陷害李建成？估计这可能是永远的疑案了，这些我们暂时找不到答案，唯一知道的就是在以后的日子里，在权势的吸引下，李世民和李建成之间的斗争不但没有停止，反而越演越烈。

看来李世民想要撼动李建成是不太容易的，李渊对李建成的袒护明显多于李世民。在李渊的保护下，李建成的太子地位应该说还是非常稳固的。

尽管李世民靠着卓越的政治和军事才能为李渊铲除了不少敌对势力，国家的统一大业军功章上有李世民的多一半，但是这无疑也引来了李渊更多的猜忌。如果李世民是个大臣，估计他早就死于非命了，兔死狗烹的道理是任何人都懂的。应该说，李世民能够保住现在的地位是很幸运的。

他的这种幸运，一方面是因为李渊是个仁厚的父亲。如果换了其他人做皇帝，估计李世民早死一百回了。另外一方面是因为他有个好老婆，也就是历史上有名的长孙皇后。要不是她在李世民受到李渊猜忌的时候，恰到好处地在公公面前斡旋，估计依李世民的个性也早就被李渊干掉了。

当然，李世民走到今天当然不能全靠幸运，没有人能够幸运一辈子，归根结底，实力才是硬道理，才是成就大事的根本。李世民的军事才能一般人是绝对比不上的。

第三回合：

就在长安城皇宫内因为皇位争夺闹得乱哄哄的时候，东突厥和苑君璋也来凑热闹，频频侵扰李唐的边境。人的欲望就是难以填平的沟壑，东突厥再一次用行动证明了这个放之四海而皆准的真理。

再次面对强大的突厥，李渊知道除非把长安城一并送出去才有可能让东突厥停止进攻，否则一切都是白费，因为东突厥看重的是长安的财富。于是这时候，有人就对李渊提议说放一把大火把长安城烧了，这样东突厥就彻底消停了。

搞笑的是，李渊居然认为这个缩头乌龟的建议很不错，竟然马上就派中书侍郎宇文士及去为新都城选址去了。李渊的这个决议不得不说很是让人不耻，尽管一个国家的国都可以变，但是任何一个国都的选择都是在看过很多风水，比较了若干次的前提下才最终选取的。这么轻易地就放弃，实在是有辱大唐的一世英名。

好在，大唐还是有很多人反对的。李世民此时就挺身而出，直接否定了这个屈辱的建议。李世民说自己在十年内一定可以扫平东突厥。

而迁都的拥护派这时候就开始讥讽李世民说：李世民这话听起来很耳熟，当年西汉的樊哙也说过类似的话，要带领十万军队横扫匈奴，但是最终还是不了了之啊。

李世民不急不恼地说："形势各异，用兵不同，樊哙小竖，何足道乎！不出十年，必定漠北，非敢虚言也！"

李世民这话算不上是吹牛，首先樊哙那个参照物选的就不对，樊哙用兵在整个西汉都算不上前十名，这样的实力怎么可以跟在整个中国排名都比较靠前的李世民相比呢？

看到李世民这张军事王牌如此的有信心如此的坚定，李渊心里也就有底了，于是迁都事宜从日程表里划掉了。

结果：迁都的事算是告一段落了，李世民也为自己拉了一些选票，但是多事之秋，总会有很多事羁绊着你。

第四回合：

真可谓是一波还未平息一波又来侵袭。好端端的打猎也能打出问题来。

对于打猎很多人都认为这是一种半军事行动，当然也有很多喜欢射猎的人认为射猎跟军事没有必然的联系，只是一种极致的享受。其实这就像战棋游戏一样，西点军校可以拿来模拟战术训练，我们这些平头百姓也可以拿来娱乐消遣。

历史上很多知名人士都喜欢射猎，有些人对射猎的痴迷程度，甚至可以和现在的孩子痴迷网络游戏相媲美。而且，古代人不光男人喜欢射猎，柔弱的女子们也兴致不浅，这可是有证据的。唐朝著名诗人李商隐写过一首诗——晋阳已陷休回顾，更请君王猎一回。这说的是北齐后主高纬有一次带着自己的宠妃冯小怜，也就是"玉体横陈"典故的女主角，出去打猎。兴致正浓之际得知老家晋阳遭到北周进攻，高纬想回去救援，冯小怜竟然把高纬拉住，要求高纬"更杀一围"。真真地不知死活。

不过客观地说，射猎本身没有什么好坏之分，关键看你怎么运用。

李渊就是射猎的发烧友，没事儿就愿意带着臣子去打猎。

这天，李渊射猎团就集结了一大帮文臣武将射猎去了，其中也有李建成、李世民、李元吉这哥仨。

为了能更尽兴，李渊提议让自己的三个儿子比赛，比一比谁打的猎物最多。这时候李建成站出来了，他有一匹好马，膘肥体壮、鬃毛凛凛，很是威风。他把马交给李世民，说："老弟，这可是匹好马，跃过几丈宽的山涧不费劲，你擅长骑马，可以试着骑一骑。"

李世民二话没说，骑着这匹马就射猎去了。

正在李世民骑着马追赶野鹿的时候，这马突然尥蹶子，耍起了性子，多亏李世民反应够快，从马背上跳下，站到数步之外。马在地上打了个滚，又站起身来，李世民再次骑了上去。但是这马性子一时还要不完，一连蹶了三次。李世民回头对宇文士及说："它想用这种办法把我害死，死生有命，又怎么伤害得了我！"

但是这话被一旁的卫士听到了，他早已暗中被李建成收买，便跑去告诉了李建成。李建成悄悄告诉手下人，将这话传到李渊耳朵里。当然不是原话，而是经过加工后的。结果李渊听到的就是，秦王说他自己有天命，早晚要成为天下之主，岂会白白地死！

这可是十足的大逆不道的话，李渊听了能高兴？于是召来李建成和李元吉，然后再召来李世民，训斥李世民说："天子自有天命，非智力可求；汝求之一何急邪！"天子自有天命，不是谁花费智力就可以求得的，你想这个位子未免有些太着急了吧?！

李世民没有说过当然不会承认，他告诉李渊自己只对身边的宇文士及说过"彼欲以此见杀，死生有命，庸何伤乎！"李渊本来就有点看不上李世民了，所以他的辩解和表态并没能赢得李渊的信任和谅解。李世民一看，摘下帽子连连磕头，强烈要求引入司法程序来证明自己的清白。眼看着李世民就要身陷谎言门了，正在这时，东突厥大举入侵的消息又传来了。李世民立马摇身一变，变成李渊能干的宝贝儿子，让他带上帽子，还安慰勉励了一番。并且一起研究对付东突厥的有关事宜，接着又派李世民和李元吉一起率军对付东突厥。看来李渊也是资深的变脸专家，否则不会变得如此自然而然，如此的出神入化。

结果：李世民逢凶化吉。

李世民征战突厥

这一次突厥可谓来势汹汹，给了李唐前所未有的威胁。

这年八月，颉利可汗召集突利可汗，两人率军接连进攻朔州、原州、忻州、并州、绥州。这个突利可汗光听名字也知道不

是外人，他是始毕可汗的儿子，也就是颉利可汗的侄子。当年始毕可汗驾鹤西去的时候，突利可汗也是合法继承人之一。但在竞争东突厥最高可汗位置的时候输给了颉利可汗，被颉利可汗任命为北部地区的可汗，从此实力和地位都稍低于颉利可汗。

话说李世民率军迎战颉利可汗和突利可汗联军，天公不作美下起了大雨不说，李世民这边也闹起了粮荒，而且，在这期间士兵们也是多次参加战斗，都快透支了，武器装备也该换了。就算武器装备什么的不致命，粮食一项就足以要人命了。人是铁饭是钢啊！这时候中原人就要羡慕突厥士兵了，因为人家吃的是肉，根本不用操心粮食问题。

戏剧的是每次都是李世民拿别人的粮食问题做文章，这次莫非是别人要拿他的军粮问题做文章了？

战争还在继续，在幽州，李世民的军队遭遇了突厥的主力部队，战争一触即发。这天，颉利可汗和突利可汗率领一万多名骑兵杀奔幽州城西，在五陇阪列阵。

面对如此声势浩大的军队，唐军将士也害怕啊，眼中流露出了畏惧的神情。

李世民见状，知道这个时候一定要鼓舞大家的士气，于是率领一队骑兵到突厥阵前喊话，说："国家与可汗和亲，何为负约，深入我地！我秦王也，可汗能斗，独出与我斗；若以众来，我只以此百骑相当耳！"

这是段很长志气的话，翻译成白话就是：我们已经跟可汗和亲了，既然是亲家可汗怎么还违约打到我们的领地?！我是秦王，可汗如果单挑，就出来跟我单挑；要打群架，我就带着这百来号人跟你干！

颉利可汗不知道李世民话的虚实，也不知道他葫芦里卖的什么药，于是决定不说话，只是笑，省得露怯。李世民见状，又率军前行，同时两手抓，派人对突利可汗说："你以前跟我说好一有危急情况就互相救援。现在居然带兵攻打我们，怎么一点香火之情都不念哪！"突利可汗可能觉得惭愧就没有搭话。这边李世民继续率兵前行，准备渡过沟水。

颉利可汗看到李世民带着这么一点儿人马就过来了，加上听见李世民的人跟突利可汗大谈香火之情，就开始怀疑李世民和突利可汗之间是不是有什么猫腻，随即派人对李世民说：秦王不需要渡过沟水了，我没别的意思，就是想跟秦王重申盟约罢了。接着，颉利可汗率军向后退了一点儿。这会儿雨下得更大了。

为温饱问题发愁的李世民没把这点雨放在眼里，而是越发勇猛，而且，他看到了大大的战机。他对唐军将领说：东突厥依仗的是弓箭，现在长期下雨，天潮，胶不粘，弦松弛，弓箭就变成了聋子的耳朵——摆设。而东突厥离了弓箭就像断了翅膀的小鸟；我们就不一样了，可以住在房子里吃烧熟的饭，刀槊等兵器照样锋利，以逸待劳，现在如果不乘机进攻，更待何时?! 于是，当天夜里唐军就冒雨出战。同时，李世民又派人去做突利可汗的思想工作，跟他分析利害关系，许诺送给他很多财物，突利可汗自然很高兴，答应与大唐和好。突利可汗是真被忽悠住了，因为在颉利可汗想和唐军打仗的时候，突利可汗坚决不同意。

颉利可汗少了这个帮手仗也没法打下去了，无奈之下，就派突利可汗、夹毕特勒（相当于亲王）阿史那思摩两个人去见李世民，要求和亲。突利可汗见识了李世民的神武风采，心中钦佩不已，而李世民坦荡直爽的个性，更是很合突厥人的口味。突利正式提出和李世民结为兄弟，李世民爽快地答应了，两人上香饮血，对天发誓永不背叛。经过简单商议，突利代表突厥，李世民代表大唐再次订立盟约，各自率军返回。

突利可汗完成使命就打道回府了，留下阿史那思摩到长安见李渊去了。这个阿史那思摩长得比较特别，不像突厥人，更像中亚人。这样的长相使得处罗可汗怀疑他是私生子，所以一直不器

重他。阿史那思摩历经处罗可汗、颉利可汗两个东突厥统治者，都没能掌握兵权。到了长安之后，却意外地受到李渊的厚待，被光荣地封为和顺王。

二十五天后，左仆射裴寂也作为李唐的使者出使东突厥去了。

虽然和亲了，但是东突厥没有受到一点中原文化的熏陶和影响，坚持发扬自己的"优良传统"，隔三差五地就对绥州、甘州等地进行侵掠。

不过好在柴绍、刘大俱等李唐守边的将领们比较争气，几乎能全部抵抗住突厥的不定时骚扰。就这样，李唐在与东突厥不定时的照面交手、间或和亲，以及李世民兄弟的暗战中度过了武德七年和武德八年。

很值得一提的是，武德八年这年李唐收获不小。首先是答应了西突厥统叶护可汗的和亲要求，这样就成功牵制了颉利可汗。接着李道宗和王君廓分别击败了东突厥的军队，李道宗的对手可是亲率十几万大军的颉利可汗。李道宗算是给李唐争了脸。

兄弟之间矛盾升级

时间不停地向前流淌，到了武德九年（大体相当于公元六二六年），李唐跟东突厥依然是一如既往地打打和和，打仗讲和跟吃饭一样家常。突厥这边算是基本没有什么大问题了，但是，李世民兄弟三人的暗战却渐渐升级，逐渐明朗化了。

六月的一天夜里，李建成请李世民到太子的宫殿喝酒。一直以来，为了不让李渊觉得难堪，李世民对于李建成是很和蔼的，这次邀请李世民也是爽快地答应了。李建成的家仆说，一起喝酒的还有李世民的好朋友，淮安王李神通。

随后，李世民带两名侍卫前往东宫，李元吉出来迎接，一脸的媚笑，又坏又假。喝着喝着，李世民突然感到心脏疼痛，接着

吐了很多血，一起去喝酒的李神通把他扶回了秦王的宫殿。

李渊很快就知道了这件事，赶紧去看李世民。但是李渊好面子，不想让这件事传出去，所以没有把此事诉诸司法部门，而是批评了李建成私自拉李世民去喝酒，同时告诫李世民以后晚上不许再喝酒了。

关于李世民喝酒喝出问题这件事，秦王府这边给出的说法是中毒了。至于下毒者，就算用脚趾头也能想出是谁。

李渊对此持怀疑态度，当晚，在李世民的卧室，李渊告诉李世民：我知道你的功劳大，也不是没想过要把皇位传给你。但是建成当太子已经时间不短了，我实在不忍心废了他。你们兄弟之间既然这么不相容，你就回到你的行台洛阳去吧。陕西以东全是你的地盘，除此之外，你还可以像西汉景帝的弟弟梁孝王一样使用皇帝的仪仗。这个除了没有坐上皇帝的宝座外，基本跟皇帝待遇没有差别。但是此时李世民想要的不是什么皇帝的仪仗，他想要的是皇帝宝座，但是离开京城就等于离那张自己梦想中的宝座越来越远了。李世民怎么会答应？于是哭着说自己不愿意离开父亲，要留在长安更好地对父亲尽孝。李世民用的是"养儿防老"的传统观念。恰巧李元吉这边也觉得李世民到了洛阳之后，自己鞭长莫及，就不能再像现在一样收拾他了。所以动员了不少人给李渊做思想工作，极力劝说李渊不要让李世民去洛阳。最终，李世民成功地留在了长安。

再回过头来看夜饮事件，秦王府说是酒里被人下了毒，这种说法也得到了很多史学家的认可，但是毒究竟是谁下的很值得考证。很多人觉得显而易见是李建成，但是李建成天性纯良，而且本身贵为太子，这种下三滥的手法很是自降身价。况且，如果真的是李建成下的毒，为什么不一劳永逸地把李世民毒死，还留口气等着他来干掉自己？李世民中毒之后，李建成为什么不把他杀死，还让他活着走出太子宫？这都是很蹊跷的问题。所以不太像是李建成下的毒。

到底是谁下的毒？

在这方面，我们不得不怀疑李元吉。首先他是李建成的超级跟班，而且跟李世民是相当的不对眼，基于这个李元吉就很有可能杀掉李世民。况且，当晚喝酒李元吉也在场，很有可能在酒里做了手脚，因为他出入李建成的太子宫跟在自己家一样随便。另外，如果李世民在李建成的宫里被毒死了，李渊会怎么对待李建成？相信李建成太子的椅子也不会坐很久了。李建成被废黜，李世民被毒死，只剩下他李元吉坐收太子第一人选的渔翁之利，岂不美哉？所以从有作案动机和作案机会来看，李元吉都是很有嫌疑的。但是这仅仅是猜测，单凭列出几点所谓的"证据"就证明古人一定是"如何如何想、如何如何做"的，显然是不合适的。

但是，我们可以肯定的是，经过夜饮事件之后，李世民跟李建成之间的关系是更加地不和谐了，已经到了彻底崩溃的边缘。

李元吉率先开始行动，在李渊耳边说了一箩筐李世民的坏话，有的没有的一起上。人言可畏啊，在李元吉强大的舆论攻势下，李渊终于决定向李世民兴师问罪了。

但吉人自有天相，这时候，李世民的救星站了出来，他就是陈后主的弟弟兼杨广的绛郡太守再兼李渊的重臣——陈叔达。陈叔达说秦王立有大功，不能随便废黜；而且他性格刚烈，一旦治罪，很可能因为生气做出一些过激的行为，到时候后悔就来不及了。李渊想了想认为很有道理，于是打消了将李世民治罪的念头。

李元吉眼看一计不成，又生一计。这次来个绝的，直接向李渊建议杀掉李世民，理由是李世民想造反。李渊说李世民有平定天下的大功，而且又没大错，没有理由杀他（彼有定天下之功，罪状未著，何以为辞！）

李元吉接着说，当年李世民打败王世充攻下洛阳，私自把钱

财发给将士来收买人心，而且又违抗圣旨，这不是造反又是什么！应该赶快把他杀掉！

当年李世民确实给兄弟们发过钱，不过是为了让兄弟们更好地干活，却在这里被李元吉说成是别有用心的。但虎毒不食子，何况李渊也是个比较仁厚的人，杀亲生儿子这样的事情他是做不出来的，李元吉想借李渊之手除掉李世民的计划最终没有实现。

李世民经过夜饮一事，也觉得自己应该动手了，再不动手，不知道哪天小命就没了。在出事当晚，房玄龄就对长孙无忌说：现在秦王和太子、齐王之间的误会越来越深，如果出了祸事，不光秦王府要蒙受灾难，江山社稷也要惨遭不幸。现在恐怕只有效仿周公的做法，果断地将管、蔡处置掉，外宁中国，内安宗社，彻底摆正秦王的位置。现在是生死存亡的关键时刻，间不容发，事情非常紧迫了！长孙无忌也看到了事情的紧迫性，很同意房玄龄的看法。等李世民醒来之后，房玄龄和长孙无忌就劝说李世民应该抓紧机会主动出击，除掉李建成和李元吉。李世民思来想去，觉得自己已经没有别的路可走了，于是开始着手准备。

经过与亲信们商议，他决定加强在军队中的活动，毕竟军队是李世民的致命法宝。而且这两年，李靖、刘弘基等在外地任职的人来京城述职时，都要到秦府去坐一坐。他们多次对李世民说："大王因为功劳太高很容易被人猜忌，有需要的话，臣等愿效犬马之力。"李世民对此很是感激。"有人要像吕后那样诛杀功臣，好在父皇不是汉高祖。"他含蓄地说，同时让他们留意京城的动向。李靖、刘弘基等人心领神会地走了。

李世民又安排自己的亲信张亮去洛阳招揽各方豪杰，这样也可以加强跟李靖等人的联系。张亮是郑州荥阳人，出身寒贱，小时候在家务农，虽然长相敦厚，但很有心计。他先加入了瓦岗军，因受李密赏识，被任为骠骑将军，在李世勣麾下任职。后来归降李渊，因赶上王世充攻陷郑州，只好逃亡共城山泽中。后来经房玄龄等人推荐，渐渐成了李世民的心腹。现在李世民决意加强对洛阳的经营，以便在万不得已时逃到那里举兵。张亮是河南人，对那一带自然是很熟悉，所以李世民派张亮带着秦府军官王保等一千多人一道前往。还随身带着很多金银财物前往洛阳，用以收买四方。

但是，李世民的一举一动早就在李建成和李元吉的监视之下，张亮带人刚走出长安城几十里，便被羽林军团团包围。张亮被带回长安，李元吉说秦王府的车骑将军张亮在洛阳图谋不轨。张亮知道这是诬陷，而且他深知"抗拒从严、回家过年"的规矩，于是在司法部门的严审下一言不发，最终被无罪释放，回到洛阳继续替李世民服务去了。

人才争夺战开始了！

李世民派张亮带一千多兵力离开，也是别有用意的。这是为了向李渊显示，他并没有要用军队干什么的想法。不过尽管秦府的军队做了削减，但它的精锐仍在，所以杀伤力并没有下降。李建成和李元吉对此如鲠在喉，更是坐卧不安。于是李元吉果断地建议李建成转变工作重心。这次他们要将工作重心放在人才争夺上。李世民手下的猛将实在是太多了，一定要多挖几个墙角才行。

他们很快选定了目标，那就是尉迟敬德。尉迟敬德不像秦琼和程咬金那样住在秦府，他自己在外面有房子，好喝酒，还用舞伎助兴，日子过得十分滋润。李元吉早就把尉迟敬德的情况摸得一清二楚，心想，既然尉迟敬德爱这些，那就好办了。李元吉弄了整整一车金银器具送给尉迟敬德，同时还送去了一封信。信上很谦卑地表示愿意跟尉迟敬德交个朋友。

尉迟敬德为人干脆，立即回绝了李元吉的请求。说自己是八辈贫农，天下大乱正是找不到出路的时候，是李世民提拔了他，

【第三章】玄武门之变

这份恩情自己这辈子报答不完。而且自己对太子殿下没有任何功劳，怎么敢接受这么重的礼？

尉迟敬德随后把这件事报告了李世民，李世民的意见很明确：对待这样的糖衣炮弹，应该把糖衣吃掉，炮弹扔一边去。这样既可以接到礼物充实自己的口袋，还可以使自己免遭毒手，同时还能探到对方的机密，可谓是一举三得。现在这样回绝李建成，很有可能给自己招来杀身之祸。

但这个世界有一种人即使知道自己会有危险，为了正义也要勇敢地表明自己的立场，虽然隐藏自己会带来好处。这就叫做光明磊落。尉迟敬德无疑是这方面的杰出代表。

果然不出李世民所料，使者回去将尉迟敬德的话说给李建成听的时候，李建成气得脸都绿了，于是派刺客去暗杀尉迟敬德。尉迟敬德出入家门时，觉察到了空气中的危险气息，而且他也料到李建成会对自己不利。干脆见招拆招，把家里的几道大门都打开，连续几天晚上都关灯躺在床上，手边放着长刀。意思很明确：你们来吧，我等着你们呢！刺客一看这阵势，一直在尉迟敬德家门口徘徊，就是不敢进去。

看到刺客这么废物，李元吉又拿出了告状这个法宝，向李渊报告说尉迟敬德因为当年李渊下令抓捕他一事怀恨在心，口出大不敬之言。李渊不问青红皂白，按照李元吉的报告，把尉迟敬德抓进了监狱，交刑部大堂进行审讯。结果弄得更加不清不楚，李渊下令将尉迟敬德斩首。

李世民非常生气，向李渊解释尉迟敬德不会不敬，他给出了三条理由：一、尉迟敬德过去是宋金刚手下的将领，投降后大唐没有杀他，这是第一次救他。二、那次寻相反叛，父皇您只是要求我注意那些宋金刚降将的动向，是屈突通和殷开山他们过于紧张，才误抓了他，儿臣当时便释放了他，这是大唐第二次救他性命。三、他深受感动，当天下午便在北邙山上救了儿臣一命，从此成为大唐最忠勇的战将。他后来跟屈突通和殷开山相处融洽，对当时绑他的人一点怀疑都没有。他是一位忠义之士，前段时间，太子想用一车珍宝收买他，被他拒绝了，他说忠臣不事二主，可能就是为了这件事，他才遭人陷害！儿臣是尉迟敬德的直接上司，您是尉迟敬德的顶头上司，他怎么可能无缘无故对您口出怨言呢！况且只听一面之词，又没有第三人在场作证，怎么这样就定他的罪呢？

李世民一番话把李渊说得哑口无言，就这样在李世民的强烈反对下，尉迟敬德免于一死。

接着，李元吉又用金银财宝来拉拢段志玄，段志玄也不干。

开始动武

拉拢不行，就只有打击了。

魏征帮李建成出主意，将目标转向李世民的谋士房玄龄与杜如晦。魏征分析，李渊对战将比较信任，最讨厌文人在背后耍阴谋诡计，便指点李建成和李元吉向李渊揭发房杜二人在秦王面前挑拨他们兄弟的关系。

"二弟与我们本是一母同胞，哪有那么绝情，还不是被房杜两位书生教的！"李建成和李元吉对李渊说，"这样下去，谁知道他们会怂恿老二做些什么呢？如果他们关系正常，怎么这两人有家不归，大部分时间都待在秦府呢？"李渊大怒，下令房玄龄、杜如晦回到长安城内自己的家中去，未经允许擅自进入秦府，定斩不赦！在皇宫侍卫的监督下，房玄龄、杜如晦带着自己的器物，气急败坏地搬走了。

魏征见计谋得逞，便劝太子和齐王趁李世民失去谋士、心慌意乱之际，给李世民以致命的打击。有三条计策可选：一、把李世民派往鸟不拉屎的偏僻地带，如凉州、西蜀去守边，这样既可以永久解除威胁，又可以成全兄弟的情分。二、请皇帝将天策上

将府撤销，将李世民的军队收归朝廷，给出的理由是"防止私人拥有军队"。三、发动突袭，先将李世民抓起来，等他的军队解散后，再释放，到那时，李世民不过是一介匹夫而已，还能怎么样?!

魏征特别强调，关键时刻，谁先动手，谁就是王。

但李建成和李元吉考虑再三，最终拒绝了魏征的三条计策。对于第一条，他们觉得简直是冒险，李世民去洛阳李元吉还怕他从此不能继续掌控李世民了呢，怎么会允许他去那么偏远的地方? 对于第二条，他们害怕逼急了李世民，把他们拉下水，建议李渊一并连他们俩的军队也撤销了。至于第三条，他们表示赞成，但暂时不敢行动。他们十分害怕李世民手下的精兵悍将，宁愿寻找合适的机会，先不动一刀一枪地解决李世民的军队，再解决李世民本人。

魏征十分气馁，又无可奈何。他隐隐觉察到：李建成和李元吉有点烂泥巴糊不上墙的感觉，不果决，也不狠辣。

这时候情势对于李世民来说有些不妙，因为突厥这时候突然来添乱了。李建成决定好好把握这个时机。于是一大清早就向李渊推荐李元吉为主帅。李渊看到李元吉这样懂事，知道为自己分忧，很高兴，于是答应了这个请求。但是李元吉却跟李世民说要借一下他身边的大将一起出征。李世民直觉上感到有什么地方不对，等李元吉说要借尉迟敬德、程知节、段志玄、秦叔宝等人一起出征，而且要求划拨部分秦王府的精兵让他带走。李世民这下就明白了!

李世民就是靠着这些精兵猛将建功立业的，如果给李元吉弄走了，他自己还拿什么混啊! 没有了谋士，凭李世民的智商还能维持；但没有了兵将，李世民还怎么跟人家的千军万马对抗啊?

有人告密

后来发生的一件事，使得李世民跟李建成真的到了你死我活的份上。

这件事起源于率更丞王晊的一次告密。这个王晊本是太子的下属，却跑到李世民那里打了李建成的小报告。

事情为什么变成这样不好讲，也许王晊本来就是李世民派到李建成身边的卧底，李世民自编自导自演了一出《无间道》；也许王晊在李建成那英雄无用武之地，想要借此机会跳槽；或者说他善心大发，想要阻止一场手足相残事件的发生。

反正不管出于什么目的，结果都是他把这段血淋淋的话告诉了李世民："太子语齐王：'今汝得秦王骁将精兵，拥数万之众，吾与秦王饯汝于昆明池，使壮士密杀之于幕下，奏云暴卒，主上宜无不信。吾当使人进说，令授吾国事。敬德等既入汝手，宜悉坑之，孰敢不服！'"

意思就是要借助给李元吉饯行的机会干掉李世民，然后开始管理国事，最后再把尉迟敬德等秦王府的猛将统统活埋！不得不说这是个好计谋，而且被历史上很多人使用过。权力斗争总是伴随着这样的流血牺牲。

这番话算是彻底引爆了李世民和李建成之间的定时炸弹，它进一步坚定了秦王集团先发制人的决心。

长孙无忌等人听说这段话之后，都极力劝说李世民先动手。但是对于李世民来说，要做出这样的决定是很不容易的，毕竟他们是一母同胞的兄弟，血浓于水！但是现在不是顾念儿女私情的时候，箭在弦上不得不发！先下手为强后下手遭殃！尉迟敬德、长孙无忌、张公谨等秦王府的官员分别从事态的紧急、齐王的凶残、不能愚孝等诸多方面充分论证了先发制人的必要性。生死攸关的紧急状况，权力的诱惑，使得李世民最终坚定了除掉李建成

— 141 —

和李元吉的决心。尽管这个对手是李世民的同胞兄弟。

这么重大的事情自然少不了以"房谋杜断"著称的房玄龄和杜如晦，但是现在房玄龄和杜如晦已经被调离了秦王府。李世民只好派人去召见房玄龄，房玄龄这时候却说：皇上说如果我们私自去见秦王定斩不饶，现在我们过去，还不是找死啊?! 李世民觉得这些人可能是在闹情绪，因为当初他们劝过李世民要他先动手，都被李世民拒绝了。但处在生死存亡关头的李世民哪还有闲心顾忌什么情绪啊？愤怒的李世民怀疑不奉旨来见他的房玄龄等人可能背叛了自己，就解下自己的佩刀交给尉迟敬德，说："公往观之，若无来心，可断其首以来。"

尉迟敬德和长孙无忌快马加鞭的去见房玄龄和杜如晦说：秦王已经下定了决心，你们最好赶快去筹划有关事宜。

房玄龄和杜如晦等的就是秦王下定决心的这一天，两人二话不说化妆成道士就悄悄地去了秦王府。

制定好了行动计划之后，李世民直接去见了一个人。这个人就是李渊。

李世民向李渊密奏李建成和李元吉淫乱后宫。李世民知道李建成跟李渊的那些妃子们关系密切，没事儿就爱沆瀣一气。至于有没有什么实质性的关系，他不得而知。但是要告状也不一定要有什么真凭实据，因为这次涉及的是李渊的女人，性质是不一样的。李渊一听火冒三丈：儿子敢动老子的女人，这还了得！

同时，李世民还爆炸性地对李渊爆料说李建成和李元吉想谋害自己。

李渊一听，脑袋嗡地一下，他让李世民第二天早点进宫，他要亲自过问这件事。

玄武门流血事件

第二天，也就是武德九年的六月初四，准备给李渊请早安的

【第三章】玄武门之变

李建成得到了从李渊宫殿里传来的消息——你被秦王告了！淫乱后宫和谋害兄弟都是罪大恶极的罪名，其中任何一条都可以把他置于死地。

这下李建成慌了，他急忙找李元吉来商量。

李元吉觉得有三条路可以选：第一步部署好兵马，第二步称病不上朝，第三步看看事态发展再说。李建成却觉得这几条路都是向李渊证实了自己心中有鬼，觉得应该抢在李世民之前去见李渊，向李渊申明自己的冤屈。两人召来翊卫车骑将军冯立、副护军薛世雄，告诉他们可能发生了紧急情况，令他们立即集合两府军队，在东宫随时待命。然后，两人率二十几名侍卫骑马赶往太极殿。到了离玄武门约一里路的地方，侍卫们全部留下，待在了平时常待的几棵大树前，等待主人上朝归来。

而在这之前，按照预定计划，李世民已经率长孙无忌、侯君集、张公谨、刘师立、公孙武达、独孤彦云、杜君绰、郑仁泰、陆冲共九人，由玄武门守将常何接入，来到宫殿东侧一间厢房内。迅速换上宫廷侍卫的军服，加入到守门卫士行列，在此等待李建成和李元吉的到来。

在玄武门外右侧的树林深处，尉迟敬德率领七十名精锐骑兵隐藏着，随时准备支援。在离玄武门约两里路的一排民房后面，秦琼、程咬金、长孙顺德、段志玄、丘行恭等人率领七百多名壮士排成战斗队列，作为前线后援。

就在李建成和李元吉两人心怀焦虑地驰向玄武门，走到离玄武门约有一百多丈的临湖殿的时候，突然看见玄武门右侧树林里露出一位骑马人，身背长弓，来人正是李世民！两人顿时感到情况异常，拨马转身，急忙打马往太子宫的方向跑。

"大哥——"李世民纵马追来，在后面大声叫喊。"大哥，回来！"

但这两人心慌意乱，怎么停得下来？身后的马蹄声越来越近，李元吉迅速摘下弓，搭箭向李世民射去。可能李元吉太紧张了，三次拉弓都没有拉满，羽箭飘着射出去，掉在李世民的马头前。

李世民渐渐接近，手中长弓搭上一枚大箭，用力拉至最满。

李元吉看了一下，吓得赶紧伏向马头。大箭越过李元吉的脑袋直向李建成飞去，一箭射中李建成的后背，李建成当即摔倒在地。

李元吉没命地打马飞逃，李世民又射来了第二箭，直中李元吉的肩膀，李元吉翻身落马。李世民只顾射箭，胯下的马速度却没有减，以至于一下子失去了控制，从路上斜着冲进了林子里，被树枝绊住马腿，连人带马摔倒在地。李世民猝不及防，被摔得头晕眼花，大腿还被马身压住了，一时没法动弹。

不远处正在踉跄逃跑的李元吉看到这一幕，撒丫子就跑了过来，上前便要夺李世民手中的长弓。李世民趴在地上，死活不松手，李元吉就转到李世民的身后，用弓背紧紧箍住李世民的脖子。李世民拼命用双手将弓背朝外推，李元吉怎么肯放手？他使出吃奶的劲儿，将弓背扼入李世民的肉里，李世民的脸很快变成了猪肝色。

就在这千钧一发之际，传来急骤的马蹄声响，只听有人大声喝道："住手！"李元吉侧身一看，开始肝颤，来人不是别人，正是他的克星尉迟敬德赶到了！身后跟着大群手持刀剑的骑兵。

李元吉慌忙松开长弓，钻进树林，撒腿就向武德殿方向飞跑。尉迟敬德在林子里纵马穿行，追到李元吉身后的时候，一箭就结束了李元吉的生命。

骑兵们跳下马背，扶起李世民，架着他朝他的坐骑跑去。李世民连忙摆手叫众人停下，令几名军士验明两人已经完全断了气才放心地上了马。

尉迟敬德带领骑兵赶过去追杀李建成和李元吉的侍卫，侍卫

见势不妙赶紧跑路，大部分人没逃一死，但仍有少数窜入林中逃脱了。

尉迟敬德与李世民会合。"不好了，有几名侍卫逃掉了！"

"赶快派人通知秦琼他们过来，一定要守住玄武门！"李世民命令道，三名骑兵奉命飞驰而去。

李世民令众人把李建成和李元吉的尸体抬进玄武门，放在一间厢房里看管。随后，又令常何将手下宿卫全部召集起来，协助防守玄武门。

翊卫车骑将军冯立知道李建成死了，说了句特别仗义的话："难道有人家活着接受人家的恩惠，死了就逃跑的道理?!"不久，玄武门外的马蹄声就噼里啪啦地响了起来。东宫和齐王府的军队攻上来了！

尉迟敬德指挥身边七十名骑兵射来一阵箭雨，薛万彻令军队还射，然后挥军冲了过去。尉迟敬德一马当先，率军冲进敌阵，奋力厮杀起来。东宫将领谢叔方率几百名步兵涌向玄武门，长孙无忌、侯君集、张公谨、刘师立、公孙武达、独孤彦云、杜君绰七人与常何手下几十名宿卫坚决抵抗。由于门太小，两府兵根本无法打得过瘾，谢叔方无奈之下只好令士卒退后，集中一批弓箭手向大门处射箭。侯君集、张公谨等急忙躲到大门两旁，流箭直飞向门内的宫殿。

箭雨过后，对方人马继续冲锋。李世民大声喝令："射箭挡住敌人，然后把大门关上！"

几十名宿卫于是连番射箭，长孙无忌和侯君集等人乘机关门，张公谨一人顶在大门口。另一些宿卫不断用长枪戳举着盾牌冲上来的两府兵。就在大门眼看着就要关上的时候，外面的两府兵打急了眼，怒吼着冲向大门口，试图把门推开。多亏这个张公谨天生神力，一个人硬撑着，再加上旁边兵士的帮忙，终于成功地将大门关上了。任凭外面人把身子撞烂了，大门巍然不动。

不久，门外传来了一阵欢呼声和喊杀声，听得出，大声吼叫着发号施令的正是秦琼！

为了保持和军队的直接联系，李世民又令侯君集等人把大门打开。很快，尉迟敬德率领数十名骑兵赶过来护卫。战斗正在树林中展开，只听见兵器撞击声、厮杀声、哭喊声和战马的哀鸣声混成一团。

云麾将军敬君弘此时负责皇宫的警卫工作，驻扎在玄武门，不顾亲信的劝阻，与中郎将吕世衡呐喊着冲向冯立的战阵。在即将执政的李世民面前，这正是他们立功的大好时机。

眼看着李建成和李元吉这边已经没有什么攻破城门的可能了，这时候一个声音高喊道："弟兄们，我们杀到秦府去！"

是薛万彻！

这下李世民的将士们都傻眼了。精兵强将都在这儿，连王妃都来了，秦王府只有一班老弱病残和家眷了，哪里能经得住薛万彻的攻击啊！

还是尉迟敬德有办法，他提着李建成和李元吉的脑袋向太子和齐王的将士们一展示，冯立的士兵们顿时没劲了——老大都死了，咱还为谁拼命啊？薛万彻率几十名亲信骑马向城外终南山奔逃。但是冯立拒绝撤退，反而发起了新一轮攻击。"为太子报仇啊！"两府兵大呼大喊，又一次冲向了玄武门。

双方又在大门边展开了激烈争夺。冯立正碰上了敬君弘，一枪将他戳死，吕世衡也死于乱兵之中。这时，有人向冯立报告："芳林门又有一支军队向这边杀过来了！"来人正是高士廉率领的由囚徒组成的新军，要与秦府将士会合。

冯立杀了敬君弘，对身边的人说："这样也可以稍稍回报太子了！"便带着几十名亲信退出了战场。

杀了李建成和李元吉之后，李世民还做了一件很重要的事情，那就是派尉迟敬德去"保卫"李渊。

皇帝李渊一大早便和先到的大臣裴寂、萧瑀、陈叔达在海池划船，顺便审理李世民状告李建成的案子。隐隐听到外面的厮杀声，便令侍卫将船划向岸边。还没靠岸，就看到尉迟敬德全副武装地闯了过来，非常震惊，就问他："今天是谁在作乱？你来这里干什么？"

尉迟敬德回答："是太子和齐王作乱，秦王已经率兵把他们杀了，派我来保卫陛下。"李渊听到这句话，知道一切都完了，太子完了，齐王完了，自己的好日子也完了。

李渊坐在船上，对裴寂等人说："想不到今天竟然发生了这样的事，我该怎么办呢？"

皇帝的宝座是人人争之而不能的东西，但是皇帝也有痛苦和无奈的时候，就好像现在的李渊。萧瑀和陈叔达劝李渊把大权交给李世民，李渊采纳了他们的建议。不采纳也不行啊。

接着，尉迟敬德以太子和齐王的部下仍然在跟秦王部队厮杀为由，要求李渊下令让李世民掌管所有的军队。这才是名副其实的交权，只有掌握了军权，才能算真正地掌握了这个国家。枪杆子里面出政权，这绝对是真理。对于这个要求，李渊也答应了，这也是无奈的事情。李世民不自己来保卫李渊，却派尉迟敬德全副武装地来，其用意可想而知。如果李渊不答应尉迟敬德的要求，别说继续当皇帝了，估计连活着都是问题。

后来，李渊召见李世民，对李世民说："近日以来，几有投杼之惑。"所谓的投杼之惑，指的是孔子的门人曾参很贤良，曾母也非常信任他。但在很多人都谣传曾参做了犯法的事情之后，曾母最终相信了谣言，扔掉手里的机杼就要逃跑。

现在李渊这么说是把李世民比作曾参，把自己比作听信谣言而怀疑曾参的曾母。李渊很聪明，这个比喻既抬高了李世民，也为自己找了台阶。李世民就坡下驴，跪在李渊面前痛哭了好久。后来在裴寂、萧瑀、陈叔达等大臣的劝说下，勉强止住悲伤。众人早在一旁陪着流下了酸楚的泪。连远处站着的带刀侍卫都不断地用衣袖揩泪。

这就是历史上著名的"玄武门之变"。

这次兵变使一代英主李世民得以掌握李唐的政权，也就是历史上有名的唐太宗，从而开创了一个盛世；这次兵变也使文治武功都出类拔萃的李世民担上了弑兄杀弟的恶名，从而为人诟病。

稳定才是关键

控制了大局之后，李世民开始带领国家走上兴旺之路的征程。

兴旺的基础是稳定。

玄武门之变当天，李世民就本着"斩草除根"的宗旨，杀掉了李建成、李元吉的儿子们。对于其他胁从造反的人却没有全部杀掉，而是促使李渊在六月初四当天颁布了一道诏书，一是大赦天下，声明不再追究李建成和李元吉的党羽；二是告知全国，政府的日常事务以后全部由秦王负责处理。

这道诏书相当重要。不光昭告天下李世民开始执政，从而确立了执政地位。而且更重要的是，宣布不追究李建成和李元吉的党羽。因为李建成毕竟是当了很多年太子的人，朝野为他出力的人不在少数，如果继续追究的话，血流成河、损失人才倒是小事，引起动乱或是战争那可就大事不妙了。刚刚掌权的李世民需要的是稳定，而不是任何的战乱，现在稳定才是重中之重。

很快，诏书就收到了效果。六月初五，太子旧将冯立、谢叔方就主动露面了。薛万彻与数十骑兵马躲藏在终南山中，过着风餐露宿的日子。李世民一连三次派人去向他们宣布赦免，薛万彻才放下武器回到长安。"这是忠于主人的义士啊。"李世民对人感叹道，安慰了薛万彻几句，便把他放了。

六月初七，李世民被立为皇太子，李渊又颁布诏书说：从今

往后，国家的大小事务一律由太子处理，然后再报告皇上。最后这句话很有画蛇添足的嫌疑，太子都处理好了，还向皇上报告什么？这句话很明显就是为了给李渊挣回点面子。

李世民不光给了李渊面子，而且还给那些在玄武门之变中为自己出力的部下封了赏。李世民深谙此道，知道有奖有罚才能更好地开展下面的工作。

六月十二日，第一批功臣升官了，宇文士及被任命为太子詹事，长孙无忌、杜如晦为左庶子，高士廉、房玄龄为右庶子，尉迟敬德为左卫率，程知节为右卫率，虞世南为中舍人，褚亮为舍人，姚思廉为洗马。而且，在玄武门之变中表现非常抢眼的尉迟敬德还额外得到了一份重赏，那就是齐王府的所有财物。

这里需要特别提示一下，那就是尉迟敬德得到的是齐王府所有的财物，而不包括人。因为齐王府里有一个人就算是千金散尽李世民也不会把她让给别人的，这就是李元吉的以美艳著称的妃子杨妃。在过往的日子里，李世民早就和这位冷艳的冰美人对上了眼，英雄难过美人关啊！这次李元吉已经死了，李世民索性把她纳入了自己的妻妾序列。

李世民控制了大局之后，就把李建成手下的头号谋士魏征召来，责备他说："汝何为离间我兄弟！"魏征应该算得上是李世民和秦府上下最痛恨的人士之一。多少毒辣的计谋都出自他的策划。在六月四日的战斗中他一直拒绝后退，最后在东宫束手就擒。

面对李世民的问话很多人都为魏征捏了一把汗，魏征却从容自若地回答："先太子早从征言，必无今日之祸。"

魏征的意思很明确，就是：假设李建成早点儿听他的话，今天就不会死。

魏征认了，他没有躲避。他是个不屈服的战士，看他多骄傲！这份骄傲真叫人喜欢！

"先生正派人，"李世民换上温和的面孔，"你忠于职守，正是我所赏识的。皇上现在已经赦免了所有人，我希望先生能够尽弃前嫌，为国效力。"

这话把魏征说得一愣。不是要追究我吗？我的智略给他们造成的伤害最深啊。但是很快魏征就反应过来，"感谢大王宽容，臣谨此谢恩！"他又拱了拱手，尽了礼节。

"我是真心诚意的，先生你很快就会看到。"李世民和蔼地说。"我希望自己能像齐桓公一样尊重贤哲，也希望你能像管仲一样爱惜自己的才干。我们现在在看古人的故事，后人也会看我们的故事。别让好名声都让古人享有了，我们完全可以做得比古人好。让我们一起努力，使大唐兴盛起来。"

这是李世民发自肺腑的话，这话也震动了魏征。难怪人们都说李世民胸襟辽阔，志气雄伟，魏征想。他的话，唤起了魏征心中遥远的梦幻。但是他还是有些难以置信。

这时候房玄龄和杜如晦进来了。"大王一直向我们夸赞你能耐大，直到我们去了城外才停。"杜如晦开了个玩笑，李世民和房玄龄都笑了。魏征脸上的肌肉勉强动了几下，不过心情开始放松。

"如果先生不嫌弃，就请先生明日便开始在东宫帮忙吧，职位以后再定。"李世民用商量的语气说。从众人亲切友好的态度中，魏征看得出，李世民是真心要借用他的才华。但今后能否有所作为，便要看李世民是不是识货了。

就在六月十二日这天，魏征被任命为詹事主簿。

为了向魏征表示诚意，李世民多次把他带入自己的卧室聊天、议事，亲密接触。天长日久，魏征也渐渐明白了李世民的真心。

有些学者认为，正是因为魏征那句"先太子早从征言，必无今日之祸"回答地巧妙，使他逃过一劫。其实这种解释有些牵

强，使魏征逃过一劫的关键是他的才能，而且，这时候对于李世民来说稳定大于一切。任命了魏征之后，李世民又把因杨文干事件而被流放的王珪、韦挺召回长安，全部封为谏议大夫。

秦叔宝也升了

李世民虽然全力维持稳定，但流血事件还是不可避免地发生了。

先是益州行台仆射窦轨以"与建成同反"为名，杀了跟自己一直有矛盾的行台尚书韦云起，制造了不稳定因素。窦轨这是很明显的官报私仇。但是韦云起也是很不长眼的，跟谁结梁子不好，偏偏是李世民的舅舅。他死了也是白死，因为窦轨照样做他的皇亲国戚、当他的高官。

但是这年头，没有最倒霉只有更倒霉。庐江王李瑗比韦云起还倒霉。

李瑗任幽州大都督，先前的行台这时一律改制为都督府，都督府最高长官就是大都督。李瑗是李建成的死党，在朝廷召他回京的时候，他自己自作聪明地认为凶多吉少，就想造反。

结果可想而知，李瑗还没来得及出兵就被王君廓杀了，脑袋被送到了长安。这下不想回去也得回去了。

王君廓平反有功，不但升为左领军大将军兼幽州都督，而且李瑗家的全部财产、包括人员都赏给了王君廓。

当时，朝廷虽然再三表示不追究李建成和李元吉的旧部，但很多官吏还是积极主动地把那些旧臣抓起来，借此向李世民邀功。窦轨杀韦云起就是典型。针对这种情况，李世民采纳王珪的建议，以太子的身份下令不许再追究李建成、李元吉和李瑗的同党。接着，又派魏征到河北一带安抚慰问。来得早不如来得巧，魏征刚到磁州，就碰上当地政府押着原任太子千牛的李志安和齐王护军李师行去长安。

魏征前面已经得到了李世民的命令，要赦免李建成和李元吉的旧部，直接就把李志安和李师行给放了。魏征的使命就是安抚，他这么做正和李世民的心意，于是李世民就在功劳簿上大大地记下了魏征的名字。

立功必录，有功必赏。

在记下魏征功劳的同时，李世民又对玄武门之变的功臣们进行了提拔。七月的某一天，秦叔宝被任命为左武卫大将军，程知节被任命为右武卫大将军，尉迟敬德被任命为右武侯大将军。

这里需要注意的是秦叔宝。

为什么？我们来列举一下秦叔宝的战绩。美良川之战，正是他的骁勇才使得尉迟敬德大败；攻打王世充和窦建德的时候，秦叔宝一直担任冲锋陷阵的角色；李世民每次出征，只要看到敌方耀武扬威，都会派秦叔宝去PK（挑战应对），秦叔宝每次都是不负众望地取下对方的首级。但是你注意到没有，在玄武门之变中，几乎没怎么看到秦叔宝的身影，这可能跟李渊对秦叔宝的厚爱有关。美良川之战后，李渊曾派遣使者赐给秦叔宝金瓶，还说："卿不顾妻子，远来投我，又立功效。朕肉可为卿用者，当割以赐卿，况女子玉帛乎？卿当勉之。"平定王世充之后，秦叔宝又被李渊封为翼国公，得到了很多赏赐。

如果说秦叔宝碍于李渊的知遇之恩不愿在玄武门之变中太过积极，这是可以理解的。但在玄武门之变前，也没有看到过秦叔宝受李建成和李元吉拉拢的记载，更没有秦叔宝劝李世民除掉李建成和李元吉的记载，难道秦叔宝那时就已经拿定主意不掺和他们兄弟间的争斗了？这不太好说，但是秦叔宝在凌烟阁的排名确实很靠后的，这也许能说明点什么问题。

内阁大改组

一切似乎都已经就绪了，四天后李世民开始动手改组内阁。

内阁肩负着制定国家要事的职责，这些人肯定都是李世民的心腹。高士廉被任命为侍中，房玄龄被任命为中书令，长孙无忌被任命为吏部尚书，杜如晦被任命为兵部尚书，萧瑀被任命为左仆射，因为他在玄武门之变后力劝李渊交班。

后来，宇文士及被任命为中书令，侯君集被任命为左卫将军，段志玄被任命为骁卫将军，张公谨被任命为右武侯将军。还有几个人和这批玄武门之变的功臣一起得到了提拔：封德彝被任命为右仆射，颜师古和刘林甫被任命为中书侍郎，六月初四还与李世民誓不两立的薛万彻被任命为右领军将军，长孙无忌的哥哥长孙安业被任命为右监门将军，李靖的弟弟李客师被任命为左领军将军。

在这里奇怪的是，李靖的弟弟都被提拔了，李靖自己却没有被提拔，原因就在于他和李世勣不仅没有积极地参与到玄武门之变中，而且还拒绝了李世民的邀请。

至于两人拒绝李世民的邀请的原因，可能有以下几种：

第一种可能，李靖和李世勣根本就没把自己当作李世民的人。虽然李世民曾救过李靖一条命，而且两人还共事过一段时间，但李靖的个性是只想发挥自己的军事才能而不热衷政治。他肯定不想加入任何政治集团，何况他离开李世民的帐下很久了，而他的才能已经得到李渊的认可和高度赞扬。至于李世勣就更容易理解了，他跟李世民关系并不密切，倒是李渊一直很赏识他，在他心里应该更向着李渊。

第二种可能，二人都不想钻入侯门太深。毕竟一入侯门深似海，这里面的权力倾轧太深太重，这二人的个性都是对此深恶痛绝的。

第三种可能，李靖和李世勣对李世民的胜利没有信心。因为李世民是以一敌二，胜算不是很大。不打无把握之仗，这是这些优秀军事人才的一项基本原则。

第四种可能，对于这种小规模作战，二人并不擅长。李靖和李世勣都属于善于谋划运筹，善于"打群架"的智将，冲锋陷阵不能显示他们的优势。何必勉强自己在这样的小领域表现呢？不如等到适合自己的机会再大放异彩。反正自己是金子，谁都舍不得扔掉。

内阁也改组了，从此国家的军政大权牢牢地掌握在了李世民手上。这样一来，李渊就是彻底的赋闲一族了。其实李渊也不容易，自己没事可干，还要处处看儿子脸色，小心不要惹到李世民，与其这样，不如让他自己去折腾。于是八月初八，大权旁落的李唐第一任皇帝李渊就下诏把皇位传给太子李世民。李世民在这里自然是要多多地表示谦虚和孝顺的，于是坚决不接受。李渊这个资质极好的演员也摆出了一副"你不听我的话我就要跳楼"的架势。李世民"迫不得已"听从了"慈父"李渊的安排，于八月初九登上了皇帝的宝座，时年二十七岁。几天后，李世民的妻子长孙氏被册封为皇后，而李渊从此退出了历史舞台的中心。

随后，李世民采取了一系列措施稳定局面、休养生息。一、登基当天就大赦天下、减免赋税。二、放部分宫女出宫。

这两项措施是很必要的，因为经历了隋末的战乱，国家最需要的就是稳定，休养生息，西汉的文景之治就是这么休养出来的，这是很好的例证。但是就在李世民致力于稳定国内局势的时候，却又要面临另一场危机的考验。

民族政策

第四章

　　突厥、吐谷浑、高昌、薛延陀,这些擅长骑射的少数民族总会在你毫无防备的时候骚扰你。但面对这些彪悍的来袭者,李世民厉兵秣马,勇敢地给敌人迎头一击,使得他们相继臣服。

　　除此之外,跟吐蕃和亲、跟战败的西域少数民族和亲、欢迎各国的友好使节。李世民用自己兼容并包的胸襟和气度开创了世界人民大团结的局面,"天可汗"的称号从此荣耀千古。

在李世民那个时期，中国境内的少数民族人数众多，如何更好地处理唐朝和他们的关系，李世民堪称这方面的表率。两手抓，两手都要硬，一手大棒，一手棒棒糖，恩威并施，才可以真正地让少数民族臣服。历史即将揭开李世民统一边疆的英勇一幕。

（一）南征北战　统一边疆

第一节　抗击东突厥

突厥的渊源

突厥和李唐的渊源由来已久，前面我们也很多次讲到这些。突厥是我国古代一个民族，公元前 5 世纪中叶被柔然征服。6 世纪时，突厥游牧在金山一带，因为金山形似头盔，而头盔又被称为"突厥"，所以突厥名字的由来是起源于一座山。

当时的突厥人靠给柔然打铁为生，所以，柔然人又称突厥为"锻奴"。

公元 551 年，突厥突然强大起来，这时候突厥的酋长阿史那土门就向柔然高层请求通婚，这样可以给自己提高点身价，毕竟通婚后自己跟柔然高层就有了更为密切的关系。

可是阿那瑰可汗可不表示理解，不光没答应通婚，还把阿史那土门骂了一顿：你也不撒泡尿照照，就你也想娶我的女儿，癞蛤蟆想吃天鹅肉。

这一来土门酋长心里的火就上了房，士可杀不可辱，是可忍孰不可忍，我给你打了那么多的铁，没有功劳还有苦劳呢，居然这么一点面子都不给，反了你的！

就在请求通婚的第二年，土门酋长大败柔然，阿那瑰可汗自杀身亡。土门酋长坐拥柔然的一切，包括阿那瑰可汗不肯答应的女人们。

在历史上，铁匠和盐贩是两大高危职业，黄巢，他的上司王仙芝，元末方国珍、张士诚都是盐贩出身。而王薄、李自成、张献忠，还有现在我们说的突厥则全是铁匠出身，看来这些人真的不是好惹的啊！

突厥所处的时代是南北朝时期，北方的北齐和北周一直处于打打杀杀的状态。因为实力相当，所以谁也伤不了谁，但是这无形中给了突厥可乘之机。

因为突厥力量强大，谁拉拢了他，就等于无形中给自己注入了强大的生命力，占据了绝对的军事优势。

563 年，北周武帝先出招了，他不光给了阿史那可汗很多的财宝，还要求跟突厥求婚，做突厥的女婿。北齐皇帝也不甘示弱，也提出要做女婿，而且给了更多的财物。

突厥人见钱眼开是与生俱来的基因，阿史那可汗权衡了一下这两方谁的钱财多，结果天平就倾向了北齐。但是北周武帝是个

厉害角色，软硬兼施硬是成功娶到了阿史那可汗的女儿，也就是李渊老婆的舅妈。

后来阿史那可汗死了之后，他的弟弟佗钵可汗即位，那时候突厥处于历史上最为强盛的时候。兵强马壮，疆域辽阔，每年不费一兵一卒就可以坐享北周大量的金银财宝和美女，还有绸缎、瓷器、生铁什么的。而北齐联姻失败，也害怕突厥一个不高兴，拿自己开刀，每年也是进贡很多的东西。佗钵可汗曾经说过一句话："吾有南方两小儿孝敬，安患贫穷？"可以说这话是相当的骄傲轻狂，志得意满。

但是这样的好日子只是暂时的，北周终于在卧薪尝胆之后，一举灭掉了北齐，结束了南北混战的局面。在灭掉北齐的第二年，北周皇帝宇文邕就停止向突厥进贡，还派了五路大军进攻突厥，但不幸的是，宇文邕英年早逝，死在了半路上。

这次不了了之的军事行动彻底惹恼了佗钵可汗，从此突厥和北周就开始形同陌路，成为仇家，经常南下骚扰北周的边境。

后来到了583年，突厥闹起了内战，结果分裂为东西两个突厥。东突厥是隋朝的藩属国，西突厥则在今天的新疆和吉尔吉斯斯坦地区立国。在启民可汗当政时期，东突厥和隋朝有过一段蜜月期，两方相安无事。但后来杨广即位，不断地挑起事端，结果惹恼了东突厥的始毕可汗，两方又开始重开战火。突厥一如既往地不间断地骚扰隋朝边境，每次都不空手而回，都要带些东西回家。现在，李世民要面对的就是颉利可汗领导的东突厥。

突厥又来了

就在李世民想要休养生息、好好地治理国家的时候，突厥来添乱了，来侵扰的不是别人，正是李世民前段时间交过手的颉利可汗和突利可汗。

突厥此次突然进攻是有自己的小算盘的，因为先前突厥在李

唐统一中原的战争中，每次一发起战争，李唐都是急忙派人议和，而且还会附带很多的金银财宝。突厥还是可以像北周时期一样，不费一兵一卒就可享受至高的待遇。但是现在李唐即将统一全国，中原只要有一方坐大，突厥就不可能像以往那样，从群雄割据中获利了，他们可不想重蹈自己老祖先的覆辙。所以现在时机刚刚好，李唐还没站稳脚跟，国力也不强盛，正是进攻的良机。所以便率领十几万精骑南下入侵。

八月二十四日，颉利可汗与突利可汗率领十几万突厥军队进攻高陵。二十六日，泾州道行军总管尉迟敬德和吏部尚书长孙无忌率军与突厥在泾阳交战，大破突厥前锋，抓获了突厥将领阿史德乌没啜，杀死一千多人。以为这下突厥还不消停吗？谁知道，不久以后，突厥的大队人马赶到，尉迟敬德和长孙无忌抵抗不住潮水般的突厥兵马，被迫后撤。

突厥大军没有了阻碍，前进很快。李世民向全国各地下诏，要求军队前来保卫京城，十万火急。他又急令灵州道行军总管李靖快马加鞭到长安来，一块商议如何击破突厥。

突厥前锋很快抵达长安城下，几万骑兵围着长安城狂跑，霎时间烟尘漫天。这时候救兵还没到，长安城内的正规军也就不过数万人。跟强大的突厥兵相比，现在的长安城就是案板上的鱼肉。突厥精骑嚣张地挑衅，二十七日一天，竟喊了几十次，估计随身带着金嗓子喉宝了。李世民大怒，想要出城攻击敌人。李靖及时制止住了，建议他先从府库中拿出大量财物给突厥可汗，请求和解，稳住突厥，再暗中派精锐部队截断突厥大军的归路，等时机成熟，便可一举歼灭。

李世民一听，拍手称赞。汉武帝当年也曾想在马邑将匈奴的大军全部围歼，但是不幸失手了。现在李世民这招却成功了。李世民派李靖率领三千骑兵、一万步兵直趋幽州，路上跟尉迟敬德和长孙无忌的军队会合。李世民在这边跟突厥谈判，如果谈成功

【第四章】民族政策

了，就放突厥一条生路；如果失败，李世民就拖住突厥，争取多拖几日。等各地援军一现身，突厥军肯定就会后撤，李世民再一路紧压着他，届时李靖卡断突厥的归路，两面夹击，突厥的主力就会被一举歼灭。

李靖按照李世民的指令，月黑风高的时候带兵走了。

八月二十八日，颉利可汗率军来到了离长安城只有四十里的渭水便桥的北边，整个长安城震惊。颉利可汗派遣心腹大臣执失思力进入长安去见李世民。执失思力见到李世民之后，极力炫耀突厥的武力。李世民怎么听得了这么猖狂的话，气得当场就要了结了这个不知天高地厚的家伙。执失思力一看李世民那架势，知道还是保命要紧，赶紧道歉，李世民才决定饶他一命。萧瑀、封德彝建议李世民按照外交惯例放执失思力回去，李世民觉得这样放他回去就是向突厥承认自己怕他们，于是下令把执失思力囚禁到了门下省。

李世民的气愤自然是装出来的，杀掉执失思力也是不可能的。因为身为一国之君，必定都是见过大世面的人，宰相肚里尚且能撑船，君王肚里就肯定能撑航空母舰，何况还是李世民这样的明君。为句话就生气根本不至于，现在的又是生气、又要杀人、又是囚禁，不过是为随后的策略做个铺垫而已。处置了执失思力之后，李世民决定亲自出马去会会颉利可汗。

李世民带着高士廉、房玄龄等人来到渭水南岸，与颉利可汗隔着渭水（渭河）说话。不久，大唐军队浩浩荡荡的出城而来，旌旗遍野，铠甲耀日，看得突厥士兵眼花缭乱，根本弄不清楚到底有多少人马。颉利可汗看到执失思力没回来，李世民又敢挺身而出，就犯上了嘀咕，觉得自己犯了形式主义错误，低估了长安守军的数量。

李世民身经百战，自然清楚地看出颉利可汗的心虚，于是变得更加镇定。他让各军稍稍退后，布下战斗阵形，自己一个人留下来继续跟颉利可汗说话。

唐军退后数百步，李世民一个人威武地站在渭水河边，威风凛凛，不可抗拒。

颉利可汗看到唐军的数量和气势，再看一眼威风凛凛的李世民，腿肚子就有点转筋，而且自己也不见得能够一举攻克长安城。他也明白如果展开持久战的话，李唐驻扎在各地的军队会从四面八方赶来营救，到时候想全身而退就更难了。

在李世民拿出了很多财物给颉利可汗的情况下，双方讲和，于八月三十日在便桥之上结盟，突厥随即撤军。

这就是历史上有名的"便桥之盟"。

抓紧时间勤练兵

对于便桥之盟，历史上有三种说法，一是突厥畏惧唐军，二是李世民用沉重的代价换来了和平，所以是渭水之耻。第三种说法是颉利既对攻克长安心里没底，李世民又肯付出一定的代价来换和平，因此突厥乐得撤军。

综合一下就会发现，第三种说法比较合理，因为突厥跋山涉水远征长安不可能还没开打就怕了。而李世民在便桥之盟之后就开始加紧行动，说明他本人是很不爽的，条约签订让他觉得很耻辱。

所以，李世民要突厥付出代价。

便桥之盟后，李世民加紧了对戍卫部队的培训。只有一个国家的军事力量上去了，才可以自卫，也可以还击。

李世民让皇宫的戍卫部队在显德殿院子里练习射术，并且告诉戍卫部队的将士：我不让你们修池塘盖宫殿，干任何的体力活，为的就是让你们专心练习射术。如果以后没有战争，我就教你们射术；如果突厥再来入侵，我就率领你们上战场，百姓的安危就系在你我身上。

此后，李世民每天都召集好几百名戍卫部队的士兵在皇宫里射箭，而且制定了严格的奖励措施，凡是射得准的士兵一律有赏，他们长官的绩效考核成绩也被列为上等。这和现在的销售制度是一样的，销售员拿到的提成越多，他的上司的业绩就会越好，所得到的奖励也就会越多。

在李世民如此悉心而且明智的训练下，戍卫部队战斗员的技能（射箭技能）肯定会突飞猛进。说不定可以出很多的李广和花荣。但一帮大臣觉得一直这样下去就不妥了，皇帝天天在一群弯弓射箭的士兵堆里混着，万一有人图谋不轨还不是首当其冲地受害吗？

这群人也是为了李世民的安危着想，于是纷纷进谏：地球上是很危险地，你还是回火星去吧！不过他们忘了一点——李世民本身就是地球人。

李世民十几岁就开始征战沙场，十几年来在战场上的时间比在家的时间要多很多。而且什么样的敌人没见过，薛举父子、宋金刚、王世充、窦建德、刘黑闼等人，个个不是省油的灯，他什么时候畏惧过？如此残暴的敌人尚且不需要逃避，自己手下的将领们还需要回避吗？李世民深知，只有赢得群众才能更好地实现军民团结，建立坚固的统一战线，远离群众才是最可怕的。历史上脱离群众失败的例子很多。

所以李世民肯定是不会听这些大臣的，他说："王者视四海如一家，封域之内，皆朕赤子，朕一一推心置其腹中，奈何戍卫之士亦加猜忌乎！"

用炽热的情怀温暖自己的手下，还会有人横加猜忌吗？戍卫部队的将士们听了这话，都觉得穿上了温暖牌的保暖内衣。有如此信任自己的上司，还是顶头上司，此时不卖命更待何时？于是他们更加刻苦地训练，战斗力自然是一天一个新台阶。

天要亡突厥谁也拦不住

李世民登基这一年是武德九年，因为他是从自己人那里得到的皇位，所以第二年才改年号为"贞观"。

贞观元年发生了好几件大事，其中也有跟突厥有关的。

颉利这些年不断地入侵大唐，本身也耗费了不少人力物力。而且，天公不作美，这一年天降暴雪，史书上记载这次大雪"深数尺"，估计跟我国南方的雪灾相比是有过之而无不及啊。

南方出现雪灾，有中央的部署、地方的协调，还有社会人士"一方有难、八方支援"的帮助，肯定是很快就会渡过难关的，最多大家返乡晚一点儿、在家冷一点儿。但那时候的突厥可就不一样了，他们连年征战、四处树敌，人缘极不好。有几个关系好的小邦国，还需要东突厥救济呢，怎么可能给予支援呢。而且，突厥一般是以肉食为主，牛羊吃的是草，一下大雪，食物链的初端出了问题，整个食物链也就崩溃了。赶上现在，有了冰箱，肉食还可以多放几天，那时候什么都没有，突厥人民只好挨饿受冻了。

在这种情况下，颉利要解决吃饭问题，就只好加重对各部落的税收，但是这样一来，就很自然地引发了内部矛盾。

对于李世民来说，这时候出兵突厥是很有机可乘的，但是，前面双方才签订了便桥之盟，如果现在开火，无疑是违背了盟约。李世民对此是左右为难，就找来萧瑀和长孙无忌商量。

萧瑀认为应当出兵攻打，而长孙无忌却认为：在东突厥没来侵犯的情况下，背信弃义又劳民伤财，这不是王者之师所为。李世民最终听取了长孙无忌的意见。不久，回纥和薛延陀等少数民族部落相继叛离东突厥，从东突厥出使归来的郑元璹认为东突厥三年之内必亡，李世民表示赞同。又有大臣来劝说李世民，李世民始终没有同意出兵突厥。他说："纵使其种落尽叛，六畜无余，

朕终不击，必待有罪，然后讨之。"自始至终，李世民遵守着自己的承诺。

但是上天要突厥灭亡，这是什么都挡不住的。

回纥和薛延陀等少数民族部落相继叛离东突厥，颉利可汗自然是非常不爽的，于是派突利可汗去征讨。谁知，突利可汗不争气失败了，颉利可汗一气之下把突利可汗关了起来，还责打了一顿。

突利好歹也是东突厥的实力派人物，哪里受得了这样的委屈。你不仁就别怪我不义，起兵反了！

贞观二年初，颉利可汗继续向突利可汗征兵，突利可汗就一面拒不执行颉利的命令，一面向组织靠拢，请求归附李世民。李世民接到突利请求归附的书信后，是"且喜且惧"。喜的是东突厥一衰落，大唐的西北边境也就安定了；惧的是强盛一时的东突厥居然沦落到这个地步，自己稍一不慎，也难免重蹈覆辙。这就是传说中的居安思危的美德。

颉利对突利投机倒把的行为很生气，于是撕破脸，派兵征讨他。突利赶紧派人向李世民求援。这时，李世民觉得左右为难：一边是便桥之盟的承诺，一边是自己的结拜兄弟，究竟应该帮谁？杜如晦认为：跟颉利讲诚信没用，他最爱办的事就是违约，现在不攻打他，以后肯定是要后悔的。最终，李世民采取了一条两全其美的办法，既不违背便桥之盟，又能牵制东突厥——那就是向梁师都开刀。

这个梁师都出身于朔方郡的望族，在隋朝当过官。由于他离李唐、刘武周、东突厥这些势力太近，一直没有机会发展壮大，基本上是在朔方郡窝里横，偶尔跟着东突厥一起骚扰骚扰李唐。现在，东突厥这个靠山眼看着靠不住了，李世民就派人招降梁师都。

谁知，梁师都还是个坚定的造反派，尽管形势一片大不好，居然还咬着牙不归唐，要把造反进行到底。好吧，敬酒不吃吃罚酒，就别怪我不客气了！

李世民制定了两步计划来收拾梁师都：一，他派夏州都督刘旻和夏州司马刘兰成去"折磨"梁师都。这二刘打仗不行，但是损招多。他们先派遣轻骑兵去践踏梁师都地盘内的庄稼，然后又使用离间计让梁师都政治集团的内部出现裂痕。这两招的效果很明显，梁师都手下的名将李正宝想趁机把梁师都干掉，不过因为计划泄漏没能实现。但还好，李正宝活着逃到了大唐。这之后，梁师都集团基本就快要土崩瓦解了，因为投降大唐的人比留下的还多。

这时候，刘旻和刘兰成等人认为走第二步的机会到了。就向中央打报告要求派人攻打梁师都。李世民派了两个猛将——柴绍和薛万均。这二人这几年可是风光得很，当然，这风光也是来自自身才能的展现。其中，柴绍跟东突厥、吐谷浑等打了不少仗，而且打得很漂亮，这时候已经是右卫大将军了。左、右卫大将军的品级都是正三品。柴绍的官职和尉迟敬德他们差不多，也算是最高级将领了。薛万均则是薛万彻的哥哥，当年弟兄俩在罗艺——也就是后来的李艺——手下很受重用，没少给窦建德出难题，后来被刘黑闼剃了个光头，那是因为李神通太无能。这时薛万均的官职是殿中少监，相当于国务院机关事务管理局的副局长。

在派出柴绍和薛万均的同时，李世民还让刘旻、刘兰成等人占据朔方东城继续对梁师都施压。梁师都这边的人几乎都跑到大唐去了，再加上互相猜忌，愿意打仗的人已经所剩无几，无奈，梁师都只好请东突厥出兵帮助对付唐军。

东突厥很够意思，带着大队人马来到朔方东城之下，这时候刘兰成任凭突厥兵挑衅，就是坚决不出战。估计这是在李世民的指导之下做到的，因为李世民在对战薛举父子的时候曾用过这

招。僵持到晚上，梁师都只好撤军。剃头挑子一头热是不行的啊。

这时候刘兰成看梁师都垂头丧气地走了，趁他不注意，悄悄地集结自己的兵力，率军追击。趁其不备，上去就打，一下子打败了梁师都。东突厥看唐军这么不好对付，觉得只好派出大队人马援救梁师都了。突厥这次算是下了血本，援军的数量比上次多出了不少。

刘兰成一看傻了眼，连连后悔自己的鲁莽。但是，让他感到欣慰的是，就在他绝望地要死的时候，柴绍率领着大部队及时赶到了朔方。两军相遇，自然是开始了火力很猛的战斗，结果也是大家期望看到的那样，唐军胜！

此役之后，柴绍占领了朔方城，东突厥被打得也不敢再贸然出兵了。梁师都外无救兵、内部涣散，居然被自己的堂弟梁洛仁干掉。梁洛仁带着厚礼——原来梁师都的地盘投降了唐朝。

不要小看这场战役，它不光占据了原来梁师都的地盘，它还找到了攻打东突厥的借口，因为东突厥违背盟约，援救了梁师都。

而且，贞观三年八月，东突厥的叛臣薛延陀派出使者去见李世民，双方就双边关系和东突厥有关问题进行了友好磋商。这下，颉利可汗慌了神，李唐和薛延陀是自己两个最为强大的敌人，一旦他们交好，自己很可能就会沦落为夹心饼干，被两面夹击。于是，颉利可汗强烈要求向李唐称臣，并提出要给李唐当女婿。

十年河东十年河西，风水轮流转，终于转到了李唐这边。

对于颉利可汗的要求，李世民回答得很干脆：拒绝！自己好不容易找到打击颉利的机会和借口，为这点蝇头小利就放过太不值，放虎归山必留后患。当年突厥怎么耀武扬威地勒索李唐啊，怎么趁火打劫啊？现在来称臣，晚咯！多行不义必自毙！

李世民手下大将加班加点，制定了一份攻打东突厥的可行性研究报告。报告列举战争取胜的六大可能性因素：一是颉利亲小人远贤臣，不得人心；二是薛延陀等部落已经叛离；三是颉利得罪了弟弟突利，兄弟二心；四是东突厥发生了天灾，饥荒严重；五是颉利不亲突厥人反亲胡人，内部矛盾严重，胡人也不看好他们；六是东突厥境内的汉人众多，一旦开战，汉人就是我们的内线。

现在的李世民可谓是万事俱备，连东风也不欠了，理由有了，把握也不小，此时不打更待何时？

八月十九日，李世民宣布对东突厥开战，理由是颉利违背便桥之盟救援梁师都，派兵部尚书李靖为行军总管、张公谨为副总管出兵征讨东突厥。果不其然，消息一经传出，那些不看好东突厥的部落和贵族就把宝押在了李唐身上。而且，在这过程中，还不断上演倒戈的好戏。九月初九，九位东突厥贵族率领三千骑兵投降；九月二十一，拔野古、仆骨、同罗、奚等部落也来投降。

颉利可汗知道这样下去也是死，于是在贞观二年十一月辛丑，东突厥开始进攻李唐的河西地区，输得很惨，我指的是东突厥，州刺史公孙武达、甘州刺史成仁重击溃东突厥。李世民趁机出兵，十一月二十三日，李世民调整征讨东突厥的兵力和统帅集体：以并州都督李世勣为通汉道行军总管，兵部尚书李靖为定襄道行军总管，华州刺史柴绍为金河道行军总管，灵州大都督薛万彻为畅武道行军总管。

现在还缺一个总指挥，李世民把这个光荣的任务历史性地压在了李靖身上。不仅因为李靖战功赫赫，还因为李世民对李靖的兵法非常有信心。

李世民眼光毒辣，李靖在第二年正月就率领三千骑兵自马邑附近的恶阳岭出发，在夜间袭击定襄成功。这次夜袭意义重大，不光杀死了很多东突厥军士，更重要的是，它给了东突厥极大的

震慑。颉利可汗就在这样的震慑之下，慌忙把家搬到了碛口，他说："唐不倾国而来，靖何敢孤军至此！"看来真是被吓坏了。

接下来，李靖又派人实施离间计，使得颉利可汗的亲近大臣康苏密降唐。康苏密是颉利可汗的情报部门的官员，专门负责为颉利可汗收集情报，突厥大军的斥候、探马全是由他调遣安排。

康苏密这次也是带着厚礼投降的，那就是隋炀帝的萧皇后和孙子杨政道。杨广死后，萧皇后等隋朝皇室成员从宇文化及手里落到窦建德手里，接着又被窦建德打包送给了东突厥，十几年后终于又回到了长安。

虽然震慑和离间起到了很好的扰敌的作用，但是要想彻底歼灭敌人，还需要真刀真枪地厮杀。这年正月，从云中出兵的李世勣在白道大胜东突厥。连续打击之下，颉利可汗内忧外困，带领数万部众逃到了铁山。派曾经骄狂过的执失思力去见李世民，要求做李唐的藩属国，颉利可汗愿意亲自去长安。这次李世民同意了，他派鸿胪卿唐俭去跟颉利可汗接洽，同时让李靖率军迎接颉利可汗入朝。

这时候，李靖和李世勣有不同意见，他们觉得应该乘现在颉利可汗接到了李世民允许他投降的诏书，放松警惕的时候拿下颉利可汗，一旦他往北流窜再想抓就来不及了。两人把想法告诉了张公谨，张公谨认为李世民已经下诏允许颉利可汗入朝，而且唐俭人已经在颉利可汗那里，不应该再发动攻击。

这时候李靖说了一句话："此韩信所以破齐也。唐俭辈何足惜！"意思是说当年韩信也是在郦食其已经成功劝降齐王田广的情况下，坚持攻打齐地，唐俭这种人没什么好可惜的。

李靖是这么说的，也是这么做的。

颉利可汗见到唐俭，认为战争已经结束，果真就放松了警惕。一直到二月初八唐军来到阴山，离颉利可汗的营帐还有七里远的时候，东突厥才猛然发现了唐军。李靖率军攻打，东突厥猝不及防很快被击溃，被斩首一万多人，俘获人口十多万、牲畜数十万，杀死了经常煽动东突厥统治者攻打李唐的隋朝义成公主，生擒义成公主的儿子叠罗施。

颉利可汗跑了，唐俭也神奇地逃掉了。看来二人都是擅长逃跑的人。

在李靖攻打颉利可汗的时候，没有看到李世勣的身影，别着急，马上就要出场了。就在颉利可汗带着一万多人想从碛口北渡黄河的时候，李世勣早已经在那里等候多时了。颉利可汗无奈，只好去投奔在突利之后立的小可汗苏尼失，而东突厥的很多贵族和部落首领却没有继续追随，干脆就地向李世勣投降了。这次李世勣收获也很大，俘获了五万多人口。

俘获颉利可汗

二月十八，李世民因为击败东突厥而大赦。相当一拨人得到了提拔，温彦博、王珪、戴胄、萧瑀。半个月后，也就是贞观四年的三月初三，早就降了唐的东突厥亲王阿史那思摩被李世民封为右武修大将军。

还是阿史那思摩聪明，像颉利可汗似的那样死磕，能得到现在的加官封爵吗？

这一天对阿史那思摩来说是值得庆祝的日子，对于李世民来说更是。因为就在这一天，归附了李唐的广大少数民族的领袖们一起来到皇宫朝见李世民，给李世民献上了一个"天可汗"的称号。突厥、柔然、吐谷浑等少数民族把他们的首领尊称为可汗，可汗前面再加个"天"字，其尊贵程度可想而知。可是李世民明显地不怎么喜欢这个称呼，他说："我为大唐天子，又下行可汗事乎？"估计在他眼里，如果李唐皇帝相当于一个企业的董事长的话，天可汗最多也就是一副总经理级别，说不定也就是一部门经理。

【第四章】民族政策

但毕竟盛情难却，李世民还是在大臣们和一干少数民族领袖的"万岁"声中，接受了这个称号。让李世民想不到的是，在后人眼里，当初他不怎么感冒的这个天可汗称号，成了他文治武功、民族团结的象征之一。毕竟，能得到少数民族如此拥戴的中原皇帝，在中国几千年的历史上也没有几个。

就在天可汗诞生了十二天后，李世民又迎来一件大好事，那就是苏尼失，也就是那个被颉利可汗新立的小可汗。他不堪李道宗和张宝相的压力，投降了唐朝，颉利也顺理成章地做了李唐的俘虏。

四月初三，在山路十八弯之后，颉利可汗还是见到了李世民，尽管不是自己期望的那种规格。李世民谴责了他侵略李唐、违背盟约的行为，但是没有杀他，是念在自从便桥之盟后颉利就没有再对李唐发动过大规模的战争。

平定了东突厥之后，李世民采纳温彦博的建议，将东突厥投降过来的人全部安置在幽州以西、灵州以东的地区；原属突利的地盘被分为顺、祐、化、长四州；颉利的地盘被分为六个州，由定襄都督府和云中都督府管辖。

突利可汗被封为右卫大将军、北平郡王、顺州都督，仍旧统领原来的部下。阿史那苏尼失被封为怀德郡王，右武卫大将军史大奈被封为丰州都督。

对颉利可汗李世民也没有亏待他，不光赐给他田宅，还封他为右卫大将军。算是非常仁慈了。

第二节　西平吐谷浑

按下葫芦浮起瓢

平定了东突厥，李世民仍然无法高枕无忧，因为吐谷浑的威胁也是很大的。

吐谷浑原来是人名，是辽东鲜卑慕容氏单于涉归的庶长子。因与涉归的继任者不和而西迁到于狻罕（今甘肃临夏枹罕山，即大力加山），后来逐渐强大，到叶延时建立政权，以祖父吐谷浑之名作为姓氏、国号和部族名。

在李渊统治时期，吐谷浑就经常到李唐的地盘烧杀抢掠，柴绍坚守阵地，克敌有功，成就了自己的威名。

李世民当了皇帝以后，国力不断强盛，吐谷浑可汗伏允也曾慑于李世民的威名前来进贡。但是，还没等进贡的使者回来，伏允的部下手就痒了，到李唐的鄯州大肆抢劫了一番。

对于这种前脚送礼、后脚偷盗的行为，李世民狠狠地批评了伏允，还征召他入朝。

伏允知道此去就是肉包子打狗，于是假称自己病了无法去长安，还提出要求要给自己的儿子在皇宫内寻一个媳妇儿，要公主那个级别的。

李世民乐得答应这门亲事，不过提出要求：要伏允亲自到长安来迎亲。按理说这个要求并不过分，这是嫁女儿，你来这边看看也是应该的。可这个伏允一来认为自己凶多吉少，二来认为自己好歹也是个王，不能这么轻易就出马，死活不肯来。不肯来干嘛要把女儿送过去？这件事就这么黄了。

这下伏允更是肆无忌惮了，不光扣留了李唐使者赵德楷，还一如既往地侵扰李唐的边境。李世民拿出以德服人的架势，多次派人告诉吐谷浑适可而止，还把这话让人带给伏允，这个不知死活的伏允权当是耳边风。在这里也要小小地对吐谷浑表示一下理解，毕竟人家是游牧民族，不靠抢掠是很难建设小康社会的。

但是理解不代表支持，对于吐谷浑这样的行径，李世民知道只有靠武力征服才能一劳永逸。于是贞观八年，李世民任命左骁卫大将军段志玄为西海道行军总管，左骁卫将军樊兴为赤水道行军总管，率领归附的契苾、党项等少数民族军队进攻吐谷浑。

段志玄没有叫大家失望，六月初一就击溃了吐谷浑，追赶吐谷浑的军队一直追了八百里，不过最终还是没追上。直捣黄龙这种事，还得数李靖最在行。

但是这时候的李靖经过平定东突厥一役之后，升官发财，尽管这当中也曾有过误会，不过最终还给了他清白。历经荣升尚书右仆射后，李靖一直是沉默的小伙伴。为什么？人贵有自知之明。李靖深知自己的特长是军事，并非政治，所以并没有不懂装懂地大放厥词，也没有强迫自己在一个并不擅长的领域受罪。但是李靖一直在这个岗位上待着——混日子。这主要归功于李世民的厚爱。

吐谷浑不想混了！

在李靖混不下去辞去右仆射官职之后，伏允居然还敢在那个空档进犯凉州，这不是摆明了勾引李靖来打吗？

伏允可能是看到李世民忙着当皇帝、李世勣还没成为超一流军事统帅、段志玄这种水平的将领灭不掉自己，所以选在十一月十九日派兵进攻凉州。

既然你找打，就别怪我真打你了！两天后，李世民下诏大举征讨吐谷浑。

李世民深知出征西北苦寒之地很辛苦，同时消耗极大。辛苦的事情要是一直干，士兵就会被累垮；消耗太大的事情要是一直干，就会成为第二个隋炀帝。要想一劳永逸地解决吐谷浑，除了自己，只有李靖充当主帅才最合适。因为除了冲锋陷阵，李靖在军事方面的才能在整个唐朝也是无人能出其右。

但是现在有一个问题，就是李靖的年龄。李靖这时候已经六十三岁了，放到现在早就退休在家享受天伦之乐了。《穆桂英挂帅》里穆桂英有句唱词"五十三岁又出征"，意思是五十三岁当前线总指挥已经比较老了。那李靖六十三岁出征会不会有问题呢？

没问题！

得知李世民想让自己当主帅后，李靖主动请缨，要求征讨吐谷浑。据我估计，李靖是在那个位置上做得太郁闷了，毕竟没有人愿意一直在自己不擅长的领域憋屈着。战场属于李靖，李靖也属于战场。

十二月初三，李世民的远征军将领全部就位：李靖任西海道行军大总管，指挥各路远征军；兵部尚书侯君集任积石道行军总管；刑部尚书李道宗任鄯善道行军总管；凉州都督李大亮任且末道行军总管；岷州都督李道彦任赤水道行军总管；利州刺史高甑生任盐泽道行军总管。突厥和契苾也派出军队参加了远征军。

虽然岁数大了，但是李靖出马，还是一个顶俩。

到第二年闰四月，李靖的大军已经杀到了吐谷浑的腹地。初八，李道宗在库山击败吐谷浑。但是，伏允的人也不是面瓜，他们进行了顽强的抵抗。

打不过你，我耗你！

伏允选择了防御的高级战术"坚壁清野"。就是把野草全部烧掉，自己率军西撤，剩下唐军喝西北风。这招果然有效，唐军将领因为没有草料，都不敢深入。但这没难倒唐军，一个有才的

人站了出来。他就是兵部尚书侯君集。

侯君集仔细观察了最近一段时间吐谷浑的动向，发现段志玄刚班师，吐谷浑就打到了凉州，因为人们愿意效力，所以吐谷浑的实力没受到太大损伤；库山战败之后，吐谷浑奔逃四散，连侦察兵都没安排一个，君与臣、父与子都跑散了，人心涣散，正是进攻的好时机。

得出的结论就是：现在不搞定吐谷浑，绝对是浪费良机。

李靖对此表示完全赞同，于是李靖兵分两路，自己与薛万均、李大亮走北边的道路，侯君集与李道宗走南边的道路，两路军队分头追击吐谷浑。

闰四月二十三，北路军在曼头山击败吐谷浑，获得了很多牲畜，补充了不少给养。五天后，北路军在牛心堆再次击败吐谷浑，后来在赤水原又一次击败吐谷浑。三战三捷，使得北路军先锋部队将领薛万均、薛万彻兄弟俩士气高涨，这仗打得过瘾，于是率领三百骑兵继续快速前进，根本不理会自己已经脱离了大部队。但是他们忘了有一句话是"百足之虫，死而不僵"。

正当这薛氏兄弟带着三百骑兵在旷野中操练"盛装舞步"的时候，数千名吐谷浑部队如同从天而降，包围了薛氏兄弟的部队。

电影中经常会演绎诸如八百破十万那样的神话，但是这需要极端的巧合，一方像淝水之战的前秦军队一样人心涣散，而另一方虽然人少得可怜，却既英勇善战又屡出奇计。

显然，现在这种境况没达到那种极端的巧合，吐谷浑的军队没有人心涣散的迹象；而薛家兄弟虽然善战，却没有什么奇计。

只有死战。

而死战的结果通常都是死。

就在哥俩以为大限已到，战马也死了，人也中枪了，只能步战；带来的骑兵死了一大半的时候，突然一批人马从天而降。

虽然来人不多，只有几百名骑兵，但他们很猛，一会儿就把数千人的吐谷浑的军队冲击得七零八落，他们就是李唐的左领军将军、契苾部落的领袖——契苾何力率领的骑兵。

吉人自有天相，薛氏兄弟从死神的手中逃了出来。

艰难的考验

北路军在这边节节胜利，南路军这边情况却不乐观。他们走的是荒无人烟的道路，两千里路愣是没遇到一个人，除了枯燥，他们还要战胜比吐谷浑更强大的敌人，那就是恶劣的环境。

阴历四五月间，中原地区已是春暖花开，可西北地区居然还下着霜，而且经过破逻真谷（今青海都兰东南一带）的时候，出现了最严峻的考验——没水了！

缺水？

不怕！

南路军发挥红军长征的精神，饮冰卧雪，大大地过了一把冷饮的瘾。苍天不负苦心人。唐军终于在五月在乌海（今青海苦海）追上了伏允。一战之后，唐军大胜。这一仗不光是打败了伏允，而且把长久以来的郁闷宣泄了出去。

北路军也是势不可挡，劫后重生的薛氏兄弟宇宙大爆发，在寺海击败伏允的重臣天柱王。李大亮、执失思力又分别在蜀浑山和居茹川击败吐谷浑。北路军在李靖的调度下，从积石山到且末（今新疆且末），踏遍了吐谷浑西部的每一个角落。

后来伏允走投无路，要从突伦川逃往于阗（今新疆于田），契苾何力建议奋起直追，却遭到薛万均的强烈反对。

可以理解，一朝被蛇咬，十年怕井绳，这是人之常情。但是，契苾何力认为吐谷浑没有城池，逐水草而居，应该趁现在他们聚在一起的时候拿下，否则分开了就没有机会了。

契苾何力没有征得别人的同意，自己选了一千多名精锐骑兵带着直奔突伦川而去。薛万均再怕也只好跟着。

伏允想要去的地方实在不是人去的地方，环境那叫一个恶劣，一路上全是茫茫的戈壁、沙漠，根本连个水的影子都没有。

困了、累了喝马血！唐军的将士们只好把马血当饮料喝。可能马血对于人来说营养还是很丰富的，但是至于味道就不敢恭维了，估计那味道可以醒脑提神。

在马血的刺激下，契苾何力和薛万均的精锐骑兵以迅雷不及掩耳之势杀到了伏允的牙帐。伏允退无可退，慌忙丢下数千个首级、数万头牲畜，一家老小也来不及带着，就逃跑了。

过得了初一也过不了十五。十几天后，众叛亲离的伏允被手下所杀。

伏允死后，李世民让慕容顺做吐谷浑的可汗，封他为西平郡王、趉故吕乌甘豆可汗。而且还派李大亮率领数千精兵作慕容顺的坚强后盾，用来支持新可汗。但是，内乱这个东西是防不胜防的，几个月后，慕容顺还是死在内乱中。

不过本次远征吐谷浑，李世民还是取得了完全的胜利，唐朝的统一步伐又前进了一步。

第三节　统一高昌

打破安定的家伙

自从李世民派兵征服了吐谷浑之后，有三年的时间李唐跟自己的邻国再没有发生大的战争。虽然慕容顺最终死于内乱，但是在李唐的扶植下，慕容顺的儿子诺曷钵还是顺利地即位了。而且，慑于李唐的威名没有人再敢表示反对。

但是这三年的安定还是被人打破了，打破安定的人不是别人，就是吐蕃的赞普弃宗弄赞。他还有一个地球人都知道的名字，就是松赞干布。

松赞干布看东突厥和吐谷浑都娶到了李唐的公主，自己也想娶一个公主，于是提出求婚的请求，但是被拒绝了。吐蕃的使者回去对松赞干布说开始李唐对于吐蕃的印象还是蛮好的，但是后来吐谷浑从中挑拨离间使得李唐不但把已经准备出嫁的公主收了回去，还拒绝了婚事。

松赞干布把吐蕃治理得非常好，国力很是强盛，娶媳妇这样的大事居然被吐谷浑搅黄了，那还有什么可说的？吐蕃军浩浩荡荡地就杀到了吐谷浑，用行动告诉他们，惹到吐蕃的下场是很惨的。

战争完毕后，吐蕃得到了吐谷浑很多的牲畜和劳动力。

松赞干布一发不可收，又派兵击败了党项和白兰。贞观十二年八月，带着二十万人的军队开到了李唐的松州边境，派人给李唐送了很多的金银布帛，美其名曰要迎娶公主。

要迎娶媳妇多带点车队倒是无妨，人大可不必这么多，这么多人估计会把新娘吓住。看来，送礼是假，逼婚是真。

前脚送礼，后脚开打，松赞干布开始攻打松州。李世民没有示弱，马上反击。八月二十七日，他任命侯君集为弘道行军大总管，任命执失思力为白兰道行军总管，牛进达为阔水道行军总管，刘简为洮河道行军总管，总共率领五万步骑兵迎战吐蕃。

在这次对抗中，牛进达表现很是抢眼，在九月初六就到了松州对松赞干布搞了一次突袭，斩首吐蕃军队一千多人。这次之后，松赞干布知道李唐不是好惹的，于是放下武器，全心全意地求婚。李世民看到松赞干布心意诚恳，而且确实是实力不俗，于是答应了这门婚事，把文成公主嫁到了吐蕃，成就了一段佳话。

当然这是后话。

如果说李唐跟吐蕃的战争是一场友谊赛的话，那接下来跟高昌的战争就是一场残酷的淘汰赛。

残酷的淘汰赛

高昌几年前还是李唐的友好邻邦，高昌王麴文泰是虔诚的佛教徒，对于玄奘西游提供了很大的便利。但是国家之间没有永恒的敌人，也没有永恒的朋友，只有永恒的利益，这句话无论古今，放之四海而皆准。

当初，为了对付东突厥，西突厥和李唐成了朋友，现在东突厥已经摇身变成唐朝的同盟军，西突厥和唐朝在西域一代的利益逐渐有了冲突。

在这场冲突中，高昌选择了站在西突厥一边，帮助西突厥一起攻打唐朝的伊吾。

对于高昌的这种言行，李世民很是恼火，他向麴文泰发出警告，要他赶紧停止这种愚蠢行径，并且让麴文泰派大臣阿史那矩到长安去议事。

麴文泰知道李世民的征召议事是个借口，而他也不会真的把阿史那矩派到长安去议事。但是也要派一个人去应付差事啊，他派去的人是长史麴雍。

这边的事还没处理清楚，那边麴文泰就又开始跟着西突厥攻打焉耆。焉耆作为李唐的附属国，受了气只好找李唐这个老大诉冤。

李唐向高昌的使者说：今年你们既没有按时进贡，不遵守礼节，还大肆修建军事工程。你们的首领扬言要各走各的路，离间大唐跟别的国家的关系，如果不消灭作恶的，又怎么劝人向善。明年一定派兵征讨你们！

贞观十三年三月，薛延陀毛遂自荐，表示愿意充当征讨高昌

【第四章】民族政策

的先锋军。

八月，李世民向高昌发出最后通牒，说跟李唐作对是没有好果子吃的，并且要求麴文泰进朝议事。

麴文泰不会傻到乖乖地把自己送上门去，他给出的理由跟伏允一模一样：我病了。看来这也是无论古今都在被人用的借口，不愿意上课，跟老师说：我病了；不愿意出去玩也常说，我病了。但是对于麴文泰这次因病请假，李世民给出了一剂猛药，那就是派侯君集为交河道行军大总管，左屯卫大将军薛万均为副总管，同时率步骑数万及突厥、契苾之众征讨高昌。因为李世民知道，对付这样的政治病因，只能诉诸武力，别无他法。

麴文泰对于唐朝的这次出兵，完全没有放在眼里，他安慰自己的部下说：唐朝离这里至少有七千里路，其中还有很多的戈壁和沙漠，不但没有水草，而且环境恶劣，大队人马根本到不了这里。而且现在进攻，供给根本就供应不上，即使远道来了，不出二十日，唐军也会因为粮荒而退兵。我们只需要以逸待劳就好，唐军没什么可怕的！

可以说麴文泰是非常愚蠢的，因为他太低估李唐了。首先，在李唐平定吐谷浑的时候，就已经成功克服了西北地区恶劣环境的考验，戈壁荒漠对于唐军来说并不是不可战胜的了；其次，李唐经过这几年的发展，国力大大增强，对付一般的敌人根本不在话下；最后就是薛延陀这些少数民族的人也加入了战斗，这对于李唐来说就可以减少很大的后勤压力。

贞观十四年，李唐军浩浩荡荡地开到了碛口，麴文泰终于知道自己错得有多离谱。不过很快他就结束了担惊受怕的日子，因为不久他就病死了。但是他死了还有他的儿子继续害怕啊，可怜的麴智盛品尝了自己父亲骄傲轻狂的恶果。

父债子来还

五月初六，侯君集率兵进至柳谷。有探子来报说麴文泰在这几日安葬，高昌国内人士都聚集在葬地呢。于是有人建议可以乘此机会进行突袭。侯君集却认为自己是王者之师，不可以乘人之危。于是擂鼓进军，进抵田城。侯君集对于田城的将士来了一番说教，大意就是顺我者昌，逆我者亡。但是田城将士非常的顽固，任凭你嘴磨破了，我就是不投降。

侯君集一看，立即下令：攻城！不给你们点颜色看看，你就不知道马王爷有几只眼。

唐军作战勇猛，武器精良，早晨开工，中午就收工了。这些武器来源于李世民的灵感。在出征前，李世民知道远离中原作战，既无援军，又无后勤保障，所以必须速战速决，为此李世民专门征集了一些善于制造攻城器械的工匠从军。看来真是有先见之明。

当天夜里，唐军的先头部队就在中郎将辛獠儿的率领下，打败了高昌军。唐军的大部队到来的时候，就直接开到了城下。

麴智盛走投无路，便给侯君集写了一封信，意思就是得罪你们唐朝的是我父亲，跟我没有关系，现在他已经去世了。我才刚即位，大王要明察啊。麴智盛也真是倒霉，但是父债子还的道理他也应该略知一二才行啊！

侯君集回复得很痛快："若能悔过，宜束手军门。"

本来就是，人家侯君集翻山越岭、戈壁荒漠地走过来，历经千辛万难，容易吗？你一封信就打发了，随军的将士还不杀了他？再说李世民也不会放过他啊！

麴智盛收到信后，就没有了反应，再窝囊也不能就这么投降啊！

于是，开打！

唐军的先进武器再次发挥作用，投石器砸得城里的人没法不出来，因为房子被砸烂了。唐军还有新式武器——巢车。就是把人放在筐子里，由机器抬高，大声喊出自己看到的情形和需要攻打的目标，也就是起指导的作用，这样看不到的唐军对城内的动静也了如指掌了。弄得高昌城是损失相当惨重。

麴智盛还负隅顽抗地不投降，因为他觉得自己还有个靠山，那就是西突厥。可他不知道的是，奉命前来救援高昌的西突厥军畏惧唐军威势，比高昌军还禁不起折腾，早在高昌军投降之前就在可汗浮图城投降了唐军。麴智盛见大势已去，被迫于八月初八开门出城投降。

拿下这么多的城池，每拿下一处，就在一处设立亲唐势力，但是这样也有很大的弊端，所以这次李世民打算把高昌并入自己的版图。这下魏征不愿意了，他进谏说：麴文泰虽然不够温顺，但是那是他一个人的事，现在他也已经死了，让他的儿子复位既可以让天下人看到大王的威德，还可以省去把高昌并入版图的人力物力费用，这是一举两得的事。但是这次李世民没有听魏征的。当年九月，李世民在高昌故地置西州，在可汗浮图城置庭州。亡国之君麴智盛作为俘虏被献给了李世民，李世民也没有亏待他，封他为左武卫将军，金城郡公。

此战之后，唐打通了去西域各国的通道，促进了和西方诸国的联系，同时也起到遏制西突厥的作用。

第四节　北平薛延陀

虎视眈眈薛延陀

平定了高昌之后，李世民对于东突厥也有安排，让它回到自己原来的地方去，但是东突厥不敢回去，因为有日益强大的薛延陀虎视眈眈地看着自己。作为老大的唐朝理所应当地出来协调一下，就对薛延陀说，我让东突厥北渡黄河恢复原来的疆域，你是在东突厥之前被册封的，他们的排名自然在你之后。以后你占领碛北，他们占领碛南，互不干涉内政，谁要是越过边界攻打别人，我一定发兵问罪。

薛延陀此时虽然已经变得比较强大，但是跟强大的唐朝相比，是完全的小巫见大巫。所以薛延陀对于唐朝的安排即使不怎么满意（因为它对东突厥的地盘很感兴趣）也只能听从安排。

李世民派李思摩（也就是原来的阿史那思摩，现在是赐了国姓）到黄河北边建立自己的牙帐，李思摩对于东突厥的复国，对李世民的安排是感恩戴德，表示愿意千秋万代忠于唐朝，守护大唐的北门。不过，基于薛延陀的淫威，李思摩也有自己的安排，向李世民请示，一旦薛延陀对自己开战，请让他们的家属到长城以南避难。

这对李世民来说就是小菜一碟，于是爽快地批准了。

不要命的薛延陀

这一年是贞观十五年。在这一年，唐朝发生了很多事情，有喜有悲。喜的是在松赞干布的强烈要求下，文成公主被嫁到了吐蕃。从此，吐蕃和唐朝的关系是更近了一步，因为松赞干布对文成公主是非常地重视。改了很多的习俗，服饰。

不高兴的是，薛延陀最终跟东突厥开战了。薛延陀为什么会不顾李世民的警告贸然开战呢？

对于这次开战，李世民也需要负一定的责任。

这源于一次封禅。封禅是中国古代祀拜天地的一种仪式。所谓封就是天子登上泰山筑坛祭天，而禅就是在泰山下的小丘除地祭地，向天地宣告人间太平。就算是这样祭天地也是有资格才可以的，标准就是建立了丰功伟绩的帝王。刚登基的时候，李世民还很谦虚，对于大臣封禅的提议表示不在乎，但是后来随着实力的增强，李世民也有了封禅的念头。

有了念头，李世民就开始行动了，贞观十五年四月，说来年二月去泰山封禅。这下，薛延陀的真珠可汗夷男也动了心眼：天子要去泰山封禅，必然会带着很多军队，这样边防就会很空虚，这时候不正是拿下李思摩的好机会吗？

这年十月，夷男集结了同罗、仆骨、回纥、靺鞨等二十万人的军队开赴大漠，进攻东突厥。刚刚建立的东突厥哪里是二十万大军的对手，李思摩只好向李世民求救。

李世民不是正在忙于张罗封禅的事吗？能有时间理会这件事？其实，李世民已经取消了封禅计划。原因很简单，一是因为大臣的阻拦，主要是魏征的阻拦，其实是因为一颗星辰冲撞了太微星座。在中国传统的星相学中，太微星座代表皇帝的居所，有星辰冲撞太微星座对皇帝来说是很不吉利的。李世民随即取消了封禅计划。这下，夷男估计要倒大霉了。

既然计划取消了，就着手安排对付薛延陀的计划吧。太宗命李世勣率领六万步兵和一千二百骑兵、张俭率领自己的骑兵和契丹等少数民族的军队、李大亮率领四万步兵和五千骑兵、张士贵率领一万七千步兵等出兵讨伐。

在出征之前，李世民给班组人员开会说：薛延陀自恃强大，跑了几千里来到大漠以南，兵马疲惫。因为他没有趁李思摩不备一举攻下，也没有在李思摩进入长城以南的时候赶紧撤退。我已经悄悄的命令李思摩把周围的树和草都烧光，这样不几天薛延陀就会没有吃的了。不久前侦察兵就回来禀报说，薛延陀已经把附近的树皮和树枝都啃光了，由此可见一斑。你们到了以后先不要急于出兵，要耗着薛延陀，等他们僵持不下去马上要撤退的时候，再一举进攻，一定可以把他们拿下。

这个策略在李世民建国前的多次战争中使用过，可谓是屡试不爽。也许有人会说，李世民每次都使出拖字诀，是不是太过老套，没有创新？但是，在人人讲究创新的时候，却不要忽略了，有些老的正是经典的，不朽的。

喜欢创新的夷男

跟李世民相比，薛延陀的首领夷男貌似很喜欢创新，因为他在应对李世民的时候，搞了一个大的创新项目。

薛延陀本来是由薛、延陀两部合并而成，是西北地区古老的少数民族部落之一，习俗跟突厥本没有二异，也就是自己的骑兵非常强悍。但是在前些年与西突厥的战争中，步兵的进步势头非常大，大有胜过骑兵的架势。于是这次在攻打东突厥的战争中，夷男决定要大力推广步兵。具体就是五人一组，一人牵马，四人战斗，一旦取胜就骑上马追击敌人。

针对薛延陀这样的战术，李世民也派出了步兵作战经验丰富的李世勣，可以说这是一次新老的对决。但是，比较可笑的是，步兵作战经验丰富李世勣这次带领的是骑兵，难道他也喜欢创新？

十二月十七日，李世勣在青山附近追赶上了大度设，也就是夷男的儿子。

李世民

两军相遇之后，李唐先在一边休息，东突厥先上场作战。

我们不得不说，在很多时候创新取得的效果是真的挺好的，薛延陀这次就是一个例证。面对东突厥的骑兵，薛延陀的步兵优势明显，薛延陀的弓手把东突厥射得是人仰马翻。很快，东突厥败下阵来，骑兵都被射下来了，还有什么战斗力啊？

东突厥撤退，薛延陀奋起直追，很快就遇见了李世勣率领的精骑。有了刚才的胜利，薛延陀人马是士气大振，此时一点都不畏惧李唐的威名，照样拼杀起来。这招在李唐这边也是非常奏效，唐军纷纷坠马。

如果这样下去，李唐无疑就是重复刚才东突厥的戏码，这样还有什么看点？

关键时候，李世勣沉着镇定地命令大唐的骑兵改变策略，下马拿起长槊跟敌人决战。姜还是老的辣！很快，敌人就被李世勣的步兵打得找不着北了。

李世勣的副将薛万彻这时候已经把薛延陀负责牵马的步兵连人带马一块抓了起来，想逃？跑回去吧！

终于轮到唐军做主角了，广大的唐军奋力拼杀，斩杀了敌人三千多人，俘虏了五万多人。

大度设侥幸逃走，但是，上天不放过他的人马，漠北地区天寒地冻，没被唐军杀死，却被冻死了八九成之多。

十二月二十九，薛延陀兵败如山倒，只好派人跟唐朝和亲，企图缓和跟东突厥的关系，也好跟唐朝建立起对话权。结果，李世民告诉来唐的薛延陀使者，当初警告过你们，不要侵犯别人，你们不听，今天落到这样的下场完全是你们咎由自取。回去告诉你们头儿，三思而后行才是良训。

越挫越勇的求婚

面对李世民的这次警告，薛延陀的真珠可汗发扬了蚂蚁啃骨头的精神，越挫越勇，要将求婚进行到底。贞观十六年八月，真珠可汗又派自己的叔叔去求婚。还带了很多的彩礼：三千匹马、八百张貂皮还有一个玛瑙镜。

李世民综合考虑薛延陀的情况，实力还算雄厚，态度也还算诚恳，而且要想对付薛延陀，现在有两种选择：武力征服和和亲安抚，哪一个比较合适？李世民就此征求大臣的意见。

房玄龄说现在中原刚刚安定，而薛延陀的实力还很强盛，还是和亲比较好。李世民觉得很有道理，于是答应将新兴公主嫁过去。

这下，薛延陀总算是消停下来了。

事情确定下来之后，李世民因为忙于别的事情，把这件事暂时忽略了，但是薛延陀没有忘记啊。贞观十七年六月初一，薛延陀的使者带着五万匹马、一万头牛、一万头囊驼、十万只羊的厚礼来到唐朝。

薛延陀在貌似谦卑的表现下，其实有自己的小算盘，那就是如果可以尽快和李唐联姻，不但可以不再遭受李唐的打击，还可以借助李唐的威名在大漠一带为所欲为。这绝对是一举两得的美差。

但是这事遭到了一个人的反对，那就是契苾何力。这个契苾何力在此之前跟薛延陀还有点渊源。契苾何力的母亲和弟弟在凉州，长时间没有假期，李世民就派契苾何力去凉州探亲，顺便加强对本部落的控制。谁知因为薛延陀势力的强大，契苾部落就生了归附薛延陀的心思。对于此事，契苾何力是强烈反对。唐朝待自己不薄，这样做太不仁不义。但是契苾部落的人却说现在你的母亲和弟弟已经去了薛延陀，不归顺也得归顺。契苾何力还是不答应，结果就被自己部落的人强行带到了薛延陀。契苾何力性子也是刚烈，为表自己的忠诚就割下自己的一个耳朵，当时还差点被杀了。

【第四章】民族政策

后来李世民听说了这件事，就答应将新兴公主嫁到薛延陀，命令薛延陀赶紧放了契苾何力，客观上讲契苾何力对于和亲这件事还起到了一定的推动作用。

李世民要悔婚

现在契苾何力阻止李世民联姻，也是因为识破了薛延陀的狼子野心。

李世民觉得自己身为皇帝不能毁约，契苾何力就给他出了一个主意：让真珠可汗来长安迎亲，他肯定不敢来，这样就找到了悔婚的借口。悔婚后，夷男性子刚烈，手下人又不服他，不出一两年就会病死。到时候薛延陀内部混乱，就可以趁机消灭他们。

对于薛延陀的闹事，李世民也想早点除掉他们，于是同意实行这个建议。

因此，李世民下诏要真珠可汗亲自迎亲，双方在灵州会面。

戏剧性的是，夷男不但不害怕到唐境内迎亲，对于此事还十分高兴。手下人对他此行表示担心，谁知他对李唐却是一百二十分地信任。为准备聘礼，夷男动用了所有的积蓄，看得出来夷男对于这次联姻的重视。但是长途跋涉，戈壁沙漠地一走，使得聘礼损失很多，而且没有按时到达。李世民就以聘礼不合乎要求为由，取消了跟薛延陀的和亲。

历史上对于李世民这次悔婚颇有微词，而且在当时也遭到很多大臣的反对，因为这样做有可能影响安定。相较之下，李世民的做法确实也不算厚道。但是当时李世民是看透了薛延陀想要借助自己的势力来镇压别的部落的野心，如果和亲成功，也许某天他们会东山再起，咬自己一口。现在悔婚正是将可能有的危机扼杀在萌芽状态。所以说，李世民的做法还是很有先见之明的。而且，后来事态的发展也证明了李世民行为的正确性。

爱惹事儿的拔灼

夷男还没有迎接李世民的挑战，就已经成功实现了子承父业，因为不久夷男就死了。夷男的儿子拔灼当了薛延陀的首领。这个拔灼也是个爱惹事的主儿。他看到李世民因为忙于东征无暇顾及西边，于是决定趁机入侵河套地区。

李世民是何等聪明，早就料到薛延陀会有这样的举动，所以已经安排下执失思力防着他们。这次听说薛延陀出兵了，又派田仁会跟执失思力联合对抗薛延陀。

执失思力派遣老弱病残故意打败仗引诱拔灼进入夏州，预先埋伏在夏州的兵力一举将拔灼的兵力消灭了大半，还追出去六百多里。这就是诱敌深入的策略。

拔灼不服，又派兵入侵夏州。

十二月二十五日，唐太宗命令李道宗，征发朔州、并州、汾州、箕州、岚州、代州、忻州、蔚州、云州 9 州兵马镇守朔州；薛万彻、阿史那社尔，征发胜州、夏州、银州、绥州、丹州、延州、蹲州、坊州、石州、隰州 10 州兵马镇守胜州；宋君明、薛孤吴征发灵州、原州、宁州、盐州、庆州 5 州兵马镇守灵州；又命执失思力征发灵州、胜州的突厥兵，与李道宗等人相互呼应。

拔灼带着自己的兵马来到长城以后，吓得快哭了，唐军可是做好了充分的防御准备。怎么办？撤吧！

追！李世民这样大的场面安排，怎么可能轻易放过薛延陀。

贞观二十年正月初八，夏州都督乔师望、右领军大将军执失思力进击薛延陀，大败拔灼，俘虏了两千余人，拔灼乘轻骑向北逃去。

这还不算完。拔灼生性暴躁，还好生疑，铁公鸡一毛不拔，对待他爸爸那辈的贤臣大加杀戮，任用的都是自己宠信的小人。这样的君主有人服才是怪事，于是内部矛盾终于爆发了。

【第四章】民族政策

这对李世民来说是个好机会。他命令李道宗和阿史那社尔为瀚海安抚大使，执失思力率突厥兵，契苾何力统领凉州及少数民族的兵马，代州都督薛万彻、营州都督张俭各率本部兵马，分兵几路，齐头并进，一起进攻薛延陀。

但是这些安排基本都没有派上用场，因为被李世民派到乌罗护、鞨鞨的宇文法在返程的途中，正巧遇见薛延陀的阿波将军，历史赋予宇文法这样立功受奖的机会，那还等什么？开打！

结局很明显，薛延陀败了。而且，不光败了，全国都在流传唐朝大军已经杀进来的的谣言，一时间是人心惶惶。拔灼见大势已去，赶紧带着自己的骑兵就跑了。

这样昏庸的君主一般只有一个下场，那就是人人得而诛之。回纥趁机攻打薛延陀，不光把拔灼杀死了，还让薛延陀的地盘从此姓了回纥。

薛延陀跟着分崩离析，一部分向李唐表示效忠。但也有一部分人很有骨气，夷男的侄子咄摩支取消了自己的可汗称号，请求移居到郁督军山北面。

但看到敕勒各部落的首领很害怕薛延陀残余部落的来临，再考虑到可能会有的威胁，李世民就派李世勣出兵对付咄摩支。

李世勣到了郁督军山后，大部分人赶紧投降，咄摩支望风而逃。只有一群脑袋不灵光的人左右摇摆，还没等得出最后结论，就被李世勣平定了。这下薛延陀彻底消停了。咄摩支被抓到长安，结局还不错，被封为右武卫大将军。

唐灭薛延陀，使北部边境从此得到安定。薛延陀历经三个君主的治理，存活了二十年，至此宣告彻底灭亡，唐朝终于取得了"北荒悉平"的战果。

第五节 亲征高丽

与高丽的渊源

高丽是公元前一世纪至公元七世纪时，生活在我国东北地区和朝鲜半岛的一个民族政权，与百济、新罗合称朝鲜三国时代。其人民主要是岁貊和扶馀人（包括沃沮和东岁），后又吸收了一些靺鞨人、古朝鲜遗民及三韩人。

高丽本是汉初郡县体制中的行政单位，虽然在随后的几百年中历经东汉、公孙氏、曹魏等的打压，仍然坚强地活了下来，都城逐渐转移到平壤，成为割据一方的政权。到隋文帝时代，也拉开了征战高丽的序幕。这里为了跟唐朝末期的王氏高丽相区别也称高丽为高氏高丽。

589年，隋灭南陈统一中国后，就开始要求周边国家为其臣属，很多国家望风臣服，高丽却对此阳奉阴违。598年，高丽先发制人攻打辽西，引发了第一次高丽与隋的战争。隋文帝对此很是气愤，准备集结全中原的兵力进攻高丽。高丽王也不是傻子，知道自己绝对不是隋文帝的对手，赶紧给隋文帝写了一封信说自己没有眼力价，就是"辽东粪土臣元"，把自己贬得一文不值。隋文帝看到高丽王这么谦卑，也就大度地赦免了他。但是到了隋炀帝这代，高丽重蹈覆辙，仍旧四处联结反隋势力，当隋炀帝在突厥可汗处发现高丽的使臣后，明白高丽就是中原的定时炸弹，于是又发动了跟高丽的战争。

但是几次折腾之后，隋朝的国力锐减，再加上隋末农民战争，这个任务就历史性地落到了李世民身上。本来在李世民早

【第四章】民族政策

期，高丽还是很老实的，规规矩矩地办事，按时进贡，从来都没有怨言。但是到了贞观十六年，这种情况突然发生了转变。因为高丽内部发生了政变——那个身上带着五把刀，上马下马总是踩在达官贵人背上，还要让军队开道的盖苏文杀掉了高建武和一群大臣。另立高建武的弟弟高藏为王，自任莫离支，相当于唐朝的吏部尚书和兵部尚书，大权在握。

这次政变之后，有人建议李世民趁机攻打高丽。

李世民觉得这样趁乱攻打高丽，胜之不武，而且战乱中的百姓生活会被严重打扰，从此更加贫困。但是基于盖苏文的独断专行和弑君犯上，李世民决定让西北的契丹、靺鞨等少数民族来骚扰他们，给他们个警告。

这时候长孙无忌却说，现在出兵，出于对李唐的惧怕，盖苏文肯定会严加防范。不如等盖苏文放松警惕，更加地骄狂不可一世再出兵打击，到时候理由充分而且胜算大。

于是李世民封高藏为上柱国、辽东郡王、高丽国王，而且让使者拿着节前往发布命令，算是正式认可了高藏。

有了这样的认可，在盖苏文的领导下，高丽就开始了一门心思的扩张，把李唐当作了空气一样。

那个年代，武力扩张是国家间默认许可的事情，只要你能打得过别的国家，不但不会被判刑，还会成为万众归心的帝王。

高丽为了自己的扩张，就联合朝鲜半岛上的百济一起攻打半岛上的新罗。这个新罗不是别人，正是唐朝的属国。属国有难，第一反应自然就是求助自己的老大。于是贞观十七年，新罗遣使入朝，说百济已经攻占了他们40座城，现在正在跟高丽联合，想要切断新罗向唐朝进贡的道路。

李世民现在是忍无可忍了，就派相里玄奖拿着诏书通知高丽不要再打新罗，因为新罗是唐朝的属国，如果一意孤行，明年就讨伐高丽！等到相里玄奖到达高丽的时候，盖苏文已经化构想为行动，攻下了新罗两座城池。相里玄奖把李世民的意思传达了一下，结果被盖苏文堵了回去：当年隋朝跟高丽作战的时候，新罗趁机占了我们五百里土地，现在要是不还，就没完！

相里玄奖听他这么说，也堵了回去：辽东各城以前都是唐朝的土地，难道现在也要归还吗？要一码事对一码事，不能这样胡来！

但是最终相里玄奖也没有劝动盖苏文，二月初一，相里玄奖回到长安，向李世民汇报了情况。

下定决心东征

这下子李世民算是彻底坚定了攻打高丽的决心。但是此事却遭到了房玄龄等一干大臣的反对。李世民却说没有人会在冬天播种，人人都知道要在春天播种，秋天才有收获。就是因为大家知道时机最重要。现在新罗和高丽人民正处于水深火热之中，等待别人的援救。这正是干掉高丽的好时机，你们为什么就看不到这点呢？

可以说现在的李世民已经听不进去大臣多少话了，相比初期的从善如流，现在的李世民已经变得有点独断专行。所以李世民一意孤行要攻打高丽，而且要亲征。

主意已定，接下来的事情就是要为出征做准备了。兵马未到，粮草先行。要向高丽那边运送粮草不是很容易，因为中间隔着海呢。针对这个情况，李世民派遣造船高手阎立德造400多艘战舰用来装载军粮。同时派张俭带兵率领契丹、靺鞨等少数民族的人马先行在辽东攻打高丽，以试探它的反应。黄河以北李世民任命韦挺做后勤主管，全面指挥作战，而黄河以南则是萧锐指挥。

李世民这边如此地紧锣密鼓，盖苏文那边不会不知道消息，于是盖苏文派人在这年七月给李世民送来了白金。褚遂良上书

说：盖苏文弑君犯上不得人心，如果现在接受他的礼物，就等于郜鼎事件的重演。郜鼎事件指的是春秋时期的宋国灭掉郜国得到了大鼎，但是后来鲁国灭掉宋国，占有了大鼎。李世民觉得有道理，不但没接受盖苏文的白金，还把送白金的使者移交给了司法部门监管。

十月，李世民留下房玄龄在家，李大亮做他的副手，自己则带着太子、大臣、军队，浩浩荡荡地向洛阳进发。到了洛阳，李世民做了几件事：一是见了郑元寿。之所以见他，是因为郑元寿曾经参加过征讨高丽的战争，经验丰富。郑元寿告诉李世民，此次攻打高丽，路途遥远，军粮是棘手的问题。再者，高丽人擅长守城，短期内估计不能攻克它们。

但是李世民却自信地对郑元寿说：您老就等着听我们的好消息吧！

第二件事就是李世民召见了张俭。因为李世民前边已经派张俭带人攻打高丽，但是刚巧遇见辽河涨水，迟迟不能渡河。李世民不知道当时的具体情况，以为是张俭胆小懦弱不敢攻打高丽，准备责罚他，就把他召到了洛阳。张俭到了之后，把情况一说，李世民转怒为喜。

第三件事就是召见了程名振。他是洺州刺史，原来是窦建德的手下，后来跳槽到了唐朝。曾经因为破坏刘黑闼的运粮队激怒了刘黑闼，刘黑闼拿他没治，转而杀了程名振的妻儿老小。这可是不共戴天之仇，怎能不报？后来刘黑闼战败，被程名振亲手斩杀，也算是报了仇了。这次李世民召见他是因为他才能出众，善于用兵，特召来向他询问作战方略。

李世民当时说了一句话让程名振是大大地感动：你有大将、宰相的才能，我会派给你更重要的任务。这话听起来就让人激动，更何况说话的人是皇帝本人，还是面对面地亲口说。

结果程名振光顾激动了，就忘了给皇上道谢了。李世民责备他没见过大世面，皇帝夸奖也不道谢。程名振说自己是村里边来的，没见过什么大世面，也没被皇上亲自接见过，一时有点紧张，忘了道谢。接着就开始镇定自若地讲述自己的见解。

李世民暗自感叹：看来这个程名振比房玄龄心理素质还要好，房玄龄做大臣二十多年，每次见我批评别人还六神无主呢，程名振居然一点不受影响，真是厉害！

做完这三件事，李世民就开始安排出兵的具体事宜。十一月二十四日，李世民任命刑部尚书张亮为平壤道行军大总管，率军乘船从莱州开赴平壤。太子詹事兼左卫率李世勣为辽东道行军大总管开赴辽东，水陆两路大军分道进击高丽，相互呼应。

十一月三十日，所有人马在幽州集合，李世民又派后勤总管们制造攻城的工具，因为高丽人擅长守城。对于这次进军高丽，整个唐朝民心沸腾，踊跃参军，并且踊跃贡献自己的武器。李世民亲自把关，挑选合适的人才和武器，可以说是非常地严格。

李世民为了鼓舞大家的士气，还从五个方面阐述了胜利的必然性。以大击小，唐朝国力强盛，高丽的国力也只相当于唐朝的一个小郡县，力量相差悬殊。以顺讨逆，盖苏文穷兵黩武，武力扩张，高丽人反对，新罗人咒骂，不得人心。以治乘乱，现在高丽国内民怨沸腾，正是攻打的好时机。以逸敌劳，高丽不断地武力扩张，人马疲惫。最后就是以悦当怨。

这样的形势下，是非常有利于唐朝军队的。但是就算是这样，对于这次东征，还是有很多人反对的。房玄龄的副手李大亮因病医治无效，在做了两个多月的留守后，在家逝世，享年五十七岁。

李大亮死后，留下的财产比叫花子多不了多少，临终前李大亮给李世民留下了一封信，劝李世民取消东征。李大亮在唐朝的精兵良将中也许排名不是很靠前，但是论资历和指挥作战的能力，李大亮也是很厉害的角色。但是即使这样，李世民还是铁了

【第四章】民族政策

心地要东征。

亲自带军出发

高丽气候寒冷，最适合攻打它的时段是春夏两季。贞观十九年三月初九，李世民率军到达定州。三月二十四赶往幽州。陆军总管李世勣的部队此时也从柳城出发，假装穿越怀远镇，其实是悄悄地开赴北方隋朝时修建的甬道。四月初一，李世勣带兵渡过辽河到达了玄菟。而四月初五水军总管张俭的队伍已经成功登陆建安城，打响了东征的第一枪。打败高丽军，斩首数千人。四月二十六，李世勣和李道宗二人率军攻陷了盖牟城，俘虏了两万多人，缴获粮食十万多石。然后向辽东城挺进。张亮、程名振等也纷纷到达高丽附近，吹响了战争的号角，取得了不俗的战绩。

李世民带领的其余人马也从幽州启程出发。但刚离开幽州没多久，全权负责军中大情小事的岑文本就得病死掉了。李世民表现得像是一个完全不知道迷信为何物的人，没有把岑文本的死跟东征联系起来，安排好他的后事后，继续前进。途中遇见了二百多里的沼泽地带，人马无法通过。好在李世民手下各式各样的奇才有的是，先前忙于造船的阎立德运土铺设道路，使得军火顺利通过。

面对大唐的大军压境，高丽那边也没有示弱，他们派出了一支四万人的军队反抗。这个军队由步兵和骑兵混合而成，跟李世勣的队伍相抗衡。唐军面对人数众多的高丽人马一时之间有点懵，觉得应该先作防御工事，等李世民来了再做定夺。这时候李道宗沉不住气了，率先带着四千骑兵就冲了上去，边走边喊，我们打前锋的就应该率先出击，怎么可以等皇帝来打呢？而且高丽军长途跋涉赶过来，一定很累。现在攻打，一定可以胜利。

李道宗的话得到了李世勣的赞同，同时也影响了果毅都尉马文举的行动，使他带兵冲向高丽军。二人所经之处，高丽军纷纷倒下。

但是有勇敢的也会有不勇敢的，作战中行军总管张义居然撤退，使得形势一下对唐军不利。好在很快李道宗就发现高丽军阵形出现了混乱，带着数十名精骑冲进敌阵左右冲杀。李世勣趁机支援，最终打败了高丽军，斩首一千多人。

五月初十，唐军到达辽东城，驻扎在马首山的李世民知道了这件事，赏赐了李道宗和马文举，而"张跑跑"张义自然也难逃一死。

在接下来的攻城战中，李世勣带领全体官兵学习李道宗和马文举的英雄主义行为，对辽东城给予不间断的攻击。后来，李世民也带领自己的精兵跟李世勣的队伍会合。这下子，唐军的士气那是相当高涨，将辽东城围了个水泄不通。而且，辽东城已经被连续攻打了十二天，可以说面对李世民的精锐之师，疲惫的高丽军胜算并不大。

但是攻城从来就不是做数学题，不是人多就一定能取胜，这就要看守城人是不是能守住关键部位，而进攻一方的人数也是有一定的标准的，超过标准的人做的都是无用功。还有攻城的器械、装备、粮草、指挥的时机什么的都会对战绩有很大的影响。这样看来，辽东城不光城墙坚固，而且指挥没有失误，因为在五月十七日之前，李世民的队伍没有取得什么大的进展。但是五月十七日这天，突然刮起了北风。李世民意识到这是一次绝好的机会，因为李世民的队伍在高丽军的北方，正好可以趁此机会放火烧他们的城楼。很快就有人爬到攻城器械冲竿的顶端，放了一把火。火顺风势，很快烧到了城里。唐军乘机进攻，被烧得焦头烂额的高丽军根本不是对手，唐军一举拿下了辽东城。

附近的白岩城看辽东城被攻了下来，很是害怕，于是投降了唐军。但是不久，居然又反悔了。李世民平生最恨的就是出尔反尔的人，于是决定攻打白岩城。高丽军没有示弱，从乌骨城派出

一万多人支援。

这次唐军中又出了一个英雄人物，那就是契苾何力，他重演了李道宗和马文举的那一幕，率领八百精骑冲杀高丽援军。但不幸的是，契苾何力腰部被槊刺中。后来薛万彻的弟弟薛万备单枪匹马把契苾何力救了出来，契苾何力打得心里很窝火，把伤口简单包扎了一下，就继续冲杀起来。功夫不负有心人，契苾何力最终成功解决了高丽援军。

接下来要做的就是攻打白岩城了。

白岩城主孙代音眼看着自己的援军被打败，而此时的唐军正虎视眈眈地看着自己，于是暗中向李世民传递信号，表示自己想投降。

李世民不费一兵一卒地拿下白岩城是多美好的事情啊，但是却遭到李世勣的反对，因为当初李世民承诺攻下白岩城，城中财物全部归战士们所有，现在城主投降，那想得到财物的战士们怎么办？李世民无奈只好说：将军部下有功的人，朕会用自己的钱来赏赐他们，就算是靠将军的帮助来赎买这座城吧。

难啃的安市城

唐军成功拿下了白岩城，挡在面前的是安市城。安市城不光地势险要，士兵精锐，而且守城的人杨万春非常了得。当年盖苏文发动政变攻打安市城，费了九牛二虎之力也没能奈何得了杨万春，最终放弃了。基于此，李世民觉得应该先攻打防守力量薄弱的建安市，把安市城包围起来，这样就形同于瓮中捉鳖了。这就是远攻近围的策略。

李世勣对此提出异议，因为这样做有可能被敌人从中切断运输线。他主张稳扎稳打。二十七年前，李世民也主张用此战略攻打长安城，那时候的李世民敢拼敢杀。而二十七年后的李世民不复当年之勇，最终采纳了李世勣的建议，却为以后埋下了祸根。

六月二十九日，唐军正式开始攻城。一场艰苦卓绝的攻坚战就此拉开序幕。两天后，高丽北部的将领高延寿和高惠真率领十五万人前来援助。对此李世民给出了三种猜测：一是高延寿带兵做防御工事，凭借山势和地理优势坚守不出，并且不间断地小骚扰，以此拖垮唐军。二是带全城人马投降。三是拉开架势跟咱们死磕。李世民估计高延寿会采取第三种策略。

而事实果然不出李世民的预料，即使在高延寿军中有一个很牛的人建议高延寿坚守不出，打持久战，再切断李世民的运输线用来拖垮李世民，但是最终没被高延寿采纳。高延寿带着人马奋勇杀了过来。

面对高延寿的进军，李世民用了一个小小的计策，他派阿史那社尔率领一群没有多少战斗力的突厥人马前去安市城四十里外的地方迎战。突厥人马自然会败下阵来，于是赶紧撤退。高延寿的人一看唐军这么好对付，就开始争先恐后地追击突厥人，一直追了三十多里。在离安市城八里的地方停了下来，安营扎寨。

这时候李世民赶紧召集自己的大臣们，征求作战策略。李道宗此时献上了一个非常大胆的计策，就是率军攻打因全国人马都被拉上援助安市城、防守变得空虚的都城平壤。都城失守，高延寿自然就会乖乖投降。这是个风险很大但是收益也高的策略。不过，李世民既然接受了李世勣的稳扎稳打，自然就不会采纳李道宗的建议。原来人岁数大了，真的会变得很小心。

不过这次不接受李道宗的建议关系也不是很大，因为高延寿的作战能力不用采用这样的高谋略。

当晚，李世民就命令李世勣在西岭布阵，长孙无忌从高延寿后方包抄，自己率军登上北山。以鼓点为令，一起出击。

第二天，高延寿看到了李世勣的人马，就想主动出击。但是他没有长孙无忌快，然后唐军杀声震天地就集体冲了过来。高延寿一看这阵势就被吓住了，更糟的是，自己的阵脚已经乱了。当时，天公做唐军的美，下起了大雨，唐军中有个穿白袍的家伙，没命似地拼杀，吓得高延寿的兵士赶紧躲开他。这个人就是薛仁贵。而经过这次战役，高延寿大败，两万多人被砍下脑袋。薛仁贵则被封为游击将军。

狼狈逃回来的高延寿终于明白只有采用拖字诀才能战胜李世民，可是他觉悟得有点晚。高延寿已经失去修建防御工事的机会，而且，唐军把所有桥梁都拆掉了。这下子，高延寿成了围棋中的孤子儿，进不得退不得，只好投降。那天是六月二十四日。

此战过后，唐军的威名更加影响深远。安市城附近的其他城池望风投降。几百里内对峙的只剩下安市城内的人和李世民的唐军。高丽人见此只好拿出坚壁清野的战术。因为实在是没有可以使用的战术了。

坏事儿的长孙无忌

八月初十，决心依旧坚定的李世民把队伍转移到了安市城的南边。谁知安市城内的人没有别的能耐，居然大骂唐军。这下可把李世民气得够呛，李世勣说攻克了安市城之后就把所有的男人统统活埋。这话传到了安市城守城人的耳朵里，于是防守变得更加坚固，唐军的进攻变得更加困难。

这时候高延寿和高惠真决定发挥自己的余热，给李世民出了一条道儿。说安市城内的人为了自己的家人肯定是会奋力反抗的，这样子短时间内是攻不下来的。不如先去攻打防守弱且距离远的乌骨城，那里的城主年老体弱经不起攻打。唐军胜了高丽十五万人的军队，早已经威名远播，其他小城更是会望风而逃。到时候就可以占领这些小城补充粮草，平壤也会不攻自破。

这条妙计得到了很多大臣的赞同，却被长孙无忌否了。说现在高丽人马还有很多，如果攻打乌骨城可能会被人夹击。而皇帝亲征不可以有这样的闪失。他建议先攻安市城。

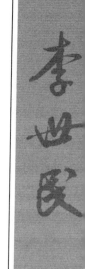

【第四章】民族政策

李世民

而李世民这时候却采纳了并不精通军事策略的长孙无忌的建议，没有采纳其他人的建议。可以说这也是导致事情后来变得没法收拾的关键原因所在。

各路军马对安市城发起了猛烈的攻击，唐军攻破城楼，马上就有高丽军用木栅栏堵住缺口。李道宗率军建立土山，高丽人就加高城墙。连续多天的进攻，安市城一点败象都没有。

两个月过去了，唐军修建的土山已经离安市城墙不太远了，谁知这个土山竟是个豆腐渣工程，居然倒了。幸运的是，土山砸在城墙上，城墙居然也倒了。这可是唐军进攻的大好时机，谁知，唐军却没有动静。因为土山上的守军傅伏爱竟然擅离职守。安市城内的守军一看没人进攻就趁机占领了唐军辛辛苦苦建立的土山，然后在土山周围挖深坑来防守。

李世民看到自己费了两个月的劲修建的土山竟然被高丽人占领了，心里这个气啊！立刻把傅伏爱斩首。这个人就算是拉出去枪毙十分钟也是活该！

失去了土山对于李世民来说是大大的不妙，那是唐军进攻的关键。而且，安市城守军的精锐绝对不是盖的，李世民这么猛烈的进攻土山愣是拿他们没办法，安市城更是无法靠近了。高纬度地区严寒来得早，李世民的军粮也所剩无几。无奈之下，李世民只好下令在九月十八那天撤军。至此，李世民进攻高丽宣告失败。

撤军之前，唐军把辽东城、盖牟城的人带过辽河，移居到唐朝境内。然后，为了走得不至于太丢人，李世民进行了盛大的阅兵仪式。安市城内的人老老实实地没有动静，杨万春在城墙上叩拜送别。李世民见此就赐给杨万春一百匹绸缎作为坚守城池的奖赏。

唐太宗回朝后，群臣没有死心，关键是李世民此次进攻走得有点跌份儿，他们就建议李世民对高丽派偏师进袭骚扰，使其国人疲于应付，耽误农时，几年后就可以使高丽因为粮荒而土崩瓦解。李世民觉得这个建议可行，于是批准了。以后，唐军采取了对高丽发动骚扰性攻击的策略。一直到 668 年 9 月高丽才被全部平定。

唐平定了高丽后，把其境划分为九个都督府、四十二个州、一百个县，并在平壤设立安东都护府，任命右威卫大将军薛仁贵为检校安东都护，领兵二万镇守。高丽贵族及大部分富户与数十万百姓被迁入中原各地，融入中国各民族中。另外还有一部分留在辽东，成为渤海国的臣民，而其余小部分则融入突厥及新罗。

所谓恩威并施，就一定不会只是一味地挑起战争争端，而是要给大家一点甜头。

【第四章】民族政策

（二）民族大融合

第一节　唐蕃和亲

促进统一的和亲策略

对待周边的少数民族，李世民的政策也不是一味地拿着大棒，而是一手拿着大棒，一手拿着棒棒糖。当时的情况下，只有两个政策可以实行，要么动武，要么和亲。一味地动用武力就会变得穷兵黩武，这样也许更不会得到人心。而和亲不但可以收服对方，而且还能使自己的势力扩大，可谓一举两得。

唐初的和亲政策效果非常好，没有出现周边地区统治者的政治讹诈和经济勒索。各族君主都以能和强大的唐朝结亲为荣，每次来联姻都会带着厚重的礼物。薛延陀就是最好的证明，虽然并没有和亲成功。

吐蕃、吐谷浑、突厥、回鹘等国都曾与唐和亲。在唐朝为数众多的和亲联姻中，影响最为深远的是唐蕃和亲。

吐蕃就是现在的西藏，唐代以前和中原基本就是你走你的阳关道，我过我的独木桥，没有任何往来。传说中吐蕃人是东晋末年南凉国王鲜卑人秃发利鹿孤的后代，因为战败辗转到了人烟稀少的青藏高原。为了纪念老祖先，吐蕃人以"秃发"为国号，后来就以讹传讹地变成了"吐蕃"。吐蕃人是典型的马背上的民族，饲养牦牛、马、猪和独峰骆驼，有的也种青稞和荞麦。

617年，松赞干布出生在青藏高原雅鲁藏布江南岸泽当城西雍布拉岗堡中的一个吐蕃贵族家中。他父亲朗日松赞是吐蕃王朝第31代赞普。赞普是吐蕃时期百姓对君长的称呼，意思是雄健的男子。松赞干布是后人为他加上的尊号。松赞是名字，干布是尊号，意思是"深沉莫测"。

在松赞干布3岁的时候，他父亲率兵灭掉了苏毗部落，统一了青藏高原，由一个山南地方的小部落首领一跃成为吐蕃各部的君主。生长在这样的环境中，松赞干布自然是众望所归，他家教极好，而且精通骑射、角力、击剑，武艺出众，民歌唱得好，还会吟诗作对，这样的王子不用说肯定也是师奶杀手那个级别的。

但是好景不长，在松赞干布13岁那年，吐蕃王朝遭到前所未有的沉重打击，国王朗日松赞被人毒死。墙倒众人推，父王诸臣和母后诸族一起举兵叛变，工布、达波、娘波等地全部被叛乱者占领。更糟的是，西部的羊同部落竟然乘势入侵。雅鲁藏布江北的苏毗旧贵族也积极地进行"复国"活动，纷纷向吐蕃进兵发难。形势对吐蕃非常不利。但年幼的松赞干布面对这种内困外扰的严重局势，毅然决然地继承了父位，挑起了吐蕃第32代赞普的重担。他沉着冷静，尽管只是个孩子，但是却有着大人的成熟心智。他依靠新兴势力，征集了万余人，组成了一支精锐的队伍。历经3年征战，最终平定了内部叛乱，稳定了局势，再次恢复了吐蕃的统一。

这是非常了不起的，因为松赞干布当时只是个孩子。自古英雄出少年，果然不是盖的。

国家安定了，接下来自然就是要着手整治。

整治国家

贞观六年，松赞干布率部众渡过雅鲁藏布江，把都城由泽当迁到了逻些，也就是现在的拉萨。松赞干布对于迁都是很有自己的打算的，这样一来，不但可以摆脱盘踞在当地多年的的那些狼子野心的吐蕃贵族地头蛇的骚扰，减少对生命的威胁；还可以实现政治中心和军事中心的统一，这样有利于对军队的指挥和控制。君权在握的松赞干布无疑就彻底掌控了吐蕃，还一并巩固了当地的奴隶制度。估计松赞干布也请看风水的人帮自己看了一下，因为逻些非常适合做都城。地理位置、自然条件那是相当好。那里气候宜人，景色优美，物产丰富。中心地势平坦开阔，四周群山环抱。远处山岭峡谷险要，进可攻，退可守。而以后的历史也证明了松赞干布将城都迁到逻些的正确性。

迁都以后，松赞干布制定了一系列兼并周边诸羌的战略方针，这是很必要的。既然勇敢地子承父业，自然是要再次统一青藏高原的。他首先把进攻目标放在了苏毗、羊同两个王国身上。苏毗，本来属于西羌族，大概有居民 2 万人，位于吐蕃北部。但是游牧民族四海为家，所以青海玉树等处也零零散散地有一些苏毗人，可以说这个国家的居住面积是很大的，而且在发展牧业的同时发展农业多种经济，产出来的马膘肥体壮，很有市场。羊同，又称羌塘，居住在吐蕃西部，"东西千里，胜兵八九万，辫发毡裘，畜牧为业"，以畜牧业为产业，看似比较单一的产业，但是人活着有一样东西离不开，那就是食盐。长时间缺盐，大家都成白毛女了。而这个貌似产业单一的民族就盛产食盐，这可是白色的金子啊！

之所以将他们确定为首要攻击目标是有原因的。首先是在松赞干布的父亲被人毒死的时候，他们落井下石、趁火打劫，趁机攻击吐蕃。而且这两个国家位于吐蕃的西边和北边，一旦消灭了他们，就可以彻底消除西边和北边的威胁。吐蕃的兵员、军粮和马匹都可以得到补充，增强军队的战斗力。枪杆子里面出政权，这是颠扑不破的真理。

松赞干布仍旧启用名将尚囊，采纳了他的建议，"种羊领群之法，以舌剑唇枪服之。"也就是不断地攻击对方，直到对方臣服为止。这招果然有效，松赞干布亲自率领士兵反复征讨，皇天不负有心人，最终征服了他们。

西边和北边的威胁已经成功解决掉了，接下来就是东方了。东边的部落是位于今天青海东南部和川西北地区的党项（古代羌人的一支）和位于今甘肃、青海等地的吐谷浑（古代鲜卑族的一支），松赞干布制定了切实可行的策略，也把他们征服了。到现在为止，一个"东与凉、松、茂、巂等州相接，南至婆罗门（印度），地方万余里"的强大的吐蕃奴隶制政权巍然屹立在青藏高原。而且，松赞干布在位期间还创制文字、建立官制、制定法律，这一切都使得吐蕃日益强大起来。

一个真正有政治远见的君主，一定会让一切尽善尽美。软件和硬件设施，一个都不能少！

松赞干布就非常地有远见，重新统一西藏之后，他就寻思着发展点别的。仓廪实知礼节，温饱问题解决之后，才有精力发展能够提升文化品位的东西。现在的吐蕃，国家安定，民族团结，一派祥和，发展文化产业就被提上了日程。松赞干布将眼光放在了邻国泥婆国（今尼泊尔）身上。近水楼台先得月，而且，泥婆国建筑、绘画什么的也很有名。松赞干布也用了李世民那招，和亲联姻。这是一招屡试不爽的策略，拉近彼此的关系不说，以后你有什么要求，老丈人也不好拒绝了。松赞干布先是积极主动地派使者到邻国泥婆国通聘，互相进行贸易，推销手工艺品，还花大价钱聘请工匠及艺人传授吐蕃建筑、绘画、雕刻技艺。另外，

还把泥婆罗国王鸯输伐摩的女儿尺尊公主娶过来当做自己的老婆，还能生几个混血儿，漂亮的孩子。一举多得。

那时候唐朝是威名远播，大家谈话的时候都以知道唐朝的轶闻趣事为荣。"你知道吗？昨天长安发生了什么事？"绝对比今天的纽约还要强上很多倍。那时候的唐朝早就已经拉开了跟别的少数民族和亲的序幕。李世民乐于看见这样不费一兵一卒、没有流血事件发生的事情出现，于是将此政策发扬光大。他把自己的妹妹衡阳公主嫁到了突厥，又把弘化公主嫁给了吐谷浑可汗，使得唐朝跟突厥和吐谷浑的关系一下子拉近了很多。

松赞干布看到这些，再加上自己对唐朝文化的仰慕，抱着勇于实践创新的学习态度和向优秀人群看齐的心态，松赞干布在贞观八年也派使者到唐朝。这时候只是初步的交往，可能松赞干布还不是很好意思提亲。但是后来熟悉了之后，就在贞观十二年再次派人携带珍宝向唐朝求婚。不过，李世民没有答应。后来，松赞干布先是派兵进攻吐谷浑，又派二十万大军带着重礼来求婚。李世民没有示弱，集结重兵相抗衡。松赞干布最终没有发动战争，派使者到长安谢罪，再次提出和亲的要求，李世民看松赞干布小伙子是个潜力股，而且态度非常诚恳，于是答应将文成公主嫁到吐蕃。

松赞干布成功娶到了文成公主，这是值得高兴的事。毕竟自己跟一个强大的王朝在某种程度上有了千丝万缕的联系。见贤思齐，一定要以唐朝为榜样，多多学习。模仿也是一种好的学习态度。松赞干布就充分利用与唐联姻这一有利条件，尽最大的努力，建立集中的统治机构，制定严密的制度，积极果断地对吐蕃的政治、军事、经济、文化等方面进行了一系列的重大改革。效果是立竿见影的。他还选派了一批精通藏文的贵族子弟到唐都长安，入太学学习诗书，让他们大量地接受唐朝先进的封建文化。这些人聪慧不凡，许多人取得了优异的成绩。

还要说的一点就是，松赞干布对文成公主也是给足了面子，不光亲自到伯海迎娶公主，还特为文成公主修筑了布达拉宫，以夸示后代。这是影响千秋后代的建筑，没有松赞干布的殷勤，我们也就看不到布达拉宫的雄伟风貌了。

李世民对于文成公主远嫁西藏，嫁妆是相当的丰厚。文成公主爱读书，毕竟生活在文化气息浓厚的长安。所以随行带了很多的书籍，还有手工艺品、耕种用具、蔬菜种子等，陪同她入藏的还有25名侍女和众多的工匠厨役。看来，文成公主还是个热爱劳动的人。文成公主教吐蕃人平整土地、开挖畦沟等耕种方法和防止水土流失、种植蔬菜的技术。这对于地处那个环境的人来说，应该是相当新奇的。后来文成公主又要求唐朝送来酿酒、造纸、冶金、纺织等方面的工匠，帮助吐蕃人掌握生产技术，发展农业和手工业。单一的产业链条很难使人民真的富裕，只有多种经营才有可能，无疑，文成公主是个好的经济学家。

文成公主名叫李雪雁，是李世民的宗室女。聪慧美丽，出生在书香世家，知书达礼，还是个虔诚的佛教徒。她到了西藏，自然会随身带着几本佛经，这样就在吐蕃地区大力推广了中原文化。文化这个东西容易产生共鸣，心理上有了共鸣，也就容易拉近彼此情感上的距离。你没见那些信徒之间相处得是多么融洽啊！

与求婚使臣斗智

在文成公主决定远嫁西藏的时候，16岁的文成公主一方面迅速做进藏的高原气候调适；另一方面向松赞干布发起了智慧挑战。五次比试松赞干布的求婚使臣禄东赞：用丝绸带穿过一块有弯弯曲曲小孔的绿松石（九曲明珠）；指出一根两端一样粗的木棍的根部与梢部；分清关在一起的100匹马驹各自是100匹母马中的哪一匹所生；晚上召唤使臣到好像迷宫一样的大宫看戏，戏

【第四章】民族政策

后突发奇想，安排使臣独自回自己的住处；最后，文成公主站到300名姑娘中，让从来没有见过文成公主的使臣挑选。看来，文成公主非常地古灵精怪，这些题目都是很能展示实力的。

但禄东赞能受松赞干布信任出使唐朝，智商也已经在150以上了！第一道题目禄东赞把丝线系在一只蚂蚁的腰部。蚂蚁带着丝线，爬过明珠的九曲孔道，丝线也就带过来了。

第二道题目禄东赞把母马和马驹儿分开关了一天，断绝了马驹儿的奶水。第二天，再把它们放在一起。饿慌了的马驹儿分别奔到自己的母亲那里去吃奶，它们的母子关系也就认出来了。

……

禄东赞通过了一道道考试，最后一道是要从300名美貌年轻的女子中，找出谁是文成公主。禄东赞凭他敏锐的眼力，一下子就把那仪态大方的公主认出来了。

另外，值得一提的是，文成公主入藏还改变了当地居民的穿衣风格。原先大家就是穿毡裘衣，这种东西虽然不透风，但是硬度太大，行动也会比较不便。文成公主穿的是柔软的丝质麻质的衣服，既柔软又舒服。吐蕃人看到文成公主的衣服料子，羡慕得不行，纷纷抛弃原来的衣服，渐渐效仿起了文成公主。"自从贵主和亲后，一半胡风似汉家"，唐代诗人陈陶的这几句诗，正是对蕃唐和亲后，文成公主入藏对吐蕃社会文化、经济发展的作用的赞颂和真实写照。当然，不可否认的是，吐蕃妇女流行的椎髻、赭面，以及吐蕃社会传统的马球游艺等，也传到了中原地区。丰富了中原人的娱乐生活的同时，还给中原妇女带来了异样的流行元素。

在历史上，除了对于文成公主的赞美和歌颂，还有很多史实例证着唐朝和吐蕃的友好关系。贞观十八年，唐太宗远征辽东无功而返，心情很不好。松赞干布立即派禄东赞入长安上奉表文，申言自己是唐太宗的女婿，并献上黄金铸成的"金鹅"一只，

"高七尺，中可实酒三斛"，作为吐蕃对唐友好的表示。这是松赞干布在哄李世民开心，很用心的做法。

贞观二十二年，使臣王玄策奉皇上的命令到西域出差，结果在中天竺遇见了强盗，强盗见财生了歹心，把大部分随从杀了，把所有的财物全都抢没了。王玄策心想保命要紧，于是只身逃到吐蕃，请求帮助。松赞干布听说自己丈人那边的人被抢了，这还了得？这不就是不给我松赞干布面子吗？立即派出精兵千余人，又请泥婆罗出骑兵7千多人协助，由王玄策带路指挥，击败了中天竺的强盗班子，还把他们的老大带到了长安。谁知，却给李世民带去了灭顶之灾。

永徽元年（650年），松赞干布去世后，文成公主一直居住在西藏。她热爱藏族同胞，深受百姓爱戴。她曾设计和协助建造大昭寺和小昭寺。在她的影响下，汉族的碾磨、纺织、陶器、造纸、酿酒等工艺陆续传到吐蕃；她带来的诗文、农书、佛经、史书、医典、历法等典籍，促进了吐蕃经济、文化的发展，加强了汉藏人民的友好关系。她带来的金质释迦佛像，至今仍为藏族人民所崇拜。

永隆元年（680年），文成公主逝世，吐蕃王朝为她举行了隆重的葬礼，唐遣使臣赴吐蕃吊祭。至今拉萨仍保存着藏人为纪念文成公主而造的塑像，距今已有1300多年的历史。

第二节　汉夷一家

内迁突厥延用其政

在李世民登基之后，曾经和东突厥有很多次正面交锋，也有很多次非常和平的非正面交锋。但这二者所达到的目的在很大程度上有着异曲同工之妙。

贞观四年三月，唐将李靖、李世勣大败突厥，颉利可汗被俘，东突厥灭亡。东突厥投降唐朝的有十多万人。如何处理这十多万突厥降众，是个难题。

李世民思来想去，觉得要实行汉夷"爱之如一"的政策。随即将突厥降众迁居到水草丰美的河套地区居住，保全他们原有的部落，保留他们的生活习俗。李世民曾经说过一句话："自古皆贵中华，贱夷狄，朕独爱之如一，故其种族皆依朕如父母。"这是一句很有说服力的话，李世民不光是这么说的，也确实是这么做的。对于愿意归附的各级酋长，李世民从来就不吝惜自己的那点俸禄。都封他们为将军、中郎将，在朝廷上谋个一官半职，当时五品以上的少数民族官员就有一百多人，几乎占了全部朝臣的一半。而且，那时候长安对于外来人口没有实行限制政策，相继迁入长安居住的外地人有将近一万户。

但是突厥人外迁的多了，原来的居住地就相应地出现了一个剩余人口由谁管理的问题，是汉人治理还是由本族酋长治理？是设置州县还是保留原来的部落？李世民很聪明，通过创设羁縻府州解决了新问题，民族团结又向前拉近了一步。在行政管理方面，任命本族首领为都督或刺史，统率原来的民众。都督、刺史听中央的命令，遵守朝廷政令，这就避免了官员存有二心。这些都督带有郡县制的特征，也有一部分民族区域自治的特点。李世民又把从突厥族设置羁縻府州得到的成功经验发扬光大，推广到其他少数民族部落，从而在西北、东北边疆提高了唐王朝中央政府的威望，形成了一个疆域辽阔、统一的多民族国家。

李世民是个爱才之人，只要是人才，不分汉族还是少数民族，一律十分爱惜。阿史那社尔就是个典型的例子。他有勇有谋，率领突厥部众归顺后，被李世民封为左骁卫大将军，相当于

【第四章】民族政策

禁军的高级武官。后来在平定高昌的战役中表现非常抢眼，李世民赐予他宝刀和丝织品，并且封他为毕国公。

另外一个少数民族的人才就是契苾何力，他率领铁勒部归顺以后，李世民任他为左领军将军。他骁勇善战，在前面讲到的阻止自己的部众归顺薛延陀的时候，被自己的民众强行带到薛延陀的牙帐里。薛延陀的真珠可汗见他这么顽固，就想一刀了结了他，所幸被薛延陀的夫人及时制止住了。

契苾何力在夷男面前，拔刀割去自己的左耳朵发誓说："哪有唐朝的烈士受屈于你们的，天地日月，愿知我心！"可见他的性子是多么刚烈。当时唐朝朝廷上有人就传言契苾何力已经投靠了薛延陀。大臣们都对李世民说："契苾何力到薛延陀，就是如鱼得水了。"李世民却不这样认为，他觉得契苾何力肯定不会背叛自己，果然事实正如李世民猜测的那样。在后来东征高丽的战争中，契苾何力以李道宗和马文举为榜样，带领着八百骑兵冲击高丽的援军，可歌可泣！

李世民用自己的实际行动感化了一批少数民族将领，而他们也用自己的行动回报了李世民的恩情。

李世民对待这些少数民族是恩威并施，那些被李世民封了官的少数民族首领，在李世民死后，个个如丧考妣，很多夷将要求陪葬。他们以对本族酋长的丧礼表达对唐太宗的哀思，这也从另一方面说明了李世民这个"天可汗"当得是非常成功的。

可以说在李世民这一朝，唐朝和少数民族的关系是真正的鱼与水的关系。

第三节 对外开放

往来频繁的世界之都

现在的美国对于很多人来说就是做梦都想去的好地方，在很多方面，美国就是时尚和流行以及潮流的代名词。但是一千多年前唐朝的长安绝对是比现在的美国还要让人向往。唐朝是当时世界上最为文明强盛的国家，首都长安是世界性的大都会。那时的唐朝是世界各国仁人志士心目中的"阳光地带"，各国的才杰俊士冒着生命危险也要往唐朝跑。中国高度繁荣的文化，使来到中国的各国人民，大多数以成为中国人为荣，估计比现在拿到绿卡还要让人兴奋。不仅首都长安，全国各地都有来自国外的"侨民"在当地定居，尤其是新兴的商业城市，仅广州一城的西洋侨民就有二十万人以上。

当然，这要归功于李世民的政策。我们不得不说一千多年前的李世民的胸襟和气度堪比现代人，甚至超越了现代人。他的包容和开放，他的视野和眼光是很超前的。对待外来的来访者，一律欢迎。李世民在长安专门设立了鸿胪寺，相当于现在的大使馆，还建立商馆用来招待外商。那时候，和唐朝交往的国家有70个之多，范围包括亚洲、非洲等地区。大批外商从陆路或海路来到长安、洛阳、扬州、广州等大城市，唐政府允许他们长期居住，还可以和中国人通婚。长安不仅是国内各民族的大都会，也无疑是世界性的大都会。

这样的交流沟通是很好的，因为这样一来，许多本来国内没有的东西也就传进来了。我们现在吃的胡椒、菠菜、天竺干姜都

是进口货，是从波斯、印度进口来的。好看的郁金香也是国外的品种，不过唐朝时已经在中国落户了。

另外，那句以阿弥陀佛为口号的佛教的经本也在唐朝大量地传入，还被翻译家译成了汉文，方便大家阅读浏览。景教、回教、摩尼教也在贞观时期传入中国。李世民对待这些外来文化，是一样地兼收并蓄，所以现在我们才有了这么多的外来信仰。

现在提起中国来，很多人都知道中国的丝绸、茶叶是很厉害的。那时候，那么发达的唐朝，这些国宝级的东西自然也会被传播到别的国家。反正我们有的是，也不会吝惜这点，甚至可以白送给你们。中国的丝绸、茶叶、瓷器、纸张等商品大量销往波斯等亚洲国家，又通过这个中转站传到了西方，影响了现在这么多的人。

中国的造纸术世界闻名，正是因为造纸术，我们现在可以告别昂贵的绢类纸张，用上廉价的纸。这可是造福千秋万代的事情，最起码是省了大钱了。造纸术就是在贞观时期传到阿拉伯和印度的，又通过阿拉伯传到欧洲和非洲，对西方文化事业的发展产生了巨大的推动作用。

当然，在招待外国使节的过程中，李世民是非常幽默的。贞观年间，李世民在一次宴请几千回纥使节饮酒时，耍了个心眼。他在殿前放了个大缸，又开了个暗道，派人不断暗地里往缸中灌酒。按说几千个使节一缸酒还不是很快就喝完了，但是直到这几千人喝得酩酊大醉，缸中的酒也才喝到一半。这拨人当时就懵了，估计在想，唐朝的酒原来是越喝越多的。

还有一次，西域一个诸侯国给李世民进献了一个琵琶弹得非常好的乐手，准备即兴演奏。在宴会之前，李世民安排一个叫罗黑黑的人在屏风或帐幕后偷听，这人也属于音乐奇才那类人。等胡人弹完后，得意洋洋地等着李世民夸奖的时候，李世民却说这有什么，你这样的曲子在地下通道一分钱听七段。当时就把罗黑

黑叫出来，示意他来一遍。罗黑黑是什么人，对于音符的掌握比吃饭喝水还熟悉，自然是一个音阶也不差。胡人一听，这个惭愧啊，原来我的水平也就相当于唐朝地下通道的流浪歌手啊！佩服得那叫一个五体投地。

对朝鲜日本的影响

作为和唐朝相毗邻的两个国家日本和朝鲜，是绝对的近水楼台先得月，他们可以比远在非洲和亚洲其他地方的人省了很多的时间和油钱去唐朝。在贞观五年（631年），日本派了第一批遣唐使，到中国来学习。以后一发不可收，各种遣唐使和留学僧人不断增加，人也越来越多。光日本官派的公费留学生就接收了七批，每批都有好几百人之多。民间的自费留学生更是远远大于这个数字。

贞观十九年（645年），日本进行了著名的"大化改革"。这场变革就是在中国学成回国的留学生们发动的。在这场变革中，他们成功吸收了唐代的均田制、租庸调制、官制、府兵制以及刑律，建立起了完备的国家机构和制度，大大促进了日本的封建化进程，使处于原始部落状态的日本民族凭空跃进了一千年。

开放的胸襟视野

唐朝的开放不光停留在文化领域，也已经深入到政治领域。许多外国籍或到中国学习的外国人士，在唐政府中担任公职。大食人李彦升在中国参加科举考试及第，在政府中谋了个官职。日本人阿倍仲麻吕，在长安五十多年，从校书郎一直到秘书监，享受很高的待遇。李世民时期，朝中五品以上的胡人官员多达100人，不少高丽、百济人担任唐朝的武将，其中最著名的有黑齿常之、泉男生、高仙芝、王思礼等。这也许跟李世民是个混血人有关。一方面，外国人担任政府的公职，可以满足他们学习中国行政管理经验的愿望，另一方面，唐王朝也可以从外国人身上汲取各种可以借鉴的东西。

李世民提出的"爱之如一"的著名口号，对外来文明恢宏大度、泰然自若。从物质文明到文化习俗，全都拿来，毫不介怀，更不会感到有什么威胁。唐朝统治者和老百姓对外来文明采取自然扬弃的态度，大力强调创新和学习。也正是因为如此，唐朝才形成了雄强奋昂、健康自由的社会风貌，社会开明、国富兵强、近悦远来、威名远播。多种文明在唐朝的大地上激荡。

外来文明没有淹灭中华文明，相反却给中国带来了活力和财富；唐朝时候的辉煌，在某种程度上正是源于交流和开放；今天中华民族伟大复兴的不竭动力，仍然是开放与交流。开放的时代，我们需要更多的唐朝时候的胸襟和气度，以及勇敢和自信。

除了接受外来的使者，唐朝还派出自己的使节走出国外，王玄策就曾经出使过印度。那时候的中国人，各行各业的，使者、僧侣和商人的足迹，遍布亚洲各国。"唐家子"就是外国人对中国人的统称。就是在今天，西方国家的语言中，还有称呼中国人为"唐人"的习惯。唐朝的影响之大可见一斑。

第四节　玄奘西游记

向往佛理西行求法

除了那些作为大使的人出使唐朝以外，还有一位有名的僧人曾经自己出行过，并且收获颇丰，他就是玄奘。

因为《西游记》的深入人心，提起玄奘就会让人想起猪八戒。还有路上的种种奇遇，好吃的人参果，美丽的女儿国人，打了三次

才死的白骨精……不过这个玄奘的经历肯定不会那么虚幻。

这个真实的玄奘名叫陈祎，河南人。一样是八辈贫农，父母早就死了，10岁的时候跟着自己的哥哥一块进入佛门，13岁正式剃度出家，21岁受具足戒。想必是玄奘想要在这个领域有大的发展，于是拜了很多师傅。再加上本身慧根比较长，理论知识那是相当了得的。不过玄奘渐渐感到当时的唐朝就是百家争鸣的时期，很难得出一个统一的定论，随即产生了去天竺学习佛经的想法。但是当时没有得到李世民的批准，看来这个玄奘也是个比较拧的人，竟然决定不通过李世民，偷渡前往天竺。那是翻山越岭、跋山涉水，跋涉了十万余里，最终到达了王舍新城。

玄奘这一路可是转了不少地方，西边先是到了高昌，受到麴文泰的款待。因为麴文泰也信奉佛教，一听来了个唐朝的佛教高僧，自然是非常高兴，好吃好喝地招待了玄奘，并且诚恳地希望玄奘可以留下来。玄奘是真正的鸿鹄，小地方是留不住他的，于是婉言谢绝了麴文泰的美意。高昌王麴文泰知道自己留不住他，于是二人结拜为兄弟。并且给玄奘准备好行装，派了二十五人，随带三十匹马护送；还写信给沿路二十四国的国王，请他们保护玄奘过境。在李世民攻打高昌的时候还曾经提过这个理由，只不过麴文泰不知好歹罢了。后来玄奘离开高昌，经过龟兹、凌山、素叶城、迦毕试国、赤建国、飒秣建国、葱岭、铁门，到达货罗国故地。

南边玄奘到了缚喝国（今阿富汗北境巴尔赫）、揭职国（今阿富汗加兹地方）、大雪山、梵衍那国（今阿富汗的巴米扬）、犍双罗国（今巴基斯坦白沙瓦及其毗连的阿富汗东部一带）、乌伏那国（巴基斯坦之斯瓦特地区），到达迦湿弥罗国。在这个地方待了两年，学了很多东西。

贞观五年，抵摩揭陀国的那烂陀寺受学于戒贤。玄奘在那烂陀寺历时5年，相当混得开，并被选为通晓三藏的十德之一，也就是精通五十部经书的十名高僧之一。听书讲学，自己还学习各种婆罗门书。

贞观十年玄奘离开那烂陀寺，又开始了游历。先后到了伊烂钵伐多国（今印度北部蒙吉尔）、萨罗国、安达罗国、驮那羯碟迦国（今印度东海岸克里希纳河口处）、达罗毗荼国（今印度马德拉斯市以南地区）、狼揭罗国（今印度河西莫克兰东部一带）、钵伐多国（约今克什米尔的查谟），访师参学。

玄奘在国外游历的这些年，学了很多东西，理论知识丰富了很多。有一次，在那烂陀寺，戒贤法师嘱咐玄奘为那烂陀寺的僧人演说摄论、唯识抉择论。正好遇见中观清辨（婆毗呔伽）那派的大师子光也在那里讲《中论》、《百论》，反对法相唯识之说。玄奘得到灵感，编著了《会宗论》三千颂，用来调和大乘中观、瑜伽两派的学说。同时参与了与正量部学者般若多的辩论，另外编著了《制恶见论》一千六百颂。

摩揭陀国的戒日王是个笃信佛教的国王，知道玄奘的名声，在他的国都曲女城（今印度北方邦境内卡瑙季）为玄奘开了一个隆重的讲学大会。天竺十八个国的国王和三千多高僧到会参加。戒日王请玄奘在会上讲学，还让大家辩论。随便别人提什么问题，舌战群儒，愣是没人能问得住他。可见玄奘的厉害之处！大会开了十八天，大家对玄奘的精彩演讲佩服得五体投地。最后，戒日王派人举起玄奘的袈裟，宣布讲学成功。这下子玄奘可是出名了，不光名震五印，还被大乘尊为"大乘天"，被小乘尊为"解脱天"。后来玄奘还应戒日王之邀参加了 5 年一度、历时 75 天的无遮大会。

回国译书藏经大雁塔

玄奘的游历，不但在佛学上取得很大成功，而且促进了东西方的文化交流。贞观十九年正月二十五日（645 年），他带了六

【第四章】民族政策

百多部佛经，回到阔别十多年的长安。玄奘和尚百折不挠的取经事迹，震撼了长安人民，得到了人民的热烈欢迎，估计很多人生意不做了，都跑到街上一睹玄奘的风采。正在洛阳的唐太宗，对玄奘的壮举十分赞赏，在洛阳行宫接见了玄奘。玄奘把他游历西域的经历向太宗作了详细的汇报。

李世民劝玄奘当官，被玄奘婉言谢绝了。他志在佛经，自然不会在乎世俗的官位。而后玄奘留在长安弘福寺译经，吃皇粮，并征召各地有名的僧人20来人助译，估计当时全国排名前20的僧人才有资格分任证义、缀文、正字、证梵，组成了完备的翻译班子。当年五月创译《大菩萨藏经》20卷，九月完成。

从此玄奘就专心翻译从天竺带回来的佛经。他还和他的弟子一起，编写了一本《大唐西域记》。在这本书里，他把自己到过的一百一十个国家和听到过的二十八个国家的地理情况、风俗习惯记载下来，成为重要的历史和地理著作。

后来，玄奘经上级批准建造了大雁塔，更加悉心地译经，把自己的一生贡献给了伟大的佛经事业。他的一生，一共译成译经论75部，总计1335卷。所译之经，被后人称为新译。

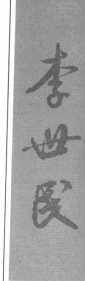

【第四章】民族政策

贞观之治

第五章

在李世民之前,明君是汉武帝,盛世是文景之治;在李世民之后,明君是他李世民,盛世是他的贞观之治。

本朝的经验和前朝的教训改变了年轻气盛的李世民,水能载舟亦能覆舟的结论一得出,就拉开了李世民勤政爱民、从善如流后贞观盛世的序幕。

一个国富力强的唐朝昂然屹立在世界的东方,以它震惊世界的姿态傲视世界的每一方热土。

第一节　人民才是根本

治国用王道还是霸道

李世民在位 20 几年，时间不是很长。但是就在这 20 几年里，李世民开创了一个繁荣富强的帝国，提起李世民，很多人脑袋瓜里第一个蹦出来的就是"贞观之治"，这足以见得贞观之治的知名度了。

那李世民是如何达到了这样一个让人望尘莫及的高度？这是有很多原因在里面的。

李世民登基之后，经历了长达 10 年的战乱，可想而知国家变成了什么样的筛子底了。即使再结实的筛子，连续战乱也会让它破得七零八落的。历史上这样的时候有很多，每一个统一王朝的建立，都是建立在百姓听战乱色变的心理上的。不过，也得先有乱世才有统一啊，可怜了古代人民了。

好在李世民是个开明的皇帝，人民可以少受一点罪。在李世民即位伊始，就召集自己的大臣们开了个辩论会，主题是"如何

统治国家，以实现天下大治"。要求大家畅所欲言，踊跃地献计献策。

以右仆射封德彝为首的反方率先出击："从夏、商、周以来，江河日下、人心不古，百姓变得越来越难以治理。所以反方认为，应该效法那些使用严刑峻法镇压人民的方法，以暴力刑罚治天下，对农民实行严酷镇压。"不得不说，这个封德彝真不是什么好东西。

这时候，以魏征为首的正方开始反击："如果说古代人原先是淳朴的，逐渐变得刁蛮，那演变到今天，现代人还不都成了妖魔鬼怪，还有什么方法能治理？"

一番话把封德彝说得没话说了。魏征阐述了自己的观点：国家治理得好不好，关键看君主的实力，跟老百姓半毛钱关系都没有。有什么样的皇帝就会治理出什么样的老百姓，如果皇帝以德服人，那老百姓怎么刁蛮得起来？所以，正方认为，应该采用"仁义"治国，国家才能真正长治久安。

可以说这场争论本身就没有多少玄机，胜利肯定是属于正方的。因为历史上很多的例子都已经证明了这点，老百姓经过连年征战，心理怎一个脆弱了得。你再实行暴政，你是想让国家太平啊，还是仗没打够接着打啊？

李世民这样英明的人自然是采纳了正方的意见，而事实证明，这绝对是一个让李世民和一干正方大臣名垂青史的决定。

安抚百姓发展经济

针对当时的现状，李世民又多次召开班组会议，讨论什么样的政策比较适合现在。那些心怀家国天下的大臣，历史知识的储备那是相当丰富的。房玄龄建议李世民继续推行均田制和租庸调制。均田制源于北魏，到现在也有几百年的历史了。它的意思就是将国家的土地分给百姓开垦，有了地才能种庄稼，也才有可能真的解决温饱问题啊。不过对于地还是有不同的分法的，老百姓跟当官的不能一样，老百姓里，不同行业、岁数不一样的也不一样。比如说，道士、和尚可以分地30亩，女冠、尼姑只有20亩，工商业者可以有50亩。看来在那个时候，做生意的是比较吃香的。不过，感谢我妈把我生在新社会，要不男人女人的地可是差了不少。相比较前朝，唐朝的土地制度还是有所改变的，相对宽松了很多，卖地也没有什么太过硬性的规定。可悲的是，女人的地位却下降了，再次感谢我妈把我生在新社会。

至于租庸调制就更好理解了。唐初，由于无主土地大量增加，劳动力相对缺乏，人均耕地数很高。换句话说，就是人人都有可能成为大小不等的地主。针对这一情况，唐政府没有多为大地主们考虑，而是直接分田到户：每一个成年男人分田一百亩，其中二十亩为永业田，也就是永远归这个人了；八十亩为口分田，死后要还给国家。凡是拿到田的人，每年都要向国家上缴税收粟二石，叫做"租"；缴纳绢二匹、绫二丈、丝绵三两，如果你的家乡养不了蚕，抽不出丝，也没关系，那就缴二丈五尺布和三斤麻，这就叫"调"；此外，每个成年男子每年必须服徭役（就是给政府义务劳动，不管吃不管住不给钱，其实是一种变相的税收）二十日，有闰月加二日；如果想图轻松，不服徭役也可以，那就需要纳绢或布替代，每天折合绢三尺或布三尺七寸五分，叫作"庸"。

为提高政策的可执行性，唐政府还另外规定：如果国家有事需要增加服役的人，凡加役15天，可享受税收优惠，免"调"；加役30天就更加优惠了，"租"、"调"全免；而且为避免给人民带来过重的负担，还规定了服役的上限：每年的额外加役，连同正役，最高不得超过50天。这些措施加在一起，就被称作"租庸调制"。

租庸调制的实施是建立在当时人少地多，国家需要休养生息

的国情基础之上的。它的实施充分调动了最广大农民朋友的劳动积极性，使得政府的财政收入逐年增加。饱经战乱的关中、河南、河北和山东等地很快就重现了勃勃生机，人民就此告别了饿肚子的时代。而没有遭受太多战争洗礼的江南等富庶之地的经济那是更加地繁荣富强起来。

而且，这两个制度实行得非常及时，因为打仗的时候没有人种地，前方交织成火力网了，你还能割稻子去？就算当时地里种着金子也不能去，打着仗没人卖东西。所以，很自然的很多地就荒了下来，到了李世民这儿，一实行这个制度，全国的荒地就被开发出来很多。老百姓那时候还在饿肚子，一听说能开荒地还不拼命地开啊？这样，国家的仓库里粮食也会逐渐的多起来，国家也能挺起胸膛来了，因为兜里有钱了。

李世民还开创了一个先例，就是用法律保护农时。谁要是在农忙时节忙着干别的，那是在自讨惩罚，严重的不光多交粮食，还要罚款。

贞观二年，长安一带发生了百年不遇的旱灾，继而引发了蝗灾。有一天，唐太宗外出视察庄稼，从爬满蝗虫的庄稼地里捡起几只蝗虫，大声对它们说："庄稼是老百姓的命根子。你们把庄稼吃光了，老百姓还吃什么？百姓的错，全算在我头上！你们要是听得懂我的话，就吃我吧，别再去坑害老百姓了！"李世民还是很可爱的，居然跟小昆虫对话。不过，他接下来的举动更是搞笑，居然要吃了蝗虫，可见对蝗虫的愤恨之情。好在周围的官员及时阻止住了，纷纷说："这不能吃，吃了要生病的！"李世民却说："我这样做就是希望蝗虫把天灾转嫁给我，害怕什么生病?！"说完，一口就把蝗虫吞了下去。李世民真是相当勇猛的，不过蝗虫倒是真的可以吃。

李世民知道"治国如栽树，木根不摇，则枝叶茂荣"，像是个好园丁的感悟。要发展农业就需要劳动力，战争时期，老百姓不知道都跑到了哪里，现在关键就是要增加劳动力。如果那时候再强调计划生育是我国的一项基本国策，估计就真的没人了。

为了增加人口，李世民制定了几项政策：

一、赎取人口。说白了就是花钱买人，收效很不错，到贞观二十一年赎回去200多万人。

二、释放宫女。李世民在位的时候，光宫女就放出去3000多人。李世民这绝对是在做好事，要不宫女只能老死在宫里边了。

三、规定法定结婚年龄，男的是二十，女的要在十五以上。还规定如果一个官吏在任期间，光棍和寡妇变少了，可以算在业绩里面。这可是变相的经济刺激，效果果然不错。

另外，水是万物之源，要发展农业，水可是离不开的。

不光那时候，就是现在一到汛期，北方旱南方涝也是很正常的。为解决这种情况，李世民设立专门的治水机构，还制定了一部法律《水部式》加以规范。看来李世民的法治思想是非常深刻的。

水源充足了，劳动力增加了，赶上灾年荒年还开仓救济，这样的开明就算是不想富强也是很难的。拿的税不多，交的钱不多，老百姓剩了粮食就是自己吃。可以说，李世民时期达到了"天下无贼"的境地，晚上开着门睡觉，白赚了凉快。

第二节　任贤致治

治国与用人方略

李世民在玄武门之变后，干掉了自己的两个劲敌——李建成

和李元吉。但要想真正地得到国家的军政大权，就要建立一个自己的班底。于是登基没几天，李世民就进行了内阁大改组。高士廉被任命为侍中，房玄龄被任命为中书令，长孙无忌被任命为吏部尚书，杜如晦被任命为兵部尚书，在玄武门事变之后劝说李渊交班的萧瑀被任命为左仆射。这是李世民决策层的五位宰相。后来，宇文士及、侯君集、段志玄和张公瑾等人也得到了提拔，形成了以李世民为核心的领导班子。

那时候，李世民实行的是三省六部制。中书省下命令，门下省审查，尚书省执行。要想下达命令，先由各位宰相讨论，成熟了之后交给李世民，然后中书省冠皇上的名发布。在这里，门下省的权力还是比较大的，因为要经过他审查，他觉得不合适就不会给签字盖章，这样命令就不会被发布出去。就好像如果你要出国，一旦护照签不了，你也就出不去了。

可能大家印象中都觉得一人之下万人之上的宰相只有一个人，但是唐朝光宰相就有好几位。这样有这样的好处，有问题不光可以集思广益，而且可以广开言路，皇上得到的信息也会比较多。毕竟，十只耳朵强于两只耳朵。

而且，李世民在制定政策的时候，一般都是君臣携手"共同治理"。在他的核心领导班子里，有善于谋断的房玄龄、杜如晦，精于军事的李靖、李世勣，敢于净谏的魏征，以及长于识人的王珪等人。这是一个年龄智能合理结合的领导群体，分工明确，权责统一。李世民自然是核心，其他大臣各司其职。这种非凡气度，在历代帝王中的确非常少见。

另外，为了提高官员的素质和办事效率，降低财政支出，改变公务员比例过高的情况，贞观元年，中央政府下令把全国划分为十道，道下设州，州下设县，全国形成了中央—道—州—县四级行政体系。同时，由尚书左仆射房玄龄主持裁汰冗员。把那些可有可无的官员一律撤了，这样就少了很多光吃饭不干活的人出现，还省了国家的俸禄。这些为人民服务的人，也不是一劳永逸的。他们要参加测评考试，不合格的照样要被拉下来。没有真才实学的官员早晚是吃不开的，本事才是最好的通行证。

裁员可不是件容易的事，少不了有人打招呼、批条子，甚至采取武力胁迫等非常手段。但是在李世民的鼎力支持和房玄龄同志英明果断的指挥下，裁员工作进展得非常顺利。裁员结束后中央政府在编的公务员仅剩 643 人。

上面说到全国被划分为十道，分别为：

关内道，包括京城长安附近地区，即所谓的关中地区；

河南道，包括黄河以南，淮河以北，主要有今天的河南、山东以及江苏和安徽的北部；

河东道，主要是今天的山西以及河北和内蒙古一部分；

河北道，主要包括今天的河北、北京、天津和辽宁一部分；

山南道，主要是秦岭以南，长江以北地区，包括今天的重庆、湖北和河南一部分；

陇右道，主要是今天甘肃和青海省一部分；

淮南道，主要是淮河以南到长江以北一带，包括今天江苏和安徽在上述地区的部分；

江南道，主要是长江以南到五岭以北的广大地区，包括今天的贵州一部分、湖南、江西、福建、浙江、上海以及苏南地区；

剑南道，主要是今天四川省的一部分；

岭南道，主要是五岭以南地区，包括今天的广东广西两省区和福建的一部分。

为贤才打开门路

唐朝初年，受魏晋以来重武轻儒的风气影响，官吏中很大一部分都是武将。由武将做官有很大的弊端，毕竟，这个世上，既精通军事常识善于打仗，又精通文史哲能治理好国家的人少之又

少。在战场上，武将的风采无人能及，但是处理起政务来，确实有点焦头烂额。要实现天下大治，依靠的还是那些真正懂得治政方法的人。李世民及时地认识到了这一点，所以在他的班组内才有各种各样的人才荟萃。另外，他还注重挖掘民间的人才，绝不放过一个可能的人才。

李世民曾经五次下诏求贤，还增加了科举考试的科目，除了原来的一般知识分子参加的考试，还增设律、书、算、童子等科，连十岁以下的儿童中的人才，也在遴选的范围之内。为的就是让更多的人才英雄有用武之地。

在李世民的班组队伍中，只要你有本事就可以做我的官，不管你曾经是王世充的手下还是窦建德的手下，一切用才来说话。所以，李世民身边既有前朝遗臣，也有义军首领；既有王世充的将领，也有太子李建成的谋士。李靖是隋朝名将，当年差点死在李渊手上，是李世民爱才如命，把他从李渊手上救了出来，最终在李世民这里大放异彩。马周，本来名不见经传，李世民见他给常何写的奏事很好，知道这是个人才，立刻召见。马周确实能干有才，在李世民这里如鱼得水，官至中书令。魏征、李世勣，还有少数民族的那些将领，都被李世民招揽到自己旗下，在他这里建功立业，留名青史。

教育是立国之本，李世民深深地明白这个道理，于是在国内建了很多的学校，国子学、太学、四门学这些高等学府之外，还新设了律学、书学、算学三种专科类的学校。

坚决把好才行关

要想自己手下好官多，把关很重要。对于官员的选拔和任用，李世民从来不含糊。他有两个标准，一是才，二是德。

基于这些，李世民规定了唐朝官员的选拔制度。六品以下由兵部选拔，要求体貌丰伟（要求身高）、言辞辨正（口才要好）、楷法遒美（字写得漂亮）、文理优长（不能偏科），这还没完哪，还要求品德好、有才思、劳动好，这几个标准框一下，这几项合格的就可以做官了。看来，在唐朝想要做官，一定要找一个高个儿的人做自己的伴侣，这样可以保证自己的孩子没有一下子就输在起跑线上。五品以上的官吏除了上面那些，还要考核政绩，最后带到李世民那里，由他亲自裁定。

这样的考试规定，从某种程度上促进了精神文化的发展，要求书法好，所以唐朝的楷书才在历史上首屈一指，还出了颜真卿这样的楷书书法家。因为科举考试考的内容是诗词歌赋，唐朝才有了那么多的诗人。唐朝的诗是历史上的一个高度，那是谁也超越不了的。

有才无德是危险品。一旦这些无德的才人们发挥起自己的聪明才智来，那后果估计是不会太乐观的。那些直接管理人民的干部更是要提高素质，得罪了百姓，没准水就把舟推翻了。这个问题也难不倒李世民，他规定刺史由他亲自选拔。他把全国刺史的名字等情况让人写在自己卧室里的屏风上，根据各方面的信息及时地记录他们的功过，作为以后考核的重要参考。另外，地方官还要在每年的年终到京城开会述职，他们的政绩则由吏部全权考核，最后根据评定的等级来决定升级或降级。

除了这招，李世民还依照地理形势将全国分为十道，即关内、河南、河东、河北、山南、陇右、淮南、江南、剑南、岭南。然后从京城的高官中选任观风俗使，在四方巡行，考核地方官，以定奖惩。这个职务看来真是不错的差使，可以公费旅游了。

为了更好地选拔官吏，李世民也不断地跟自己的班子成员们就这个话题展开讨论。

贞观六年，他与魏征在讨论如何选拔人才时，又再次强调把"用得正人"的标准和慎择善人放在重要位置，他说："古人云，

王者须为官择人，不可造饮即用……用得正人，为善者皆劝，误用恶人，不善者竞进。赏当其劳，无功者自退，罚当其罪，为恶者戒惧。故知赏罚不可轻行，用人弥须慎择。"魏征对此也是十分赞同，他说一个有才无行的人可能会做出很多危害百姓的事儿，这样的人是很危险的。"太平之时，必须才行俱兼，始可任用。"李世民和魏征这段话，就奠定了唐贞观期间的用人基调。

此外，在史料上还记载了这样一件事：李世民曾经带着一干臣子出去遛弯，指着殿下一棵树赞叹不已，殿中监宇文士及连忙随声附和，连连称赞树好。李世民看了他两眼，说："魏征老是劝我要远离佞臣，我一开始还不知道佞臣是谁，心中隐约怀疑是你，现在看来果然不错啊。"投机不成的宇文士及吓得连连叩头谢罪。

让英雄有用武之地

有一句话叫用人如器，各取所长。李世民在自己众多的臣子身上正是成功实践了这句话。首先他对自己的臣子是了如指掌，所短所长如数家珍。这就是明君的过人之处，不仅可以深得臣心，还可以有选择地为己所用。任何一个上司，如果可以说出自己手下人的长处短处，那是相当让班子成员感动的。李世民评价长孙无忌，"善于随机应变，能巧妙地避开嫌疑，对于军事战略，就一无所知了。"（"善避嫌疑，应对敏速……而总兵攻占，非所长也。"）评价高士廉，"博古通今，聪敏异常，刀子架到脖子上也不投降变节，不结党营私，但是对于直言进谏还有所欠缺。"（"涉猎古今，心术聪悟，临难既不改节，为官亦无朋党；所少者，骨鲠规谏耳。"）对房玄龄、杜如晦的评价是，不善于审理案子，不擅长处理杂务琐事，长处是多谋善断。戴胄的短处是"无学术"，但敢于犯颜执法。说博陵崔敦礼，"深悉蕃情，凡所奏请，事多允会。"

针对这样的情况，李世民把他们安排在相应的岗位上。例如，戴胄他不通经史，但做事正直，所以李世民让他做大理寺少卿，负责审理案件。结果他办事异常干练，案子从不积压，减少了很多冤案的发生，深得李世民赏识。

魏征一心想着进谏，希望自己的国君能在自己的辅佐下赶上尧舜，于是李世民任用魏征为谏议大夫。主要就是负责给皇帝提意见，这是个很奇特的官，看起来无足轻重，但又重要无比；既无尺寸之柄，但又权力很大。而这一切都取决于谏议大夫的意见皇帝是听还是不听了，像魏征这样敢于直谏的人，这个职位是再合适不过了。

而李靖既有文才又有武略，出去能带兵，入朝能为相，绝对是不可多得的人才。李世民就任用李靖为刑部尚书兼检校中书令。主要负责掌管全国的刑法和徒隶、勾覆、关禁的政令，这些都正适合李靖才能的发挥。

除此之外，唐太宗还把房玄龄和杜如晦合理地搭配了起来。李世民发现房玄龄能提出许多精辟的见解和具体的办法。但是，房玄龄不善于整理自己的想法和建议。他的许多精辟见解，很难决定颁布哪一条。而杜如晦，虽不善于谋划，但善于对别人提出的意见做周密的分析，精于决断。什么事经他一审视，很快就能变成一项决策、律令提到唐太宗面前。李世民就让他们俩搭档，密切合作，从而形成了历史上著名的"房（玄龄）谋杜（如晦）断"的人才结构……总之，李世民懂得"人之行能，不能兼备"。所以，李世民当政的时候，才有那么多人才济济一堂，耀眼夺目。

李世民是个勤奋的皇帝

准备工作已经差不多了，就要开始干活了。李世民先是下令在京城建立弘文馆，也就是大唐中央研究院，选拔饱学之士担任弘文馆学士（相当于今天的研究院院士）。设立弘文馆的主要目的有两个：一是研究制定各种规章制度、法律条文，用来规范现在人民的行为；二是研究历史上各朝代的兴亡得失，为君王执政提供必备的参考和借鉴，以保证老李家的子孙后代皇福永享，寿与天齐。

其实早在李渊当年为了自己的大唐江山南征北讨的时候，李世民被"束之高阁"，他就邀请"十八学士"一起研究学问，现在建立弘文馆，自然是轻车熟路。弘文馆设立后，李世民每天开完早会都会溜达到弘文馆来，与智囊们就各类专题展开讨论、交流意见，把那些切实可行的意见付诸实施。

这一点就充分地体现了李世民的勤政。有句老话说得好，勤能补拙是良训，一分辛苦一分才。李世民设立了弘文馆后，在弘文殿里收藏了二十几万卷图书，让虞世南、褚遂良、姚思廉、欧阳询、蔡允恭、萧德言等学问做得好的官员担任弘文馆的学士，在李世民不听朝时一起研究学问、讨论时政。李世民经常忙到夜间，才打道回府。

除了设立弘文馆，李世民还经常把奏章和举报信之类的资料贴到墙上，没事儿的时候就看看。边看边想，经常想得出神，到深夜了还不知道睡觉。

看来李世民真的是日理万机，除了正常（听朝）的上班时间外，其他时间也贡献给了国家，研究学问、讨论时政，一搞就到深夜。这下我们就理解了为什么爱因斯坦要拒绝做以色列的总统了，走仕途是非常累的。

第三节　克己纳谏

都来进谏吧

李世民能够打开贞观之治的良好局面，跟他的善于纳谏是分不开的。李世民非常聪明，而且喜欢动脑筋思考问题，估计是知道脑袋越用越灵的道理。每每看到什么新奇的东西，都要打破砂锅问到底，从里面发现自己的不足，从而刺激自己来虚心纳谏学习。

为了更好地纳谏，李世民规定每次开班组会议的时候，必须让谏官和史官列席；另外，如果谏官有功，一定要重赏，以资鼓励。进谏的时候，可以是不同角度，不同层面的，大事小事都可以。因为李世民的这项规定，朝中出现了很多敢于直谏的大臣，贞观前期著名的有魏征、王珪、杜如晦、房玄龄等，后期著名的有马周、刘洎、褚遂良等。他们不光名誉提高了，而且，口袋也迅速起来了。

同时李世民还大胆革新，他命令五品以上的官员要在中书省轮换值班，随时待命以便及时商议大事。看来，李世民当政时期，加班现象是很严重的。他自己从中不实行霸权主义，有什么重要的军政事务以及官员的任免都交给了自己众多的宰相们，让他们展开讨论，畅所欲言，从而碰撞出火花，选择最适合的人选。

君臣携手天下无敌

对于隋炀帝的灭亡，李世民很是居安思危。他和众大臣分析

后发现，隋炀帝是个喜欢护短的人，不是护别人，而是护自己。原来隋炀帝的虚荣心这么强。大臣们也不是傻子，看到隋炀帝这么护短，不敢让他太丢人。一旦像魏征似的那样，在隋炀帝那儿，一翻脸脑袋就没了。不过，隋炀帝如果泉下有知，知道自己的护短让自己荣华富贵还没享受够本就去了西方，肯定会比李世民还要从善如流。

有人分析李世民的善于纳谏是有原因的：第一，李世民曾经犯过很大的错误，就是玄武门之变，杀了自己的亲兄弟，逼走了自己的亲爹，他才当上了皇上。为了弥补自己的过失，减轻自己的罪孽，他才勤治心切。这样说其实有点小人之心度君子之腹。一个真正想要混皇帝的人不会这么长时间地坚持纳谏，而且，魏征进谏的水平我们也略知一些，那是相当直言敢谏，绝对不藏着掖着。李世民如果只是为了减少自己的罪孽，不会在那个时候还听魏征的话。

第二，李世民在当皇帝之前经常率领军队东征西战，战场上经常有军事会议，这样的会议是非常民主的，不知道谁提出一个妙计就会克敌制胜。对于在战场上杀敌无数的李世民来说，这绝对是个很正确的经验。

第三，跟皇帝个人素质有关，刚刚掌权的人特别不容易采纳别人的意见，他需要证明自我。但是，很明显我们没有在李世民身上看出这个端倪，他的一切活动已经证明了他是有能力的。这也就说明了李世民在纳谏这方面，确实比别的皇帝做得更好。李世民说过一句经典的话，就是一个人才，国家费尽力气把你选拔出来，只有你的见解正好弥补朝廷决策的重大不足时，你才是真的人才。

经典！

理性行政，从谏如流，把错误扼杀在决策的时候，不让它蔓延到最后。这就是李世民的魅力之所在。

要听两面之词

对于纳谏，李世民不只局限在"朝议"的时候，平时没事的时候，跟大臣们聊天的时候也会纳谏，只要你的建议是正确的、可行的。而纳谏的对象，也不局限在谏臣身上，其他人有好的建议也会采纳。因为，魏征曾经跟李世民说过"兼听则明，偏信则暗"，广开言路，多方求谏纳谏，可以避免决策和施政上的片面性。

可以说李世民给我们营造了这样一种回忆，一提起唐朝，很容易就想起纳谏，一提起纳谏，很容易就想起魏征。

魏征的确是李世民时期最敢劝谏的大臣之一。在劝谏的过程中，魏征不但使自己的腰包迅速地鼓了起来，而且，他的锋芒甚至盖过了足智多谋的宰相房玄龄和杜如晦，成为唐贞观年间首屈一指的忠直之臣。几年里，他曾先后进谏200多条建议，指出李世民在施政方面的失误。不断提醒李世民要居安思危、慎始慎终，深得李世民赏识。

在魏征的影响和熏陶下，大家纷纷直言进谏，一时形成了风气。当时，上至高官宰相御史，下至县官小吏、旧部新进，甚至宫里的嫔妃，都有人敢直言进谏。如果你看到在朝上大家跟皇帝争起来了，不要担心脑袋搬家，只要是李世民，估计脑袋就会比较安全。当时的朝代，的确称得上是不折不扣的"不讳之朝"。

千古良臣魏征

在这里要着重说一下魏征这个直言敢谏的千古良臣。

有一次，封德彝觉得有些折冲府的兵源不足，便向李世民建议把不到参军年龄的中男（唐初规定十六岁为中）体格健壮的检点入军。李世民觉得有道理，当即表示同意，并令中书省起草诏令，送到门下省审查，然后让尚书省执行。但当这一诏令送到门下省的时候，专门负责签名盖章的门下省官员魏征却拒不签字。中间虽然很多官员前来跟他交涉，说这是皇上特别交代的，就通融一下，魏征全都拒绝了。

这边还在眼巴巴等消息的封德彝，等到花都谢了也没见有什么动静，于是把这事儿告诉了李世民。李世民一看这都是半年后了，怎么这点事儿还没办成，当时就特别生气。于是找了魏征说："检点健壮中男入军一事，我已经同意了。这件事究竟跟你有什么关系？怎么你一直阻挠啊？"

魏征不急不恼，郑重地说："我听说竭泽而渔，并不是打不到鱼，而是因为已经没有鱼可以打了；焚林而猎，并不是捕不到兽，而是因为已经没有什么兽可以捕了。如果将中男检点入军，那这些人原来承担的租赋杂徭，怎么办？而且兵不在多，关键在于如何训练。如果训练得法，何必要在人数上取胜？"

接着又一发不可收拾地列举了李世民即位以来失信于民的几件事。最后，他严厉指出，长此以往，必将失信于民！一番话说得李世民惭愧地低下了头，沉吟半晌，最终他诚恳地说："我没有三思后行，差点酿成大错。如果长此以往，还能求得天下大治吗？"随即下令停止检点中男，并给魏征赏赐了金瓮一口。

魏征不仅敢谏，而且非常会谏，只要是他认准的事，一定会坚持到底，常常弄得李世民下不了台。但李世民还是很有涵养的，只要是正确意见，不论心里痛不痛快，大都接受。也因为魏征刚正不阿、锲而不舍的劲头，李世民还有点怕魏征。

一次，李世民想去南山打猎，车马都准备好了。刚巧魏征回来看到了，李世民马上说不去了。魏征问为什么，李世民倒是很谦虚，说了："怕你生气，所以停了。"

贞观元年的时候，岭南地区很乱，很多人都进言说岭南在谋反。李世民觉得问题也比较严重，于是就准备派人去讨伐岭南。魏征听说后马上出来制止。他说，岭南肯定没有谋反，如果谋反

一定分兵把守要道，还会发生边境地区冲突，但是这么多的报告里没有一次提到冲突的事。李世民就派了一个使者到岭南去视察，果然被魏征说中。后来，在事后的总结报告中，李世民总结了一句话：魏征一席话，胜过十万兵。

不过，需要提的一点就是，在李世民统治时期，敢于劝谏的大臣远不止魏征一人，裴矩、孙伏伽、戴胄也是非常喜欢向李世民说"不"的。孙伏伽跟魏征差不多，向来喜欢提反对意见。他以前对李渊也经常进谏，所以现在对李世民进谏也没什么好奇怪的。但这个裴矩进谏就有点特别了，因为他之前是隋炀帝的手下，那可是绝对的逢迎拍马、左右逢源，半个不字没说过。当年他大拍隋炀帝的马屁，曾引起高丽与隋朝三次大战。

这里有一个关于裴矩的故事，我们可以从中看出点什么。

对于皇帝，尤其是从乱世中走出来的皇帝，对贪官污吏那是相当地恨。为了杀鸡儆猴，以正视听，李世民也想了一个不太光明的引蛇出洞的主意——他安排自己的侍从扮作普通百姓，向官员们行贿。结果一个城门官没经得住诱惑，收了一匹绸缎。后来侍从回来汇报后，李世民下令有关部门把那位倒霉的城门官推出去砍了，并将他的罪行昭告天下。

一般来说，皇帝要杀人是没人敢阻拦的。可是当时的民部尚书裴矩却大胆地提出了不同的意见。他认为：城门官受贿当然不对，但是根据大唐律例罪不至死；而且皇帝故意派人前去行贿，皇上首先就做了不法的行为，所以应当分别以受贿罪和行贿罪论处；天子行为不端，很容易上行下效，应该率先改正"恶习"。裴矩的一席话说得是有理有据，言之凿凿。李世民吃了个哑巴亏，哭笑不得，但最终还是采纳了裴矩的意见。

再说一个戴胄的故事。唐朝初年有不少候补官员为求任命而不惜伪造资历，以至于一时间唐朝刻章办证成风。走在街上经常会被人冷不丁地塞一张名片，上面写着刻章办证机构的具体报价。李世民得知这一情况后勃然大怒，下令伪造资历者尽快自首，否则一旦查出绝不姑息纵容。自首期过后，一名候补官员在政审时被查出资历是伪造的。事儿传到李世民耳中，他立即下令诛杀此人，以儆效尤。时任大理少卿（相当于最高法院副院长）的戴胄坚决反对这一判决，认为按照法律应该判处流放。李世民这次更是气得要死，大声斥责戴胄，认为如果不杀此人就表示皇帝说的话没有信用。戴胄据理力争，说："陛下下令杀人只是出于一时的喜怒，没有什么规律可言，只有法律才是政府的公信力所在。将此人按律施以流放，正是忍陛下的小忿而存政府的大信。"李世民听后，想想也对，不仅没有处罚戴胄，还大大地表扬了他。当然，后来那位倒霉的伪造资历者被依律处以了流刑。

当年裴矩一副奸佞嘴脸，现在却能尽忠直谏。史学家们曾经就这两个问题展开过讨论，也参考很多史料考证过。宋代大学问家、政治家司马光就认为，裴矩之所以发生如此深刻的转变，不是他本身有了什么思想上的升华，而是因为他追随的两个皇帝有着天壤之别。

这是很有道理的一种分析。隋朝的时候，谁敢斗胆给杨广提意见，运气好的还能留下条命，运气不好的就不好说了。你死了是小事儿，你们家满门抄斩估计也是非常有可能的。当提一条建议跟死直接挂钩的时候，估计除了比干那种忠得不能再忠的臣子和一些早把生死置之度外的人，谁也不敢跟杨广多说什么话。但是到了李世民这儿就不一样了，不是李世民脾气好，而是人家涵养高，随便你提什么建议，只要是正确的、可行的，一律欢迎。不光如此，凡是进谏的人还能使自己的腰包迅速鼓起来。你的照片还有可能被挂在朝中一个醒目的地方，供大家瞻仰、学习。走到哪里，别人都会把你当做榜样一样看待，一不小心就成了名人。还有，皇帝觉得你提的建议价值很高，升官还不是水到渠成的事儿。这种好事，不争着做，你脑筋有问题吧？

正是因为有这么多的谏臣的存在，才使得贞观一朝的政策基本没有出现过大的失误。也正是因为李世民的从善如流，这些好的建议才真正地得以实施。

第四节　府兵制

府兵制的延续

说到军队，先说军制。唐初基本继承了从西魏、北周延续到隋朝的传统——府兵制。

府兵制，简单说来，就是兵农合一，分工专业。具体做法是：各地设折冲府，也就是军队，负责军人的生活和训练。负责人的职称名原先叫统军，后来改为折冲都尉。军府辖区内一人当兵，全家光荣，一家老小都编入军籍，跟一般的老百姓区别对待。征兵时也是有标准的，依照家庭经济条件先富后贫、身体条件先强后弱、家中人口数量先众后寡的三大原则进行。看来那时候孩子生得多也是有好处的，可以把孩子送到军营，一家人既可以提高生活水平，还可以得到不同的待遇。服役期间，府兵本身不用纳税，但当兵的费用、军装、随身携带的轻武器（如弓箭、刀之类）和赴役途中所需的粮食，都要自己准备。每一火（一火10人）还得准备用来运输的马（或驴）6 匹，也就是所谓的"六驮马"。这些府兵的身份比较特殊，出则为兵，入则为民。等到打仗的时候，由长官带领着出去打仗；打完仗回来后，当兵的回到自己的军营里，将军们回朝廷。简单的说，就是打仗的时候，大家为了一个共同的目标走到一起，打完仗，大家伙继续原先的生活，该干嘛干嘛去。总体而言，唐朝的府兵制就是有若干人家，别的什么都不用做，税也不用交，按规定当兵吃饷给朝廷卖命就是他们的职业。

唐朝实行的府兵制，有它自身的优点，这主要体现在四个方面：一、当兵的优惠多多，自然能吸引很多人踊跃参军，这在很大程度上保证了足够的兵力来源；二、打仗的时候大家聚到一起，打完仗，各回各家各找各妈。这样就避免了像原来的那些朝代，兵将长期生活在一起，建立起深厚的军旅感情，防止了军事将领个人势力的坐大；三、唐朝征兵采用的标准是先富后贫，先强后弱。这个原则的实施下，就保证了军人的素质和装备水平维持在一个相当的水平。这样不光大家在一起比较有共同语言，而且，大家在一条水平线上，训练作战都会比较顺利；四、从西魏一直到唐朝，各政权的根据地都在关中地区。此地民风彪悍，吃苦耐劳。该地区人民没有别的优点，就是适应能力比较强。出去打仗没问题，回来种地也没问题。随便你怎么转换，我应对自如。这样的优点也就保证了在这样频繁的转换下，军队的战斗力不会有大的影响。

但是，不得不说的就是，任何政策的实行都会有一定的优点和缺点。府兵制也是这样，它最大的问题就是兵将之间处于兵不识将，将不识兵的状态，彼此之间缺乏磨合。这样在一定程度上有可能发生兵不听将的话的现象出现。好在唐初的著名将领如尉迟敬德、李靖、秦琼等都是身经百战，经验丰富的老将。对于打群架那是相当在行，武力和统率能力也是首屈一指的。这在很大程度上弥补了官兵之间因不熟悉所产生的对战斗力的削弱的情况。

充足的后勤保障

光是军队能打还不行。兵法云：人马未动，粮草先行。后勤保障也很重要。

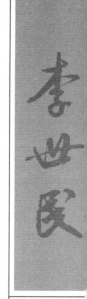

而好的后勤补给必须建立在政治安定、经济富足的前提下。

为此，李世民还采取了一系列措施：

没有规矩，不成方圆。李世民深知现在自己大权在握，要想有个好的结局，一定要在任用官吏的时候把好关。他觉得首先必须要有一个明确的政治秩序，尊卑高低得有个说法。对于朝臣的任用，李世民依照个人的功劳大小和重要性进行了封赏和官职任命，不管是老部下还是从原来的东宫和齐王府归附过来的人，一律遵循这一原则安排工作和职务。

李渊在位的时候，为巩固老李家的地位，封了很多的叔伯家的孩子还有大人们做官，为王。

李渊的分封宗室面更广，除立长子李建成为太子外，封李世民为秦王，李元吉为齐王，李元景为荆王，李元昌为汉王，李元亨为酆王，家族的弟弟襄武郡公琛为襄武王，黄台公瑗为庐江王，一家子的李基为永安王。甚至连皇孙李承宗、李承道、李承乾、李恪、李泰都分别封为太原王、安陆王、恒山王、长沙王和宜都王，从而形成一个庞大的家族王朝。这样在自己的家族里，李渊的名望倒是直线上升，但是却引来一个弊端，那就是这些人有可能割据一方，造李渊的反。

李世民继位后，认识到问题的严重性。为了强化激励机制，对这些王爷除了确实立过功的仍然保留王爵外，其他的一概降为公爵。他不顾许多大臣（如魏征、李靖、颜师古等）的反对，贞观十一年，诏令以荆州都督荆王李元景为首的二十一名亲王为世袭刺史，以赵州刺史长孙无忌为首的十四名功臣为世袭刺史。李世民正式下诏，一般大臣不敢再谏，但侍御史马周和太子左庶子于志宁仍冒死谏诤，但李世民根本不听。

最后，是以长孙无忌为首的被封功臣呈递了抗封的表文，长孙无忌又通过自己的儿媳长乐公主再三向唐太宗请求，李世民才作罢。

随即，贵族连封地都取消了，爵位只代表奖状和奖金。比如名相房玄龄被授爵邢国公，赐实封一千三百户。意思是房玄龄每年的奖金相当于一千三百名农民交纳的国税，但房玄龄的"邢国"，他自己都不知道在哪儿。至于爵位世袭也只有大老婆生的长子才有资格继承，其他儿子还是平头百姓。

打破士族地域垄断

所谓氏族，就是士族。魏晋南北朝指"官有世胄，谱有世官"的身份性的士族，唐初则是指非身份性的士族。

隋唐以前，无论在南方还是北方，豪门大族的势力都很强大。隋文帝企图把选用官吏的权力完全收归朝廷，废除士族制度，结果引起士族的强烈不满。唐人柳芳认为这是导致隋朝灭亡的重要原因，应该说有一定的道理。李世民执政不久，就下令修著《氏族志》，就是在全国统一以后对各利益集团关系的调整。

经李世民授意，皇族和外戚被列于《氏族志》的最高地位，而后才是山东大姓崔、卢，江南大姓王、谢等。同时还把原先非士族的功臣以及其它一些新起的族姓列入谱内。这既承认了原有士族的社会地位，同时也强调了皇家的尊贵，并扩大了政权的基础。旧门阀势力在唐代受到压抑，但其在政治上的影响依然存在。如唐朝宰相369人中，出于崔姓一族的就有23人，从中可见一斑。

唐王朝是由三股士族力量建立起来的：一支是关陇集团，一支是山东集团，一支是江南文士。

关陇集团是由北魏鲜卑贵族组成的军事集团，也包括胡化的汉人和西域的胡人，李氏家族就隶属于关陇集团。山东集团则包括山东士族和山东豪杰两部分。山东士族历史悠久，经济实力雄厚，并且具有强大的宗族乡里基础。由此产生出巨大的政治能量，进可以控制朝政，退可以控御乡土。而山东豪杰则是在隋末

混乱下崛起的寒门地主集团，换言之，他们是在隋朝末年大动荡中势力迅速崛起的地方豪强，所谓山东豪杰是以暴力提升社会地位的。江南文士则是在隋朝统一南方之前就已经存在的世家大族，他们一方面参与唐朝政治制度、典章则例的制定，另一方面又在江南地区继续发挥影响。这三支力量对于唐朝的建立和前期国力的恢复壮大都起了很大作用。

对于这三大政治势力，李世民利用他们的长处，从中调控，保持平衡，不让其中的任何一支力量凌驾于其它集团之上。例如关陇集团，大部分都是李氏家族的勋亲贵戚，有些还在李唐开国过程中建立了战功，如李神通、李道宗等人。这些人虽然对李唐王室忠心，但如果插手国家政务，就会成为妨碍。李世民让他们分居各地，一方面可以监督地方，起到镇邪的作用，另一方面他们地位虽高，但却没有实权，不会干预地方行政。而对于山东士族和江南文士等历史悠久、根基深厚的豪门大族，李世民一方面利用他们的力量，另一方面下令修撰了《氏族志》对他们加以抑制。

《氏族志》的修撰，分化瓦解了山东士族与江南文士之间由于地域、渊源等原因形成的小集团，而将他们统一整合为整体。另外，他采用科举制度录用官吏，打破了南北朝以来世家大族掌握政权的惯例。对于山东豪杰，李世民则尽力加以安抚。

对于这些原则，李世民还特意进行了解释说明。这一说明即使在现代看来也是相当先进的："作为一个帝王，只有他的行为公正才能使人民真心臣服。我们吃的用的都是来自民间，老百姓是我们的衣食父母。现在设置官位和履行职责都是为了百姓，当官不为民做主，不如回家卖红薯。所以应当选贤任能，不能以资历作为任人的标准。只有这样做，才能建立起良好的用人机制！"

接着，李世民又着手对历史遗留问题进行了定性，发布了重要文件，封已经死去的前太子李建成为息王，谥隐，前齐王李元吉为海陵王，谥刺。从我国谥法的角度来说，对于李建成这个谥号，李世民基本是给了个中等偏上的评价，大体看上去还是可以的；李元吉的谥就比较惨了，说他不听人劝，还忘记别人对他的爱护，不肯悔改。但无论如何，他们毕竟还是亲王。两人的尸体也都按照亲王的礼仪重新厚葬，由李世民牵头，联合原先两人的旧部一起送葬。李世民带头哭丧，下面的臣子们还不得更加卖力地哭啊。当时的哭声应该是可以撼动天地的，估计这些大臣哭亲爹亲妈也不过如此。李世民这些做法虽说只是收买人心的手段，但对于安定人心、团结一致向前看，作用还是相当明显的。

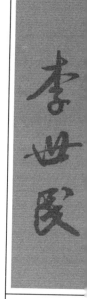

李世民的功臣良将

第六章

　　历史是一代人的，而不是属于某个人。李世民是成功的政治家，能够站在一定的高度，把握时局，恩威并施，统领朝廷文武百官。

　　房玄龄、杜如晦、李靖、尉迟敬德、秦叔宝、魏征，哪一个不是叱咤风云？哪一个不是名垂青史？这些堪称李世民左膀右臂的虎将们，跟随在李世民的身边，为大唐基业献出了自己的全部心血。

第一节　足智多谋房玄龄

姓名：房玄龄

别名：房乔

生辰：579 年

民族：汉

忌日：648 年 8 月 18 日（阴历）

籍贯：齐州临淄

国家：中国唐朝

职业：开国宰相

信仰：兼容并包

标准的正人君子

在儒家看来，房玄龄是个标标准准的正人君子。

他父亲病重，备受折磨的一百多天里，房玄龄衣不解带地伺候，尽心尽责，毫无怨言，诠释了孝子的概念。后来，他父亲驾鹤西去，房玄龄嚎啕痛哭，五天之内滴水不进，差点就追随先父而去。可谓至孝！

但不要就此把房玄龄看成一个只知道读死书，不问天下事的酸腐人。在他三十八岁那年，和李世民四目相对的刹那，二人是相见恨晚，也就是那一天，掀开了李世民和房玄龄精诚合作的序幕。

此后，李世民每次出征，都可以看到房玄龄的身影。李世民的每一个重大决策，都离不开房玄龄的缜密筹划和精心部署。房玄龄早早地就显示出了宰相的素质和水准。

但房玄龄为人低调，魏征是贞观年间有名的谏臣，李靖是战神，秦琼和尉迟敬德是左右双鞭，惟独少了房玄龄。在魏征等人屡次在李世民要犯错误的时候提出反对意见而名誉、物质双丰收的时候，房玄龄不但没有直言犯谏，而且每次受到李世民的批评都显得诚惶诚恐，让李世民在魏征等人那里憋屈过之后，在他这里显示一下帝王的威严。也算是用心良苦了！

房玄龄作为一代名臣，自然不是徒有虚名。他身上的优点那是多多的。

第一个就是足智多谋。

也许你会说没听说他出过什么良计啊。这主要是因为他是李世民的心腹，二人经常在小黑屋里面谋划国家大事，一般人怎么可能知道？而且，房玄龄的低调作风也不会外传。不过好在还有李世民，在贞观元年大封功臣的时候，李世民说："玄龄等有谋筹帷幄、定社稷之功，所以汉之萧何，虽无汗马，指踪推毂，故得功臣第一……"由此可见一斑。

而且，历史上素来就有"房谋杜断"的说法，这绝对不是盖的啊！这是有例为证的。有一次，房玄龄不知道怎么惹着皇上，离职回家了。过了一段时间，房玄龄听说皇上去了芙蓉园，就赶紧让家人打扫屋子，准备迎接皇上，说皇上马上就到。过了一会儿，李世民果然到了，带着房玄龄一起回了皇宫。

第二个就是忠心不二。

房玄龄三十年如一日的兢兢业业足以证明了这一点，而且，群雄并起的时候，每当战争胜利，大家都狂发战争财，而房玄龄却只专注于两件事：一是抓紧时间考查刚刚加入本方的弃暗投明者，把他们中能力出众的人送到李世民的麾下；二是积极主动地以老大李世民的名义与各位将领搞好关系，以至于各将领都愿意为李世民"效死力"。这样产生的结果是，势力不断扩大，而且，没有人当"汉奸"。历史上这样的人我只知道一个萧何，而且萧何也只做到了第一条。看来，房玄龄如果不当宰相，绝对是人力资源的极大浪费。

第三就是知人善任。

在这方面最为人称道的就是他力荐杜如晦。在李世民还是秦王的时候，李渊为了压制李世民，把他身边的很多人才调出了长安。面对人才流失的局面，李世民非常担心。这时候，房玄龄说，虽然调出去的人才多，也没什么好可惜的。倒是杜如晦这人见识不凡，是宰辅的人才。如果大王要做个藩王，这个人用处不大。如果要经营天下，这个人是非用不可的。李世民听此，就想方设法地把杜如晦留了下来。而事实也证明，杜如晦真的是个人才，不光是十八学士之首，而且，在征战王世充、窦建德等的战争中谋划了很多良策，同时也成就了"房谋杜断"的佳话。

房玄龄对于人才的鉴别能力让李世民非常信任，这是实践得出的真理。

贞观二十一年，李世民到翠微宫度假，房玄龄留守。正好有人从长安回来，李世民就问他，在他把司农卿李纬升调为民部尚书后，房玄龄的评价。来人说房玄龄只说李纬的胡子不错，其他别的就没说。李世民听后，不久就把李纬撤了，让他做了个刺史。

第四就是文采非凡。

　　房玄龄在十八学士中名列前茅，这绝对不是吹出来的。在多年的拟写奏章的工作中，他从来不打草稿，那是下笔如神、倚马可待，而且，逻辑清楚、分析透彻。李渊每次看完前方报来的文件，都深为其中的文采所打动，不禁拍案叫好。时间一长，李渊就犯嘀咕了：我那二儿子虽说也颇能写文章，但战事吃紧。写这一篇文章得费老鼻子劲，他哪来那么多工夫？

　　后来，李渊才知道儿子手下还有房玄龄这么个能人，所有的报告和书信都出自他的手笔，不禁大为赞叹："此人深知军政工作的要点与诀窍，每次替世民报告各项事务，都能准确抓住要领和我心里所关心的重点环节。虽然报告的是千里之外的事情，读来却像是有人详细地当面报告一样。"

　　贞观三年房玄龄任尚书左仆射后，第一个专项任务就是监修国史。

　　这不仅要求房玄龄有极高的文学素养，还得有良好的政治素质和丰富的史学知识。当然这是个大工程，老房一干就是十几年，直到贞观晚期，整个工作才告一段落。除此之外，房玄龄还曾经主编和参与编写了《文思博要》和《晋书》。

　　对于房玄龄的文采、智谋和忠诚，历史上曾有这样的评语：才兼藻翰，思入神机。当官励节，奉身忘上。这是绝对恰如其分的。

千古风流一坛醋

　　另外，在房玄龄身上还有很多好玩的事，比较著名的就是他惧内。这事朝野内外几乎无人不知。

　　就在李世民即位之后，选妃纳妾的事自然也是不能马虎。

　　房玄龄虽然已经官居一品，却十分忌惮家中的河东狮，纳妾之事更是想都不敢想。不过房夫人也不是一味撒泼惹事，对房同志的衣食住行安排得那是十分周详，算得上是十足的贤内助。

一次宫中设宴。席间气氛相当轻松，大家东拉西扯，不知不觉就把话题扯到了房玄龄和他夫人身上。说到这，大家都跟着起哄，说房玄龄怕老婆。男人在外面面子可是比什么都重要，怕老婆这种事儿怎么会当众承认？已经醉了的房玄龄便拍着自己的胸脯吹嘘自己在家如何威风，教训老婆那还不是家常便饭，小菜一碟……谁知，这下竟把李世民的兴致勾了起来。同样带着几分醉意的李世民严肃地批评房玄龄同志不能与时俱进，向潮流看齐，一把年纪了连个小妾都没有。末了甩下一句："朕现在赐给你美女二人，回去好好过日子吧！"

这一下，房玄龄的酒醒了大半，看看身边两位国色天香的美女，半点喜悦之情都没有："皇上，臣刚才是说着玩的，不能当真。两位美女还是留给皇上吧，臣就算了。"

"大胆！房玄龄，你竟敢欺君？刚才是你自己说的，你们家你说了算，朕乃一国之君，君无戏言，这两位美人就是赐给你的，不要再推脱了。若再喋喋不休，莫非想抗旨不成?!"

听了这话，房玄龄不敢说不要了，但也不敢说要，只好一言不发地跪在地下。

这时，脾气直爽的尉迟敬德踉踉跄跄地走过来打圆场："房大人，尊夫人为人刚烈，但这两位美人乃是皇上所赐，又不是你自己在外面找的。她再厉害，你只要说是皇上的旨意，谅她也不能怎么样！"

这下房玄龄没辙了，只好愁眉苦脸地带着两个美女回家了。

然而房夫人一见房玄龄居然大摇大摆地带着两个狐狸精回家，也不管什么旨意不旨意，操起手边的惯用兵器——鸡毛掸子就杀了过去，还边打边骂，不准这两个"小贱人"进门，否则房玄龄也别想进屋。房玄龄无奈，只好把两个美女送走。当晚，房同志说尽了好话，才算了事。

好事不出门，坏事传千里。这事很快就被狗仔队八卦了出

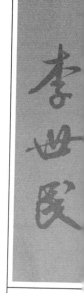

去。李世民觉得应该教训一下这个悍妇，一来为房玄龄出气，二来自己的旨意她居然不执行，这面子太挂不住了。于是把房玄龄和他夫人召到了朝堂上。李世民一脸严肃地端坐，旁边站着神情古怪的群臣。

还没等他们说话，李世民先说话了："房夫人，你抗旨不遵，居然把朕赐给房爱卿的美人赶出府，该当何罪？"

"臣妾抗旨，有违皇命，按律当死！然而臣妾夫妻二人举案齐眉，相敬如宾，那两个女人若进了府，必以色邀宠。臣妾辛苦多年，怎能将房家拱手相让？！"

听了这话，李世民差点笑晕了，不过他忍住了，以更加严厉的口吻训斥道："也罢。朕现在给你两条路：一，领回美女，好好过日子；二，不领，喝下朕赐你的毒酒。你自己看着办吧！"

房夫人自知自己不如两个美女长得好，而且一旦领回家中，自己肯定会被气死。早晚都是一死，那就现在吧！于是慨然道："臣妾情愿一死，以明臣妾之志，同时偿还抗旨不遵的罪过！"

一旁的房玄龄急了，他了解自己的妻子，知道她素来说到做到，要真搞出人命来自己可是撞墙都来不及了。于是，他连忙跪地磕头请求皇上开恩，收回成命。

李世民没理会他，很快，一坛子毒酒就端了上来。

房夫人一愣：毒酒怎么这么快就配好了？莫非皇帝早就打算杀我？唉，事已至此，只好按自己说的办了。于是端起酒杯，一口气把毒酒喝了个干干净净。喝完一抹嘴，等着去见阎王。

跪在一旁的房玄龄抹着眼泪把夫人搂在怀里，打算来个诀别。只听见群臣哈哈大笑，夫妻二人一下就晕菜了。这时候李世民说话了："房夫人，别怨朕用醋代毒酒逼你，你妒心也忒大了。不过念你宁死也恋着丈夫，朕就把美女收回来。你们回去吧。"

从此，老房成了模范丈夫的标杆。而"吃醋"一词也因此流传出去，成为女人妒忌的代名词。

房玄龄的另外两怕

除了怕老婆，房玄龄还怕官员和皇上。

房玄龄官居宰相，但对同僚却和蔼可亲，丝毫没有架子，即使受了委屈也不多和别人争辩或者打击报复。

有一次，房玄龄病了在家休息，同僚们就商量一起去看他。这时一个涉足官场不久的小官半开玩笑地说："看望生小病的宰相还行，要是病得快死了看了也白看呀！"这笑话绝对的冷，没有一个人应和。这小官话一出口就后悔了——这不是在咒人家吗？要是被房大人知道了就完了！果然，很快这事就传到了房玄龄耳朵里。当官员们一起探望房玄龄时，房玄龄把那个小官儿叫到床前，一言不发，只是意味深长地看着他。没一会儿，这小官就崩溃了，扑通一声跪倒在地上，嘴唇打颤，一句话也说不出来。就在他想着自己会怎么死的时候，房玄龄大笑着让他起来，说："现在你来看我，正说明老夫一时半会还死不了呢！"大家哄堂大笑，那个小官也跟着笑了。

宰相肚里能撑船，也就是这样吧？！

其实说到房玄龄怕皇帝，倒不如说是"了解"更贴切。

房玄龄从617年就跟着李世民，深知他的脾气。李世民堪称一代明君，但绝不是十全十美的人物；他的各项才能都很突出，但也自视甚高，容易着急上火；他虽可以暂时压住自己的脾气，但总要找个地方发泄。而老房就甘愿做了他的出气筒，始终遵循"三不"的原则：不争辩、不顶撞、不抱怨。李世民把从魏征那生来的气直接就发到了房玄龄身上，房玄龄逆来顺受，认认真真听完领导的训话，行个礼，转身继续该干嘛干嘛。刚才的话，就当是蚊子在耳边哼哼两声，完全不往心里去。

老房不是没骨气，只是太了解李世民，太理解李世民：身为皇上，日理万机，还常被人暗地里骂，难免心里有火。我身为宰辅，就多牺牲点，总比皇帝最后暴虐成性，胡作非为的好！

结果，谁知李世民后来不光是骂，还撤了他的职。有一次，李世民在金殿上因为鸡毛蒜皮的小事大骂房玄龄，临了撂下一句狠的："你给朕脱下官帽，回家老实待着！"

房玄龄也不争辩，谦和地摘下官帽，回家去了。他是没事，他家人却慌了。老房对此很平静："把门口的路啊台阶啊好好打扫打扫，门、桌椅什么的也都要擦擦干净，待会儿要有贵客上门。"果然，不一会儿，李世民亲自来接老房了。老房呢，跟平时一样，按规矩接驾，然后一起回宫。一路上两人都不提这事，仿佛什么都没发生一样。

说了这么多，可能你会觉得房玄龄就是个怕老婆怕同僚怕皇帝，天天骂不还口，打不还手，和稀泥的高手罢了。但是，这正是房玄龄为官最为成功的地方，他不是怕自己的同僚，而是这样才能更好地处理好彼此之间的关系；他不是怕皇上，是因为他体恤皇上，理解皇上。正是这种拿捏得恰到好处的能力，使得房玄龄的口碑在整个唐朝都是最好的。

他像一个杠杆，平衡着整个唐朝。他不偏不倚，公平正直而又谦虚地对待身边的每一个人，认真聆听他们的意见和抱怨，帮助他们化解困难和矛盾。正是这样的努力，这些风流人物的各种才能才得以形成一股向心的力量，推动着贞观之治这辆大车隆隆地向前驶去。虽然现在提到贞观，大家首先想起的可能是魏征的直言进谏、李世民的雄才大略、李靖的军事天才等等，房玄龄好像既不特别也不著名，但是他，的的确确是贞观之治的大功臣，他的事迹，就叫做"贞观"。

当了宰相后，房玄龄时刻铭记自己的职责，无论白天黑夜，只要是该自己负责的工作，无不尽心尽力。他的标准是：不让一件事情做不到位；不让一个东西被放在不该放的地方。

他是这么想的，也是这么做的。事无巨细，只要和自己的工

作有关，他统统亲自处理。最后，连李世民都看不过去了，吩咐他说："老房，你和老杜做仆射，不是给朕当苦力。应当多了解基层情况，为朝廷选拔人才。现在天天坐在办公室里看文件，哪有工夫去寻访人才？还有啊，不要搞得跟朕一样，以前那么标准的身材，现在天天坐着不动，连肚子都鼓起来了。你们几个可都听清楚了啊，以后常规的事情报告给尚书丞就可以了，大事再报告给两位仆射。"

做事认真，房玄龄做人也是一流。从不刻意挑剔来访者的出身和缺陷，而是人尽其才地帮助他物色一个合适的岗位。

对于房玄龄这种人，我们该怎么称呼？

良相！

除此之外，还有更恰当的吗？

第二节　十八学士之首杜如晦

姓名：杜如晦

生辰：585 年

忌日：630 年

籍贯：京兆杜陵（今陕西西安东南）人。

职业：宰相

特长：善断

在李世民还是秦王的时候，通过房玄龄的引荐，使得李世民留住了杜如晦这个房玄龄口中"要想治理国家，此人不可舍"的人物。杜如晦没有叫李世民失望，他从此跟随李世民左右，参赞机戎，成为李世民智囊团中的核心人物。

武德元年（618 年）八月，薛举兵强马壮，趁李唐政权建立不久，出兵东犯。李渊派李世民统兵征讨，杜如晦随军参赞，经过两次交战，唐军彻底打垮了西秦的势力，解除了西北方面的威胁。李渊为嘉奖李世民的战功，命其出为使持节陕东道大行台。杜如晦随行任大行台司勋郎中，封建平县男，食邑三百户。在这之后，李世民连续统兵东征刘武周、宋金刚、王世充等武装割据势力，杜如晦每次都跟着，为李世民参谋帷幄，决胜于疆场。杜如晦遇事善断，因此处理公务迅速无误，绝不拖泥带水，是同僚中最为干练的人。武德四年（621年）十月，李世民为了笼络人才，研究文籍，设立了文学馆，设置十八学士，杜如晦被选为学士之首。

后来，杜如晦被任命为尚书右仆射，房玄龄被任命为尚书左仆射。他们二人都是自太原起兵不久就投入李世民帐下，为李世民出谋划策，功劳赫赫。现在二人共同负责辅佐朝政，提拔人才。更难得的是他们彼此惺惺相惜，同心协力，从来没有出现过常见的面和心不合、互相拆台的情况。房玄龄善于出谋划策，杜如晦善于决断，"房谋杜断"堪称黄金组合。朝野上下对此是好评如潮。

可惜天妒英才，贞观四年，蔡国公、检校侍中、摄吏部尚书、总监东宫兵、尚书右仆射杜如晦（这都是杜如晦的官职）病重不起。李世民十分关切，派太子李承乾前往问安，后来又亲自前往探望。

杜如晦对于李世民的到来，感动得是涕泪纵横，二人相对，流了半天的泪。最终，人力没有战胜病魔。贞观四年三月十九日，唐朝名臣，久经考验却尚未大展宏图的杜如晦因病去世，年仅46岁。

李世民伤心地大哭一场，追封他为开府仪同三司（文官正一品，非领导职务）。下葬时，又再加封司空，谥号"成"。同时，命令书法家虞世南为杜如晦撰写碑文。

李世民

【第六章】李世民的功臣良将

谥法曰：安民立政曰成。这个谥号，充分体现了朝廷对杜如晦所做贡献的肯定。此后一段时间，李世民得到什么好东西，都要派人送一份到杜家，就连一次李世民吃到一个进贡的甜瓜，觉得味道很好，也立刻分出一半派人送到杜如晦的墓前，进行祭奠。每每谈起杜如晦，就忍不住伤心流泪，并对房玄龄说："以前卿和如晦一起辅佐朕。如今朕只能看到你，却看不到如晦了！"

李世民的想念不是没有道理的，这么多年的追随，即使没有功劳还有苦劳，何况杜如晦本身就是有才的。玄武门之变的时候，就是他和房玄龄一起为李世民出谋划策的。

李世民登基之后，杜如晦先是任兵部尚书，后来又以本官检校侍中，摄吏部尚书。贞观三年任尚书右仆射兼吏部尚书。房谋杜断的黄金组合，在贞观年间制定了很多的典章制度。

第三节 "战神传奇"李靖

姓名：李靖

生辰：571 年

忌日：649 年

民族：汉族

籍贯：雍州三原（今陕西三原县东北）人

职业：军事家将领、军事理论家

在李世民众多的功臣良将中，李靖绝对是名副其实的战神。在李世民还没有当上皇帝的时候，李靖就负责在南方征讨萧铣，而且立下了赫赫战功，被李渊称为敌人的克星。后来，在李世民做了皇帝之后，更是战功累累。

李靖出生在一个官宦之家，隋朝名将韩擒虎是他舅舅，还差点就成了宰相。爷爷李崇义是隋朝的殷州刺史，被封为永康公；爸爸李诠是隋朝时候的赵郡太守。可以说，李靖他们家是非常有势力的。李靖长得仪表堂堂，身材魁梧，由于受家庭环境的熏陶，从小就有文韬武略。

李靖的童年应该是非常顺利的，不愁吃不愁喝的，家里有钱也有权。但是李靖的仕途开始的时候却不是很顺利的，他先任长安县功曹，后历任殿内直长、驾部员外郎。这些官职也就是相当于在县里混了个一官半职。但是李靖的亲属都是高官大臣，自己怎么能就做这些小官呢？

如果李靖一直沉默下去，也许我们在后来就不会看到李靖在战场上的骁勇身姿，也不会听到那些出自他口的锦囊妙计，而他的舅舅估计到现在也不会闭上眼的。

发光的金子

不过，是金子总是会发光的，李靖的机会来了！

大业末年，李靖任马邑郡丞。他敏锐地察觉到李渊有反隋的动机，因为当时他觉得李渊和杨广相比，不算是什么超级潜力股，他更看好杨广。于是"自锁上变"，前往江都，准备向杨广告发此事。但等他到了长安，关中已经乱作一团，道路因为战事阻挡，根本没法通行。不久之后，自己不是潜力股但是儿子李世民是绝对潜力股的李渊竟然出乎李靖的意料攻占了长安，做了皇帝。李渊俘获了李靖，本来准备一下子结果了李靖，但是爱才如命的李世民怎么舍得？于是李靖被李世民召入幕府，充做三卫。

可以说，李世民不光是李靖的救命恩人，还是他的伯乐。正是因为李世民的赏识，李靖的军事才能才真正地得到了施展和发挥。

在李渊要求李靖下江南攻打萧铣的时候，因为遇上萧铣的大队人马不能贸然前进，这时候李渊想官报私仇，就派自己的老朋

友许绍暗中杀了李靖。但是爱才的人不是这么轻易就会放过一匹千里马的，在许绍的保全下，李靖成功度过这一劫。而在后来的战争中，李靖没有让大家失望，他献上的锦囊妙计使得战争的进程向前推进了很多，取得了完胜。这下子，李渊真的要庆幸自己没有一怒之下杀了李靖，否则就是唐朝大大的损失了。李靖也因此成了"使功不如使过"的典型，更是得到了李渊的高度赞扬，说古代的韩信、白起、卫青、霍去病都比不上李靖的军事才能。这可是十分了得的。

在李世民刚刚登基不久，突厥就向中原发起了猛烈的进攻。就是想趁唐朝还没站稳脚跟的时候，先下手为强，免得自己以后没有好处费可以拿。对于突厥这次进攻，李世民没有含糊，他派李靖率领三千骑兵、一万步兵直趋幽州，路上跟尉迟敬德和长孙无忌的军队会合。而李世民自己在这边谈判，如果不成功，到时候再动手。李靖依计，月黑风高的时候带兵走了。

但是这次因为李世民的有勇有谋，两手抓，两手都要硬，最终瓦解了颉利可汗和突利可汗的联盟，双方速立了"便桥之盟"，减少了一次流血事件的发生。

事后，李世民加紧练兵，因为他知道，突厥还会卷土重来的。

后来，突厥内部矛盾骤起，而且天降大雪，比去年南方的雪灾还要严重，一时之间，突厥陷入困境。这时候就有大臣建议李世民趁机出兵，但是李世民是仁义之师，怎么会做这么不耻的事儿呢？不过，后来李世民用计引突厥人为了维护自己的小弟梁师都首先向唐朝开火，这下，李世民抓到了对方的把柄，顺理成章地发动战争。在选择总指挥人选的时候，李世民很自然地想到了李靖，不仅因为李靖曾经立过很多战功，更是因为李靖是有很丰富的作战经验才有了今天的赫赫战功。

随即，李世民命兵部尚书李靖为定襄道行军总管，以张公瑾为副手，发起了强大的军事攻势。又任命并州都督李世勣、华州刺史柴绍、灵州大都督薛万彻等为各道总管，统率十几万军队，分道出击突厥。

贞观四年正月，寒风凛冽，李靖率领着三千精锐骑兵，冒着严寒，从马邑出发，向恶阳岭挺进。颉利可汗万万没有想到唐军会如此从天而降，吓得面无血色。随即断定，唐军已经派大军来了。李靖听说这件事后，心头涌上一计。他暗中命令自己一个比较能忽悠的部下偷偷去颉利可汗那边，离间颉利可汗的心腹。突厥人禁不住中原人舌灿莲花的忽悠，居然真的被征服了。所以说说话是一门艺术呢。颉利可汗的亲信康苏密前来投降。李靖迅即进攻定襄，在夜幕的掩护下，一举成功攻入城内。另外还给李世民献上了康苏密带来的杨正道和萧皇后。

在后来颉利可汗准备投降，李世民也已经派唐俭去接洽颉利可汗的时候，李靖认为这是消灭颉利可汗最好的时机，于是不顾唐俭已经在颉利可汗的牙帐中的事实，一意孤行地发动了攻势。李靖率军到达阴山，遇到突厥斥侯千余帐，一下子就全部俘获了他们，李靖命令他们与唐军同行，为的就是混淆颉利可汗的视听。这时，颉利可汗见到唐使臣，果然放松了戒备。李靖前锋苏定方率领的两百余骑又乘着大雾，悄然疾行，直到距牙帐七里远的地方才被颉利可汗发觉。如同惊弓之鸟的颉利可汗慌忙骑马逃走，突厥军也四散奔逃。李靖大军随之赶到，杀死一万多人，俘虏了十几万人，缴获牛羊数十万只，并且杀死了爱搬弄是非的义成公主。

好在唐俭比较擅长逃跑，成功地逃脱了。李靖和李世勣也成功地击溃了颉利可汗的余党，虽然没有抓住颉利可汗，但是颉利可汗的好日子也没过几天，就被送到了长安。

回到长安以后，别的平定突厥的人享受的是鲜花和掌声，只有李靖得到的是责备和一顿臭骂，还差点被弹劾。理由就是有人

说李靖放纵自己的兵士抢掠颉利可汗牙帐里的珍宝。李世民听说这件事后非常生气，颉利可汗战败，他的珍宝当然是要收归国家的，没准里面还有自己前几次送出去的财宝呢！

好在李靖认错的态度非常好，在李世民批评自己的时候，一句辩解的话都没有，只是磕头谢罪。李靖毕竟曾经立过大功，李世民觉得不能只罚不赏，于是就在李靖差点被弹劾的时候，还是让他得到了很多的封赏。后来李世民知道李靖是受了诬陷，于是又找来李靖谈话，说自己错怪他了，要李靖别在意。随后又赏了李靖两千匹绢，并任命他为尚书右仆射。

六十三岁又出征

作为宰相之一的李靖，实在是有些英雄无用武之地，每次商议国家大事，李靖都是沉默的羔羊。后来，李靖实在是无法继续忍受这样的境况，以脚上有伤为由，要病退。李世民却觉得李靖这时候是在发扬风格，不再继续让他做右仆射，而改作特进。一切待遇不变，病好之后，还是要每隔两三天就要到门下省和中书省去商议国家大事。估计李靖当时不知道会有多郁闷呢，有眼光毒辣之称的李世民怎么就不明白李靖的心思呢？

好在很快，那个不知天高地厚的吐谷浑就让李靖得到了解脱。李靖主动请缨要去攻打吐谷浑，尽管自己已经六十三岁高龄了。李世民看李靖如此义不容辞，自然是非常高兴，于是任命李靖为主帅，全面指挥战斗。

李靖出马，果然不凡！

李靖奉命赴任的时候，正是寒冬腊月。他一路踏着冰雪，风餐露宿，备尝艰辛。第二年闰四月，李靖就带兵杀到了吐谷浑的腹地。后来，吐谷浑觉得唐军千里跋涉来到这边，就决定坚壁清野拖垮唐军。面对这种境况，李靖果断地采纳了侯君集的建议：趁现在吐谷浑君与臣、父与子都走散的时候，一举拿下他们。李

靖兵分两路，自己与薛万彻、李大亮率领北路军进攻，侯君集和李道宗率南路军进军。

李靖的北路军跟敌人展开了死战，先是在曼头山击败吐谷浑，获得了很多牲畜，补充了给养。五天后又在牛心堆击败吐谷浑，后来又在赤水原打败吐谷浑。在这样的攻击下，吐谷浑最终战败。

但在这期间却发生了一件事，让李靖大大地不爽。事情是这样的，在进击吐谷浑时，利州刺史高甑生任盐泽道总管，没有按期到达，贻误了军机。这种事是兵家最为忌讳的事情，高甑生自然受到李靖的责备。

宁得罪十个君子，不得罪一个小人。高甑生就是这样的小人，回朝后，他就寻机报复李靖。他串通广州都督府长史唐奉义给李靖扣了一个大大的帽子——谋反。李世民不是傻子，知道凡事要讲究证据，不能只听一面之词。于是把此事交给了检察院，彻查此事。最后，查明是高甑生搬弄是非，于是判处他流放边疆。从此以后，李靖谢绝见客，即使是自己的亲朋好友都不容易见到他。也就是生性与世无争的李靖这样罢了，换一个脾气差一点的，估计真的会一气之下反了。而李靖的这个选择也不得不承认是很明智的，因为它得以让李靖安度余生。

恬淡的晚年生活

李靖的一生是戎马倥偬的一生，他南平吴会，北清沙漠，西定慕容。如果不是年龄所限，在李世民东征高丽的时候，我们也一定可以看到李靖矫健的身影。贞观二十三年，李靖死后被追赠为司徒和并州都督，他的坟墓的形状像突厥的铁山和吐谷浑的积石山，这是李世民的意思，为的就是表彰李靖平定突厥和吐谷浑的功勋。

在李靖功成身退之后，如果红拂夜奔这个故事不是很离谱的话，那我们更有理由相信，李靖跟那位美丽的夫人日子过得是非常惬意的。

除此之外，李靖为了不让自己的老年生活太过乏味，将自己的注意力集中到了写作上。他写了很多的军事理论著作。但是，很遗憾只有两部流传到了今天。其中一部就是著名的《唐太宗李卫公问对》，在北宋时期，它跟《孙子兵法》、《吴子兵法》、《三略》、《六韬》、《司马法》、《尉缭子》一起被官方编成《武经七书》。另外一部是《李卫公兵法》，现在很多史学家认为，这本书的价值甚至已经超过了《唐太宗李卫公问对》。

李靖的一生，可以说阅历是非常丰富的，先是在基层混，后来得到提拔开始征战南北，除了东方战线上没有打过仗，其他三方都看到过李靖的雄姿。而且，他一生没有尝过败绩，这是非常了不起的。更为难能可贵的是，他在兔死狗烹的古代，立下如此赫赫战功之后得以善终，是非常难得的。当然，这主要归功于他的恬淡和低调。所以说做人是需要低调一点的。

第四节　千古金鉴魏玄成

姓名：魏征

生辰：580 年

忌日：643 年

籍贯：河北

职业：思想家、政治家

特长：口才好

苦练口才

魏玄成就是魏征，玄成是他的号。他是个孤儿，也是八辈贫农出身。在连温饱都解决不了的困难时期，魏征没有只想到挣钱，而是选择做了道士。做道士他也是不太合格的道士，因为别的道士肯定是会潜心地修炼自己的内功，没事儿画画符儿、捉捉鬼什么的。魏征不是，他把工夫下在了看书上，而且看的不是跟道士有关的书，而是纵横之说方面的书。所谓的"纵横之说"指的是战国时候的苏秦主张的合纵和张仪主张的连横这样的本事。这种书就是教会你如何用自己的三寸不烂之舌来劝动那些有权有势的人，让他们听你的。苏秦当年不就是苦练的这门内功，最后飞黄腾达的嘛。

看来，魏征是有意要在仕途这条路上谋发展了。

611 年，杨广东征高丽激起了王薄等人造反，乱世的大幕被彻底拉开。机会总是留给那些有准备的人。魏征当初的努力马上就要有施展的舞台了。因为那样的三寸不烂之舌需要动乱的时代。

在各地群雄纷起的时候，魏征被隋武阳郡（治所在今河北大名东北）丞元宝藏任为书记。后来，元宝藏觉得跟着李密混，前途无量，于是归降了李密，魏征也被拉了过来。后来李密发现元宝藏手下的这个秘书是个人才，决定把他挖过来，虽然是个男秘。魏征因此来到李密身边，被李密任命为元帅府文学参军，做李密的秘书。

假如李密没有当时的骄狂，也许魏征跟着称王的李密也会混到部级干部，再说远一点，也许还可以做上宰相也说不定。但是，历史从来就是没有假设的，如果李密真的得到天下，也就没有了关于李世民的种种。在进攻王世充的时候，李密犯了致命的错误，这一切最终成就了李世民。在打败窦建德之后，魏征做了李建成的手下，给李建成出了很多的主意，成功战胜刘黑闼就是魏征的计谋。

在李世民发动玄武门之变前，魏征就多次劝说李建成要先下手为强。但是因为种种原因，李建成就是扶不起的阿斗，最终，让李世民给消灭了。李世民发扬一贯的爱才如子的优良作风，不计前嫌，将魏征收到自己门下。并且，在最初魏征不信任自己的时候，不断地找魏征谈话，最终赢得了魏征的信任。

三易其主的魏征这次终于可以英雄有用武之地了。

忠臣与良臣的辩论

玄武门之变后，魏征前往黄河以北做安抚工作，非常恪尽职守，严格执行李世民的命令，大胆地释放了李元吉和李建成的旧部。此举虽然遭到别人的怨恨，但是却得到了李世民的赏识。此后，魏征一发不可收，在贞观元年一年就向李世民提了二百多条建议，这其中有很多的谏言。这一年，魏征被提拔为尚书左丞。

后来，有人告发魏征提拔自己的亲戚当官，结果，查无证据。李世民觉得魏征性子太直，不懂得避嫌，应该批评一下。谁知，这下子竟然把魏征给惹毛了。

魏征向李世民上奏说，君臣本为一体，如果只知避嫌不讲公道，国家想要兴旺估计就会比较困难了。李世民一听，魏征是对自己的批评有意见了，于是赶紧道歉。谁知，魏征依然不依不饶，坚持自己是愿意做良臣不愿意做忠臣。

一番话说得李世民兴趣大起，忙问他良臣和忠臣有什么区别。

这下魏征又开始用自己的三寸不烂之舌讲了起来。他说，龙逢、比干明知道君主是昏君、暴君还要死谏，是不折不扣的忠臣，而稷、契那种辅佐明君成就一番大业的则是良臣。做良臣君臣双赢，做忠臣两败俱伤。（"良臣，稷、契、咎陶是也。忠臣，

龙逢、比干是也。良臣身获美名，君受显号，子孙传世，福禄无疆。忠臣身受诛夷，君陷大恶，家国并丧，空有其名。以此而言，相去远矣。"）

其实仔细分析这段话，就可以看出其中的漏洞，为什么说呢？魏征本能的缩小了忠臣和良臣的范畴，使忠臣和良臣相互对立起来。按照他的意思，忠臣只是龙逢、比干这样在昏君、暴君手下做事的人，不包括那些明君手下上班的人。在那些同时具备忠和良两种因素的人身上，他只承认良，而不承认忠。但是，事实上，良臣就属于忠臣的范畴。

魏征为什么要这样区分呢？这其中当然是有玄机的。如果拿魏征跟历史上的人物相比较的话，他无疑是唐朝版的吕布，一个不折不扣的三姓家奴。元宝藏暂且不说，先是李密，然后是李建成，现在是李世民。估计现在他自己也根本不好意思把自己往忠臣那个行列拨拉了。既然事实已经如此，魏征也没有什么别的好做，只好为自己炮制了一个听起来高于忠臣的良臣之说。把那些历史上功成名就的人们划到良臣堆里，而忠臣堆只剩下那些被人鄙弃的愚忠之臣了。

魏征用自己舌灿莲花的功夫，为自己赶制了一件良臣的衣服，从此跟"三姓家奴"彻底说拜拜。而李世民也彻底被魏征的口才征服，不但没生气，还赏了他五百匹绢。

不过要说的是，虽然魏征跟传统意义上的忠臣有很大的区别，但是魏征通过自己后来的努力，用行动证明了自己也算得上是现代版的忠臣——忠于国家之臣。在李世民但凡有点想要惊扰百姓、劳民伤财、大举用兵、有损公德的苗头的时候，魏征一定会站出来反对。

跟随太宗发光发热

贞观六年的某一天，李世民在丹宵楼跟大臣一起喝酒，酒意正浓的时候，李世民问身边的长孙无忌，为什么自己不采纳魏征的谏言的时候，魏征理都不理自己？长孙无忌说，可能是魏征怕跟皇上说话之后，谏言会作废。李世民更糊涂了："那就先答应了，以后再进谏啊？"魏征这时候说话了："舜曾经教导群臣不要当面顺从，背后嘀咕。如果我当面答应，背后再去嘀咕，不就违背了圣人的教诲了吗？"

李世民大笑道："人人都说魏征骄狂傲慢，可我觉得他很可爱，正是因为这样啊！"

可以说在贞观前期，李世民谦虚的时候，魏征的进谏基本都可以被采纳，但是即使是这样，毕竟伴君如伴虎，也总会有把皇上惹毛的时候。有一次，魏征在朝上把李世民弄得相当不快活，于是跑到长孙皇后那里去告状：总有一天要杀了这个乡巴佬！

长孙皇后那是谁？非常适合做和事老。早年李渊对李世民心存戒备的时候，一般都是长孙皇后在一旁为李世民说好话，可以说在很大程度上帮了李世民。现在，长孙皇后发挥一贯的优良作风，劝说李世民：有英明的君主才有正直的大臣敢于进谏，因为这个大臣知道，君主英明可以听得进去。一番话说得李世民眉开眼笑，也就忘记刚才说的要杀魏征的事儿了。看来，皇帝身边要多几个这样明智的妃子，这样的话，也可以少很多杀戮和冤屈了。

这边李世民不再想着要杀魏征了，但是，你想，身边有这样一个大臣在，经常直言不讳地否定你或者批评你，也是很恐怖的一件事。所以，李世民对于魏征也是有几分怵的。

有一次，李世民得到一只鹞子，玩得正高兴的时候，魏征来了。李世民一看，赶紧把鹞子藏到怀里。魏征那是什么眼？这点小情况还不尽在掌握。于是他故意在李世民面前啰里八嗦、磨磨唧唧的说个没完没了，然后才走。魏征是走了，鹞子也回不来了，因为已经被憋死了。

还有一次，也很有意思。长孙皇后死了以后，李世民很是悲伤，毕竟这个女人曾经陪伴自己走过那么长的路，在自己身经百战的时候，不离不弃。长孙皇后死后，李世民把她埋在昭陵，为了能够在宫里看到昭陵，李世民就下令在皇宫内修建一座高楼，有时间就上去凭吊一下。这还不算，还总是把魏征拉上去一块眺望。魏征本身就对这件事不太满意，就说自己是近视眼，看不到远方的什么东西。

李世民一听，很着急，就指着昭陵的方向说，那不就在那儿吗，怎么就看不到呢？这时候魏征说了一句话，不光让李世民不再上楼眺望昭陵，还把专门看昭陵的高楼拆了。魏征说：我还以为陛下是眺望献陵呢，哪知道是让我眺望昭陵啊！

绝了！

因为献陵埋的是李渊，而昭陵埋的是长孙皇后。那个时代人人重视孝道，太过明显地重视媳妇儿是会被人鄙视的。

晚年锋芒见低

但是，跟李世民掐了很多年后，在魏征晋升为侍中，也就是宰相之一，左光禄大夫，并被封为郑国公的时候，魏征开始以眼睛有病向李世民递交辞职报告。李世民知道没有魏征，自己这么些年不会这么顺利，很舍不得，就对魏征说："金在矿里的时候不珍贵，等良匠做成器皿就值钱了；朕现在就是金子，你就是良匠。你眼睛不好，但还不老，怎么能就这样离职呢？"

这招无效，魏征就当面向李世民请辞。李世民无奈，只好同意他辞去侍中职务，但是门下省的事儿还要管。同时也给魏征封了个特进的官职，李靖当年也是特进。

这事儿暂告一段落。时间流逝，国力越来越强盛，但李世民也变得越来越听不进大臣的劝谏。魏征一如既往地讽刺李世民，说李世民越来越听不进大臣的劝告，惩罚也越来越多。后来，李世民要去泰山封禅，就是祭拜天地，但凡成就卓著的君王一般都会这样做。魏征又出来反对。李世民有些生气，就说："我的功劳不高吗？我的功德不厚吗？四方的民族不太平吗？远方的部落不仰慕我吗？五谷不丰吗？怎么不可以呢？（功岂不高耶？德岂不厚耶？诸夏未治安耶？远夷不慕义耶？嘉瑞不至耶？年谷不登耶？何为不可？）"

一大段排比，看来李世民不是不高兴，是相当不高兴。

可是李世民面对的是魏征，不是别人。尽管这时候的李世民可谓是功高德厚，四方臣服，百姓安康，国力强盛，政治清明，国家的外来使者络绎不绝，历史上这样的局面一般很少出现。魏征仍然拿得出不去封禅的理由。魏征说现在虽然国富民强，但是百姓得到的实惠并不多；四方臣服，但是不能满足他们的需求；五谷丰登，但是仓库还没有满。言外之意就是国家还有待进一步发展。这还不算，魏征又接着说，现在表面上看上去也许我们的国家是比较健康，但是一旦"做重活、走远路"就会暴露出内部问题来。封禅不但惊扰百姓，还会被人家看出我们的真实实力。

最终李世民没有去封禅，当然有一部分原因是天文问题，这样才有了后来征战薛延陀的胜利。

但是我们不得不为魏征捏一把汗，这样的直言不讳，放在很多君主身上，估计早就拉出去枪毙五分钟了。遇上商纣、夏桀，早就死无全尸了。还好他比较幸运，遇上的是李世民。

李世民对于魏征的评价很高：贞观之前，跟随我打天下，历经艰难险阻的是房玄龄，堪称第一；贞观之后，为我献计献策，直言犯谏，纠正我的过失，魏征堪称第一。这二人就算是跟古代的名臣比起来也是完全不逊色啊！为此，他还把自己的佩刀赐给了他们俩，可以说是至高的荣誉了！

贞观十六年，在李世民为太子的事儿焦头烂额的时候，李世民把魏征选为李承乾的太子太师，用来辅佐太子。但是，就在这一年，魏征病故，享年六十三岁。李世民对此非常伤心，不光亲自到他家哀悼，还亲手为魏征撰写碑文。

但是后来发生了一件事，使得李世民又把魏征的碑弄倒了。那就是由魏征极力向李世民推荐的宰相候选人侯君集和杜正伦相继犯了错误，李世民开始怀疑正直的魏征也背着自己结党营私。后来，李世民又听说了魏征要收录自己的谏诤语录在褚遂良面前炫耀的事儿，李世民这下子就彻底爆发了，碑也弄倒了，衡山公主和魏征儿子的婚事也取消了。

但是后来李世民东征高丽后，又想起了魏征的好，知道如果他还在世，一定坚决反对自己东征。于是又派人把碑竖了起来，还把魏征的家属请来安慰。

纵观魏征的一生，那是正直无私，为了国家社稷，为了百姓安康，屡次在李世民要犯错误的时候提醒他，让李世民更加专心地关注民生，关心百姓。贞观一朝的政治如此清明，国力如此强盛，很大程度上源于魏征的进谏。在魏征死的时候，李世民曾经对大臣们说："夫以铜为鉴，可以正衣冠；以史为鉴，可以知兴替；以人为鉴，可以明得失。今魏征殁，朕失一鉴矣！"可以说，魏征是当之无愧的"千古金鉴！"

而追溯魏征的直言敢谏，其中有一部分遗传于他的父亲。他父亲魏长贤在北齐做官，也是相当地直言敢谏，因此没少得罪人。曾有朋友劝他要低调一点，魏长贤说："人生在世，都渴望有所建树。每个人的追求不一样，于我，则要尽我所能，求仁得仁，言与不言在我，用与不用在时。无论结果如何，都不需要抱怨。"

有一个这样的父亲做榜样，也难怪魏征会如此地直言不讳，逼得皇帝跟自己的老婆告状。而有这样的名臣，是人民的福气，皇帝的造化，国家想要不富强都难。

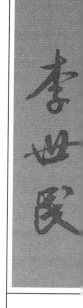

【第六章】李世民的功臣良将

第五节　勇冠三军尉迟敬德

姓名：尉迟敬德

生辰：585 年

忌日：658 年

民族：于阗尉迟部族（传说是）

籍贯：朔州善阳（今山西朔城区）人。

兵器：单鞭、丈八长矛。

座驾：踏雪乌骓马。

描述：隋末唐初名将

柏壁之战被收服

提及大唐，就不能不说唐太宗李世民；而说到李世民，就不能不谈及他手下的几员心腹大将。其中就有"勇冠三军"的尉迟敬德。

尉迟敬德作为传统门神被人们所熟知，但如若追问究竟他跟唐太宗李世民有怎样的渊源？为唐朝做了哪些贡献？恐怕知道的人就少了。

尉迟敬德的身份很特殊，因为他曾是唐朝的敌人，而且曾经连破大唐州郡。隋朝末年的动乱跟其他朝代差不多，民不聊生，盗贼横生。昏庸的杨广张弛无度，一如既往地横征暴敛，建造豪华宫殿，豪华游轮，还时不时地征兵去讨伐高丽。老百姓其实是这个世界上最好伺候的人，只要你能让他踏踏实实地种地，一般人是不愿意造反的。但是，杨广不懂这个道理啊，在他统治时期内，可谓是贯穿始终地作孽。结果，只有一条，兔子急了还咬人，更何况是老百姓。各地起义军的浪潮是一浪高过一浪，人人都想揭竿起义。铁匠尉迟敬德打铁挣的那点钱还不够交税的。只好跟着别人一样去参军，好歹能混个温饱。

他选择的是在高阳从军，刚才说了，杨广是一如既往地准备东征高丽。而且，当时农民起义正是高潮时候，尉迟敬德出征的机会就非常多。在东征高丽的过程中，尉迟敬德还因为表现抢眼，被封为朝散大夫。人怕出名猪怕壮，在割据势力不断高涨的时候，617 年三月马邑（治善阳，今山西朔县）鹰扬府校尉刘武周称帝，建元天兴，成为当时割据北方地区势力最大的集团用户。尉迟敬德的大名他自然也是有所耳闻的，知道他作战勇猛，于是将他笼络到自己的手下担任偏将。

李渊起兵反隋建立大唐后，面临的问题就是要扫除自己统一中原的障碍，刘武周自然也是障碍之一了。但是，刘武周自从得了大将宋金刚后，非常嚣张跋扈，根本不把李世民他们放在眼里。他就打算着先消灭李渊入主太原，再谋求夺取天下。于是在武德二年即 619 年，刘武周这厮联合突厥这个大靠山进军太原，这次战斗中尉迟敬德正常发挥，表现自然不错。刘武周命令尉迟敬德与宋金刚带领 2 万兵士攻打河东，到了黄蛇镇，又联合突厥，攻破榆次，夺取介休，拿下太原，锐不可当。唐太常少卿李仲文被擒，全军覆没。尉迟敬德乘胜带领军队继续南下，攻破平遥，夺取石州，侵袭浩州，一路势如破竹。李渊诏令右仆射裴寂为晋州道行军总管与齐王李元吉共同阻击尉迟敬德，依然没有取得胜利。唐军步步溃退，尉迟敬德继续攻打晋州，攻破浍州，节节取胜。同时夏县吕崇茂杀县令自号魏王，与尉迟敬德南北呼应。屋漏加上连夜雨，李渊只好诏令永安王李孝基、工部尚书独孤怀恩、陕州总管于筠、内史侍郎唐俭等率兵讨伐吕崇茂，但双方实力相当，在夏县形成了对峙之势。好在关键时候李世民出招了，奉命统领关中兵士讨伐刘武周。十一月，李世民带兵趁着黄

河结冰的大好时机，滑着冰就过了黄河，在柏壁驻扎重兵，与宋金刚军对峙。并同固守绛州（治正平，今山西新绛）的唐军形成掎角之势，两面夹击宋金刚军。这场战役就是柏壁之战。

十二月，吕崇茂军在那么多人的打击下，最终抵抗不住了，只好向宋金刚求援。尉迟敬德和寻相随即被派往夏县援助吕崇茂，并与吕崇茂内外夹击，大败唐军，这次唐军可真是损失惨重，李孝基、独孤怀恩、于筠、唐俭及行军总管刘世让全让尉迟敬德逮到。李渊认为既然硬的不行就来软的，随即派人前往招降吕崇茂，谁知姓吕的早有降意，还表示要除去尉迟敬德作为礼物来求取信任。要说尉迟敬德消息也灵通，不知道从什么地方听到风声，来了个先下手为强杀掉了吕崇茂。

在尉迟敬德的钢鞭之下大唐军队节节败退，李世民怎么看得过去？就在尉迟敬德、寻相击败唐军准备回浍州的途中，李世民派兵部尚书殷开山、总管秦叔宝等在美良川（今山西夏县北）截击尉迟敬德军。因为事出突然，尉迟敬德也没有什么心理准备，被唐军杀了个措手不及，大败而归。不久，尉迟敬德、寻相率精骑秘密前往蒲坂（今山西永济西南蒲州镇），求援事前投奔刘武周的原隋问东守将王行本。真是冤家路窄，李世民又盯上了他，亲自率步骑3000连夜从小路赶到安邑（今山西运城东北安邑），截击尉迟敬德、寻相军。尉迟敬德这次败得更惨，除自己与寻相只身脱逃，手下人全部被唐军掳获。唐将独孤怀恩也乘机逃走，因为当时独孤怀恩就打算反唐自立，在狱中曾将此事告诉了唐俭。独孤怀恩逃回后，又奉命攻蒲坂。唐俭听说后，唯恐独孤怀恩叛唐，便跟尉迟敬德说要写信告诉李渊这件事，没想到尉迟敬德竟然很爽快地答应了。李渊看到信之后核查此事，很快就除去了独孤怀恩。由此可以看出尉迟敬德当时就有归顺唐朝的心思了。

武德三年即公元620年四月，跟大唐军队僵持半年的宋金刚眼看就要吃不上饭了，不得已向北撤兵。李世民一看机会来了，随即率军跟踪并且打败了宋金刚军，饥肠辘辘的宋金刚军战败，宋金刚无奈只好率余部 2 万精兵退守介休（今山西介休）。后来，冲破包围，狼狈逃脱了。这之后，刘武周损失惨重，在中原再也混不下去了，于是放弃并州（今山西太原）逃亡突厥，后来，很"荣幸"地被突厥杀了。剩下尉迟敬德收拢残余部队，坚守介休。李世民慧眼识英雄，知道他勇武出众，于是派遣任城王李道宗和宇文士及前往招降。尉迟敬德通过这场战争，更加清楚地看清了李世民的为人，而且，自己原先就有归顺唐朝的心思，于是就和寻相以介休、永安（今山西霍县）二城降唐。

李世民多次与尉迟敬德交手，从尉迟敬德连连击败唐军的事实来看，实在是不可多得的一员猛将。李世民惜才心切，更是爱才心切，所以见到尉迟敬德来降，高兴得是忘乎所以，好酒好菜地款待他。不仅如此，李世民还给了尉迟敬德不低的官职，封尉迟敬德为右一府统军，让他继续统领旧部八千人（就是一同在介休投降的那些）。不光如此，对这些降兵降将也不做任何防范。在这件事情上，李世民的过分信任引起了唐军众将的不满。

后来，寻相跟一些原来的将士趁李世民征讨王世充的时候逃走了。于是就有人开始怀疑尉迟敬德也会逃跑。行台左仆射屈突通与尚书殷开山还建议李世民干掉尉迟敬德。李世民没有答应，后来，单独找了尉迟敬德谈话，还拿出一些银子给他。说如果他要谋反，这些银子可以作盘缠。当时尉迟敬德没有表态，但是却在第二天用行动证明了自己对李世民的忠诚。

不善言辞的回报

九月二十一日，李世民带着五百骑兵巡视战场。结果，无巧不成书，在魏宣武陵遇见了带领着大部队的王世充。此时正在给王世充打工的单雄信很想在自己主子面前露露脸，就挥舞着槊直

奔李世民而来。说时迟那时快，尉迟敬德大喝一声，就把单雄信从马上刺了下来。单雄信偷鸡不成反蚀一把米，只好退下阵来。

俗话说得好，憨的怕愣的，愣的怕不要命的。尉迟敬德如此武功高强而且不要命，谁敢跟他玩命？王世充的将士直吓得往后退。尉迟敬德正好趁机护卫着李世民杀出重围。后来，二人意犹未尽，又回去杀了个痛快，两个人如入无人之境。后来，屈突通带着大队人马赶到，收拾了这拨人。尉迟敬德活捉其大将军陈智略，杀敌无数，只有王世充一人侥幸逃跑。自此，李世民更加相信自己的判断，而尉迟敬德也渐渐被唐军接纳。

尉迟敬德向来以善于避槊而闻名，经常单骑闯进敌阵之中，敌军很多槊一起刺都伤不了他，而且还能夺取别人的槊返刺别人。这就不是一般的厉害了。

当时李元吉也在李世民的军中，他对自己骑马舞槊的本事也不是一般的自信。听说尉迟敬德这么厉害，李元吉非常不服气，强烈要求跟尉迟敬德切磋武艺。这是人民内部比试，李元吉认为应该去掉槊刃，不能真刀真枪地干。尉迟敬德艺高人胆大，自己把槊刃去掉了，却不让李元吉去掉。

李元吉一看尉迟敬德这么嚣张，更加不服气。但是上场之后，却怎么都刺不到尉迟敬德的身上。观战的李世民问尉迟敬德：避槊和夺槊哪个更难？地球人都知道夺比避要难啊。尉迟敬德也说是"夺槊难"。李世民问完这个看似弱智的问题后，就让尉迟敬德去夺李元吉的槊。

李元吉也是舞槊的行家，看到尉迟敬德要夺自己的槊，也很不服气，于是舞槊跃马，使出了看家本领要刺尉迟敬德。可尉迟敬德实在是太有才了，转眼工夫连续三次从李元吉手里夺走了槊。李元吉表面上非常赞叹，至于心里怎么想，就只有他自己知道了。李世民为什么要问那个有点弱智的问题，又为什么让尉迟敬德去夺李元吉的槊，难道是想让自己亲爱的弟弟李元吉懂得

"人外有人、天外有天"的道理？

也许吧！

李世民知人善任，对尉迟敬德更是无比信任。尉迟敬德降唐后，李世民让他与秦叔宝、程知节、翟长孙共同统领玄甲队，专门负责保护李世民。武德四年即 621 年，唐军围困驻守洛阳的王世充。三月夏王窦建德率领 10 余万大军来援救洛阳的王世充，水陆并进。李世民率领 500 精骑从虎牢出发，一面侦查窦建德的军营，一面令李世勣、程知节、秦叔宝分别率一路兵马沿途设伏。而李世民与尉迟敬德则仅带着 4 名轻骑继续前进，此时的李世民还镇定自若地对尉迟敬德说，他拿着弓箭，尉迟敬德拿着槊，就是敌军有百万之众，也不能把他怎么样。快到窦建德军营的时候，突然遇到了敌军的游骑，李世民不慌不忙，向着敌军大呼"我是秦王！"并且一边呼喊一边引箭射杀敌军，这时候窦建德的兵马好像炸开了锅，匆忙派出五六千人前来追杀李世民。那四名跟着秦王的骑兵吓坏了，心想你李世民的胆子也忒大了，五六个人对五六千人，这不找死呢。李世民面无惧色回头对这四个人说："你们先走，我跟尉迟敬德殿后。"说是这么说，哪一个士兵敢先走啊。有尉迟敬德的保护，李世民可以说是相当镇定，他似乎对这个降将信任得很，一边撤退一边射杀敌军，直至最后窦建德的军队被引入伏击的地方，唐军出动打败了窦建德军。

当年五月初二，窦建德的军队倾巢而出，擂响战鼓向唐军挑战。战场之上王世充的侄子王琬骑着隋炀帝的骢马招摇过市，炫耀于众。李世民向来喜欢马，看到之后感叹："这真是一匹好马啊！"尉迟敬德听到后，请求出战表示要把马夺过来。李世民当然不会为一匹马而让心腹大将冒险，但是尉迟敬德决心已下，于是直入窦军，抓到了王琬，抢回了宝马。到中午的时候李世民见窦军饥疲思归，心想时机来了，下令出击，全歼窦军。随后挥师攻打洛阳，王世充见大势已去，被迫投降。

七月，窦建德的老部下刘黑闼起兵反唐，很快占领了河北大部和河南部分地区。十二月，李世民奉命征讨刘黑闼。武德五年即622年三月，刘黑闼率军袭击李世勣军，李世民和李道宗袭击刘黑闼的侧后方来援救李世勣，结果反而被刘黑闼围困了。尉迟敬德知道后，奋勇杀入敌阵，将李世民和李道宗救出。二十六日，唐军大败刘黑闼，刘黑闼逃入突厥。随后，尉迟敬德又随军平定了响应刘黑闼的徐圆朗。这次唐军的大胜，再次证明了李世民的过人眼光，而尉迟敬德也因此次战斗被授予秦王府左二副护军。

唐朝的统一大业基本完成后，北方的突厥恶习不改，仍旧不断南侵，趁着唐朝脚步不稳想要推翻唐朝。尉迟敬德在与突厥的作战中也屡立战功。早在武德四年九月，尉迟敬德便曾击退过突厥军。武德六年（623年）七月初九，突厥侵犯原州。十一日，进攻朔州，右武侯大将军李高迁被击败，尉迟敬德奉命带兵救援。武德七年（624年）七月十二日，突厥袭扰陇州（治汧源，今陕西陇县），尉迟敬德（时任护军）再次奉命进击突厥。

玄武门之变立大功

天下既定，主要矛盾从国外转到了国内。李世民在唐统一大业中屡建奇功，威望日益飙升，逐渐形成了以秦王府谋士和勇将为核心的实力雄厚的政治集团，严重威胁到太子李建成。因此，李建成多次用计想除掉李世民，但偏偏李世民福大命大，每次都转危为安。

李渊看出了端倪，也考虑消灭秦王党羽，却找不到合适的借口，又觉得李世民留在身边也方便处置。这时候李建成和李元吉就开始动手，他们将目标锁定在李世民身边的大将身上。尉迟敬德是他们的首选。李建成这次拉拢也算是下了血本，居然送了一车的金银到尉迟家，比当年李世民笼络敬德时给的那几块金子多多了。没料到尉迟敬德却不吃这套，人家认准了李世民，金子再多也比不上情意重，把东西统统退了回去。不仅如此，后来尉迟敬德还把这事告诉了李世民，也算是表表忠心吧。李世民反倒责怪他说，面对糖衣炮弹，要把糖衣留下，炮弹还回去。现在你这么折他们的面子，估计他们要对付你了。

李世民真是有先见之明。尉迟的举动可把李建成哥俩气坏了，心想你个打铁的真是敬酒不吃吃罚酒。接着他们就派人去刺杀尉迟敬德，尉迟敬德不慌不忙，大门敞开地欢迎刺客，最终刺客被吓跑了。后来，李建成哥俩就诬陷尉迟敬德要谋反，李世民在李渊面前把道理一讲，李渊自知理亏，也就免了尉迟敬德一场无妄之灾。

李建成和李元吉越来越放肆，显示出了要杀李世民的苗头。尉迟敬德为此力劝李世民先下手为强。后来，突厥来袭，李建成和李元吉就想趁机削弱李世民的军队，想要把尉迟敬德等大将抽调过来。这下，李世民终于认识到问题的严重性。在跟李建成喝了一次酒后，李世民差点中毒而死，于是痛下决心，要先下手为强。他先向李渊揭露李建成和李元吉趁李渊不备玩了他的女人，挑起了李渊的怒火，再说他们想要谋害自己的动机。李渊一听，就传二人第二天来宫中对质。

626年六月初四，李世民在李建成、李元吉入宫必经之地玄武门大设埋伏。二人哪知道会有这样的埋伏，或许他们一直都认为李世民做不出这样的事来，于是老老实实地按时入宫，谁知一到玄武门感觉气氛不对，随即转身就跑。李世民的伏击一下子变成了追击，这恐怕也把李世民吓出一身冷汗。幸亏李建成慌乱之下动作迟缓，被李世民一箭射中。李元吉也算身经百战，跑的快，一转眼就跑进了树林。李世民哪肯放过，顺着声音就追过去了，要说李世民也倒霉，一不小心就让树枝扫下了马。李世民还在数着金星的时候，李元吉就赶了过来，夺了李世民的弓，想用

弓弦勒死他。说时迟那时快，尉迟敬德在千钧一发之际又成了李世民的大救星。李元吉见是尉迟敬德转身逃跑，但终究跑不过尉迟，可能是马的缘故，也可能是太过慌乱，最终被尉迟敬德追上射杀了。如果不是尉迟敬德及时赶到，李世民死得可就冤咯。

但是太子党还是很有实力的，李建成、李元吉二人也不是没有准备，他们手下的两千余精兵就等候在宫外，得知玄武门内有变就拼了命地攻打，妄图救出他二人。两千人不是小数目，秦王所带的人员又不足。关键时候还是尉迟敬德脑筋好使，砍了李建成、李元吉的脑袋去见那些攻打者，并告诉他们大势已去。这些人见太子都被宰了，自然四散逃离。

事后李世民派尉迟敬德去保护李渊，实际上就是想逼宫。老皇帝正在悠哉地泛舟游玩，等候三个儿子前来对质，突然见尉迟敬德一身戎装，还携带武器来到面前，这可吓傻了李渊，忙问这是怎么一回事。尉迟敬德就说了，太子和齐王作乱，现在被秦王正法了，秦王怕陛下受惊扰，就派我来护驾。李渊心里明白得很，知道大势已去，于是当尉迟敬德要求下旨命令太子齐王部停止反抗的时候，李渊立刻应允。至此，李世民获得了全面胜利，而尉迟敬德居功至伟。

初七，李渊立李世民为太子，尉迟敬德因功被授予太子左卫率。还把李元吉的全部家产赐给了尉迟敬德。

性子憨直得罪人

国内刚刚安定，突厥就趁机打了过来。突厥颉利可汗、突利可汗率领十余万大军直扑长安。当时唐朝的兵力分散，突厥行军速度迅猛，各地援军又来不及赶到。情急之下，李世民派尉迟敬德率精锐骑兵主动出击，来个硬碰硬。两军在长安北七十里的泾阳血战，尉迟敬德勇猛异常，奋不顾身杀入敌阵，攻破突厥的攻势最终得胜而归。损失千余骑兵的突厥在心理上受到重重的打击，原本以为玄武门之变后唐朝时局动荡，可以乘机捡个便宜，谁知偷鸡不成反蚀一把米。接下来李世民又来了一招更绝的——空城计，前辈留下的妙招怎能不用。李世民只带六名骑兵亲自到渭水桥与颉利谈判，还派人给突利可汗做思想工作。结果最终没有发生流血事件，而是定下了便桥之盟。

由于尉迟敬德性情憨直，又自以为功劳大，所以每次见到房玄龄、杜如晦、长孙无忌这些人的时候总是讽刺他们，说他们只是耍嘴皮子，而自己的功劳却是真刀真枪杀出来的，有时候甚至争论到面红耳赤。这样一来，尉迟敬德就同时得罪了相当一部分幕僚，在天下安定的文臣时代，这样的行为实在是不明智的。后来他果然被排挤出京师，先后在襄州（今湖北襄樊）、同州做地方官。

贞观六年即 632 年九月二十九日，李世民大摆筵席，宴请老部下，尉迟敬德也在邀请之列。古人很讲究礼仪，宴席的座次是按身份高低排列的，尉迟敬德发现有个自己讨厌的人席位居然在自己之上，火马上就上了脑袋，上前质问："你有什么功劳，竟然坐在我上面！"当时在场的文武大员忙上来劝解，尉迟敬德怒气当头，前来劝架的李道宗迎头受了他一拳，弄得鼻青脸肿，狼狈不堪。李道宗可是李世民的堂弟，这时的李世民哪里看得过去，一气之下罢宴离场。事后李世民找尉迟敬德谈话，说你的功劳我心里面有数，我希望咱们君臣和睦融融的；我以前一直嘲笑刘邦心胸狭窄，容不下立过汗马功劳的大臣，但是今天看到你这样，才发现刘邦杀韩信也是迫不得已。这次我可以开恩原谅你，你好好想想吧，不要再犯了。

被李世民教导后，尉迟敬德也明白了自己的处境，从此之后似乎变了一个人，逐渐收敛自己的行为。

贞观十一年即 637 年，李世民分封功臣官爵，可以世袭刺史。册封尉迟敬德为宣州刺史，并且改封为鄂国公。贞观十三年

【第六章】李世民的功臣良将

二月初七，当时尉迟敬德担任鄜州（今陕西富县）都督，李世民跟尉迟敬德说，大臣们都说你要造反，为什么他们这么说呢？尉迟敬德听后十分气愤，说我曾经帮陛下南征北战，现在天下安定了，我功高盖主，自然会有人更加怀疑我要造反。一边说一边脱掉衣服，露出战斗中留下的伤疤。李世民看着尉迟敬德身上的伤疤，又想起他对自己的多次救命之恩，不由得痛哭流涕。一边哭一边说，我从不怀疑你啊，所以告诉你这些。一时间两人哭作一团，着实令人感动。后李世民说要把女儿嫁给敬德，尉迟敬德推辞说，我妻子虽然丑，但一直患难与共，我虽是莽夫，但也懂得富贵了也不能丢下老妻的道理。李世民只好作罢。尉迟敬德不忘本的品质，让李世民对其更加赏识。此后，尉迟敬德又出任夏州（今陕西靖边东北白城子）都督。

贞观十七年二月，尉迟敬德请求回家养老。二十五日，朝廷任命他为开府仪同三司，每隔五天才上一回朝。二十八日，唐太宗让人把二十四个大功臣的画像画在凌烟阁上，样子跟真人的大小一样，其中就有尉迟敬德，排名第七。

尉迟敬德最后一次上战场是在东征高丽的时候，回来后，尉迟敬德仍然回家养老，不问世事。戎马半生的尉迟敬德晚年跟李世民有一拼，也开始幻想长生不老，炼制丹药。同时把自己封闭在家里，谢绝见客，竟然有十六年的时间不跟外面的人来往。唐高宗显庆三年即 658 年十一月二十五日在家中去世，寿终正寝，享年七十四岁。

一代英勇善战的名将从此安息。留给后人的是他永远说不尽的骁勇和无畏，还有忠诚。

第六节　勇武绝伦秦叔宝

姓名：秦叔宝

生辰：571 年

忌日：638 年

籍贯：齐州历城（今山东济南）人

镇压起义显神通

秦叔宝出生在一个父辈为官的家中，祖父在北魏时期曾担任过广年县令，秦叔宝的父亲曾在北齐王府里当过书记官。他长大后，人家称赞他"马踏黄河两岸，铜打九州三十六府一百单八县，镇山东半边天，孝母似专诸，交友赛孟尝，神拳太保！"

秦叔宝最初是在隋朝大将来护儿的帐下担任亲兵。后来跳槽到了张须陀帐下，镇压各地叛乱。当时张须陀手下只有一万多人，而起义部队的人数是他的十倍。张须陀在跟对方僵持十几天后，眼看着就要被饿死了，爱兵如子的张须陀征求大家的意见，"敌人看见我们撤兵，一定倾巢出动，全力追赶，到时候他们的大营必定空虚。此时用一千人偷袭敌人的营地，一定会成功，但这个计划十分危险，哪位将军愿意担此重任？"大家面面相觑，无人敢应，秦叔宝和罗士信站了出来，担此重任。

张须陀按计行事，弃营撤退，秦叔宝、罗士信分别带领一千多人埋伏在荒草丛中，等待时机。敌军见张须陀撤军，马上追赶。秦叔宝、罗士信带着伏兵直扑义军营寨。对方城门大关，二人攀栅而上。敌人弓箭一块往下射，居然挡不住他们！二人翻越栅栏，一跃而下，手起刀落就解决了数十人。然后打开营门，让隋军进入，跟着四处纵火，焚烧了三十多个营栅。当时大火熊熊燃烧，敌军将领心知不妙，赶紧回救，但为时已晚。张须陀回军冲杀，斩敌无数。敌军将领仅以数百骑突围，其余的全部作了隋军的俘虏。经此一战，秦叔宝名扬四海，声震天下。

接着，秦叔宝又跟随张须陀平定其他义军，屡建战功。在与孙宣雅对决的海曲之战中，他身先士卒，第一个跃上城楼，打败了孙宣雅，被隋朝授予建节尉一职，这是史书上记载的秦叔宝的第一个官职。但起义是顺应时代潮流的事儿，再怎么阻拦也是不行的。

投降李密瓦岗军

后来，张须陀与瓦岗军李密在大海寺（今河南荥阳东北）决战，中了埋伏，被李密的义军团团围住。张须陀本来已经冲出了包围圈，眼见部下被困，又返身去救，四进四出，最终力竭战死，以身殉国。张须陀死后，秦叔宝率领残兵投靠了隋将裴仁基，听从裴仁基的指挥与调遣。

后来，裴仁基与瓦岗军作战不利，索性投降了瓦岗军，秦叔宝也顺势成了李密的手下。李密对秦叔宝和程知节十分看重，他挑选了八千名最勇猛的士兵组成"内军"，分为左右两军，分别由秦叔宝和程知节统领。主要任务是充当李密的亲卫队，李密曾说过"我这八千人可当百万大军"，可见李密对秦叔宝的赏识和器重。

武德元年七月，瓦岗军与宇文化及的军队在黎阳（今河南浚县东北）展开决战，双方在童山（今河南浚县西南）脚下杀得是天昏地暗，但最终没分出胜负。李密被箭射中，从马上摔下来，昏死过去。瓦岗军众人一看头儿死了，士气崩溃，宇文化及的大军又趁势追杀，眼见瓦岗军就要一败涂地。秦叔宝临危不乱，在千军万马中将李密抢救出来。随后，又集合散兵败将，向宇文化

人龙帝范——李世民传

及反扑，终于将宇文化及击败。但是，瓦岗军遭受重创，元气大伤。

受王世充礼遇反归唐

这时，王世充就想坐收渔人之利，于是率领两万精锐对瓦岗军发起攻击。这时候李密却棋走昏招，坚持硬碰硬，在邙山与王世充的军队正面决战。王世充急于解决温饱问题，置之死地而后生，在战场上如同下山猛虎，结果瓦岗军被打得七零八落。大当家李密撇下部下，投奔了大唐，秦叔宝、程知节万般无奈之下，归顺了王世充。

王世充很赏识秦叔宝，封他为龙骧大将军。秦叔宝却不领情，很鄙视王世充的为人。于是就和程知节谋划着离开王世充，另投明主。

此时，李渊父子威名远扬，出师以来势如破竹，秦叔宝、程知节心中倾慕，决定到大唐去建功立业。619年二月，王世充军与唐军在河南九曲作战，秦叔宝和程知节假装向唐军冲击。一行几十骑跑出一百多步，一齐下马向王世充拜别，投奔了唐营。

跟随秦王平天下

秦叔宝和程知节归唐之后，被李渊指派到李世民帐下。这时，年方二十的秦叔宝和年轻英武的李世民一见如故，很快受到了李世民的重用。

秦叔宝被授予马军总管，程知节被授予秦王府左三统军。李世民亲自挑选千余精锐骑兵，穿黑衣黑甲，由秦叔宝、程知节等人统领，组成玄甲队，每战必为先锋，开始了扫平割据势力的征战历程。

619年，为平定刘武周，李世民率三万精兵渡过黄河，在柏壁与宋金刚军对峙。宋金刚是孤军深入，利在速战速决。李世民

则再施拖字诀，坚壁不出，又派人截断宋金刚的粮道。等宋金刚弹尽粮绝的时候，再一举进攻。在尉迟敬德准备还军浍州（治翼城，今属山西）的时候，事先埋伏在夏县与浍州之间的美良川的秦叔宝，准备给尉迟敬德一个迎头痛击。尉迟敬德一时没有防备，双方交手之后，才发现此路唐军勇猛无敌，势不可挡，尉迟敬德左冲右突，奋力杀出包围圈，狼狈逃向浍州。秦叔宝部斩首2000余级，一举扭转了整个战局。

唐军一面收复失地，一面继续与宋金刚对峙，到了620年四月，宋金刚快饿死了，于是撤兵回军。李世民后发制人，全力追击。唐军将士一天驰骋200里，连李世民都三天不解甲，两天没吃饭，终于在雀鼠谷（今介休西南）追上了宋金刚的主力部队。一天之内连打八仗，俘斩数万人。宋金刚万般无奈，率领两万士兵在介休背城布阵，以最后的老本与唐军决战。

李世民派秦叔宝、程知节攻打大阵的北端，翟长孙、秦武通攻打大阵的南端。正面迎击的李世勣出师不利，李世民亲自带兵冲杀，以泰山压顶之势，一举击溃宋金刚军，斩首三千余人。刘武周、宋金刚逃往突厥，后来死在突厥人的刀下。尉迟敬德、寻相归降。

柏壁之战，河东收复，秦叔宝战功最高，李渊欣喜万分，加封他为上柱国，赏黄金百斤、杂彩六千段。还派人送秦叔宝一个金瓶，告诉秦叔宝，"你不顾自己的妻子儿女，远来投奔我，立下了很大的功劳。如果我的肉可以吃，都应该赐给你，何况那些子女玉帛？你要以此为励，带领部下，再为大唐立新功"，秦叔宝当时深受感动，毕竟是皇上这么赏识自己啊！

李世民围攻洛阳，王世充困守孤城，弹尽粮绝，只得向窦建德求援。窦建德分析利害后，决定联合王世充共同对抗唐军。武德四年三月，窦建德亲率十余万大军驰援洛阳，很快推进到东原一带（今河南荥阳东北广武山）。李世民采纳郭孝恪等人的建议，继续用重兵围困洛阳城，自己亲率精锐步骑3500人抢占虎牢（今河南荥阳西北汜水镇西），阻止窦建德军西进。

五月初二，决战打响了，秦叔宝横枪跃马，手持唐军军旗，又从敌军背面杀到敌军正面。千军万马之中，纵横驰骋，勇不可挡。敌军一看完了，于是阵脚大乱。唐军一鼓作气，取得了最后胜利，窦建德被抓为俘虏。

唐夏虎牢战役，为数不多的唐军消灭窦建德军十余万人，成为历史上围城打援的著名战例。王世充眼见窦建德军的主力被打得落花流水，只好投降。中原主要地区落入唐军的掌控，唐王朝的统一大业初告成功。秦叔宝受赐黄金百斤、帛七千段，因功进封翼国公。

唐高祖武德四年七月，窦建德在长安遇害。刘黑闼接过他的衣钵继续反唐。半年之内，刘黑闼尽复窦建德故地，占据了河北大部郡县和河南部分地区，又与突厥狼狈为奸，得到了突厥颉利可汗的支援。一时嚣张跋扈，不可一世，严重威胁唐朝在河北的统治。十二月，李世民奉命出征，身边自然少不了秦叔宝这位王牌将领。武德五年二月，秦叔宝在列人（今河北肥乡东北）迎击刘黑闼部，又立殊勋，三月，刘黑闼粮草已尽，粮道又被李世民截断，不得不与唐军决一死战。

刘黑闼的两万步骑渡过洺水（今河北曲周东南），与唐军展开了殊死搏斗。战斗从中午打到黄昏，唐军气势如虹，刘黑闼军拼命反抗。唐军决开洺水，顿时浊浪滔天。刘黑闼军最终战败，被唐军斩首一万余级，数千人被淹死。刘黑闼带着两百骑兵仓皇逃走，后来被人杀死。沦陷州县光复了，秦叔宝再受重赏，前后受赐的金帛数以千万计。

在跟随李世民的征战过程中，每逢敌人的骁将锐卒在阵前挑衅，李世民总让秦叔宝去收拾他们。秦叔宝提枪跃马而去，堪称英雄盖世的万人敌，李世民对秦叔宝更加器重，秦叔宝也以此颇

【第六章】李世民的功臣良将

为自负。

贞观年间静养身

李世民即位后，秦叔宝没有再领兵出征，多年以来缠绵病榻，身体十分虚弱，他曾对别人说："我从少年时代起就戎马倥偬，经历过大小二百多次战斗，屡次身受重伤，计量我前后流出的鲜血，总有几斛之多，怎能不生病呢？"贞观十二年（公元638年），秦叔宝因病去世，追赠徐州都督，陪葬昭陵，墓前雕刻石人、石马，以彰显其显赫的战功和超人的武功。贞观十三年（公元639年），唐太宗改封秦叔宝为胡国公。

第七节　凌烟阁冠军长孙无忌

姓名：长孙无忌

生辰：597 年

忌日：659 年

民族：鲜卑

籍贯：河南

特长：溜须拍马

背景：李世民的大舅哥

在凌烟阁的榜单中，有着战神美誉的李靖仅仅排名第八，善谏的净臣魏征只排在了第四，生死相随的智多星房玄龄排在第五。很多人不知道排在第一的这个人是谁，他就是长孙无忌。

提起这个人不得不说他身后耀人眼球的光环，历史上以贤德著称的长孙皇后是他的妹妹，他跟李世民是发小，关系绝对超过了大舅子跟妹夫的感情。

不过，这个长孙无忌真的没有什么可说的，在李世民身边人才济济的时候，绝对不算是最牛的人。列举一下他露脸的事儿也就那么有数的几件。首先就是力劝李世民发动玄武门政变，不得不说，这在很大程度上是因为房玄龄与他站在同一条战线上。其次就是向李世民建议，等到突厥灭亡的时候再打击他。再次就是跟房玄龄一起劝李世民不要给亲王们封领地和疆土。最后就是在李世民立谁为太子的时候，力挺李治。这就完了。

　　分析一下这几件事就会发现，除了第一件和第二件，对于李世民来说比较有用外，其他两件应该算不上什么好事，而且，力挺李治当太子绝对称得上是个馊主意。

　　在征兵打仗这方面，长孙无忌根本排不上名，而他出的主意基本都是馊主意。东征高丽的时候，就是他建议李世民继续攻打防守严备的安市城放弃攻打乌骨城，从而错失了良机。长孙无忌之所以在军事上没有什么建树，一部分原因来自于他小时候的经历。长孙无忌的父亲死得早，他和妹妹一起在舅父高士廉家中长大。高士廉本人"少有器局，颇涉文史"，很有才华和名望。在这样一个书香门第，打打杀杀、舞枪弄棒自然是没有市场的。所以，长孙无忌文化程度很高，但是军事理论非常欠佳。

　　但我们不能因为这些就完全否定了长孙无忌，毕竟，人无完人。而且，既然李世民能说"我有天下，多是此人之力"这样的话，肯定是有渊源的。当然，在唐朝刚刚建立的时候，李世民南征北战，对付薛氏父子、窦建德、王世充等劲敌的时候，我们不知道究竟长孙无忌出了多少力。按他在东征高丽时的水平显示，估计当时也没有说什么话，否则，李世民不会取得这么多的胜利。但是在一件事上，必须给他记一功，那就是玄武门之变。当时他和房玄龄一起力谏李世民发动政变，仅凭这二人单独谁的力量，估计都是不可能这么快实现的。在准备政变的时候，他日夜奔波，内外联络；在政变发生的时候，他不怕艰难险阻，竟然亲

自到了玄武门内。而且，从玄武门之变后，李世民对他的封赏来看，估计当时长孙无忌也没少鞍前马后地忙活。

除了玄武门之变的力谏外，长孙无忌还是有值得骄傲的地方的，那就是他在法学方面的成就。《贞观律》就是在他的主持下编著的，在李治登基之后，他还主持编著了一部更牛的法典，足以让后世记住他，那就是《唐律疏义》。在那个年代一个将军的儿子没有变成一个武将，居然成了一个法学家，也算是比较少见的事情了。

长孙无忌论军事才能不出众，论功绩也不是很靠前，为什么会爬升到凌烟阁的榜首呢？这很值得人深思。不光如此，长孙无忌的人品貌似也不是很好，这是有例为证的。

人品不好的长孙无忌

李世民死后他做过什么我们暂且不提，光是李世民在世的时候就够我们说半天的了。第一件要说的就是，长孙无忌的心眼实在是太多。基于长孙无忌在玄武门之变的特殊贡献，李世民几次要立他为宰相。除了长孙皇后的劝阻，长孙无忌本人也是非常地小心翼翼，几次三番要求逊职。不能说长孙无忌不喜欢权势，但他为人谨慎小心，注意避免嫌疑，不像历史上许多外戚，依恃女儿或姐妹的"椒房之宠"，肆无忌惮地攫取权力。最终，长孙无忌成功地辞去丞相的职务。

也许有人说，长孙无忌这是在居安思危，但下面的这第二件事也许就说明了他不是真的居安思危，而是真的心眼多。晚年，唐太宗最烦心的就是太子问题。贞观十七年四月，纨绔子弟李承乾被废。之后，最有资格被立为太子的，是长孙皇后的另外两个儿子：魏王李泰和晋王李治。两人相比，简直是天壤之别。首先李泰比李治年长九岁，而且李泰跟李世民的关系很是融洽。李世民很喜欢李泰，允许他在王府中设立文学馆，也允许他招揽贤人学士，就像当年的自己。而且在很多次谈话中，李世民都对李泰有所暗示，就是要立他为太子。

李治就不行了，他是长孙皇后的三子，唐太宗的九子，年龄小不说，跟李世民的关系也好像有隔膜。但是，他有长孙无忌的力挺，使劣势的李治最终胜出，做了皇帝。而长孙无忌力挺李治不是因为他是舅舅，因为李泰也是他的外甥，而是因为这背后有着深刻的政治背景。

李世民统治后期，长孙无忌在朝臣中非常有权势。为了在李世民百年之后继续维持这种局面，长孙无忌当然希望未来的皇帝，今日的太子可以听自己的话。这就需要在自己的外甥候选人中选一个仁孝听话的，这样，自己会得到尊重，权势也会得到保障。

李治从小懦弱无能，自然能成为长孙无忌极力支持的对象。而李泰就不一样了，他从小聪明绝伦，大一点就可以自己做文章，而且做得很好。长大之后，喜好经籍、舆地之学，在自己门下经李世民允许招纳了一批文人学士，形成了自己的一股政治势力。李泰做人不卑不亢，高官不巴结，而且也不把长孙无忌这个舅舅放在眼里。长孙无忌知道，一旦李泰做了皇帝，依靠的必定是他自己的那拨人，而他这个舅父不知道要去哪儿喝西北风了，所以对于李泰他是相当地不支持。

两子争立，一边是才华出众的李泰，一边是懦弱少能的李治，按理说，立李泰那是理所应当的事情。但是最终，竟然真的是李治当了太子，不得不说长孙无忌在这其中也是出了不少力的。不过，对于这件事，估计后人骂长孙无忌的会比较多。

其实，在李世民立了李治之后，也不是没有过动摇，一度又向长孙无忌提出想改立"有英武才"、"英果"似己的三子吴王李恪，但都被长孙无忌挡了回去。长孙无忌说："晋王仁厚，守文之良王，且举棋不定则败，况储君乎？"唐太宗只好作罢，临

【第六章】李世民的功臣良将

终前，将辅佐李治的重任托与长孙无忌和褚遂良。

李世民一死，长孙无忌就以回天之力促成李治继立，是为唐高宗。而在唐高宗即位初年，执政的人实际是长孙无忌。长孙无忌说什么，李治就听什么，百分百的主心骨。现在长孙无忌就不怕别人说三道四了？所以不爱官是假，心眼多才是真，或者说就是一种姿态。

第三件事就是长孙无忌是个十足的马屁精。李世民在早年的时候还是很谦虚的，那时候魏征进谏估计也会比较有成就感。但是，到了晚期，李世民就有点犯历代帝王的通病，骄傲自满，听不进劝告去。魏征多次提出批评劝告，李世民口头接受，但是没有一点行动。因为这个时候许多大臣都阿谀奉承，歌功颂德，这些人中就有长孙无忌。贞观十八年四月，李世民幸临太平官，对侍从的大臣们说："人臣顺旨者多，犯颜者少，今朕欲自闻其失，诸公其直言无隐。"这可是很好的可以坦白地讲李世民的过失的时候，结果，长孙无忌带头大唱赞歌，好好的一次机会就让长孙无忌给破坏了。东征高丽的时候，也是他给李世民戴高帽子，可以说东征高丽的失败，长孙无忌要负上很大一部分责任。

另外，还要补充的就是，长孙无忌还有拿别人当枪使的嫌疑。在力谏东征高丽的时候，我们只听见长孙无忌说了，但是却没有在战场上看到他冲锋陷阵的身影，此人的人品可见一斑。

这样一个要人品没人品，要才能也有些欠佳的人，居然能胜过那么多厉害的人物排名榜首，实在是让人大跌眼镜。我们不得不怀疑李世民在给这些人排名的时候，是有些发昏的。而长孙无忌能爬到这个位置，一定是祖坟上烧了高香。

性情中人

第七章

　　爱弓箭也爱诗文,爱骏马也爱字画。当你了解了李世民马背上的骁勇后,一定不要忽略他性情中人的一面。这个南征北战,战功赫赫的皇帝背后,那些不平凡的女人一样传奇。

　　阴阳深浅叶,晓夕重轻烟。李世民就是会在你看惯了他战场上的雄韬伟略之后,给你这样的惊喜和意外。但这个开创了盛世局面,得到万民敬仰的人,却没有逃出长生不老这一传说中的魔掌,几颗丹药最终结束了他的生命。

　　可悲亦可叹!

第一节　后宫群妃

选择一个人，选择一种生活。唐太宗最青睐的是和他较为互补的智慧温柔的美丽女子。功成名就的唐太宗背后，有着同样不平凡的女人存在。

智慧贤德长孙皇后

> 上苑桃花朝日明，兰闺艳妾动春情。
> 井上新桃偷面色，檐边嫩柳学身轻。
> 花中来去看舞蝶，树上长短听啼莺。
> 林下何须远借问，出众风流旧有名。
>
> ——《春游曲》

能写出如此美丽的诗句，该是怎样的女子呢？绝代风华？一笑倾城？我想，应该是一个自信、美丽、生动、娇美的女子，或妩媚，或灵黠，或兰心蕙质，或端秀从容……这个女子，便是载誉千古的唐太宗皇后——长孙皇后。

长孙皇后的背景

仍然要借用一句老生常谈的话，就是一个成功男人的背后都会有一个用尽各种形容词也不能形容完的美好女人的存在，长孙皇后就是这样一个绝对的千古贤后。她的圣贤超过历代皇后，至今没有人可以超越。

长孙皇后出身于北朝的"帝室十姓"。她的祖先是北魏皇族拓跋氏的长房，因此后来就姓了"长孙"。长孙皇后的老爸长孙晟是当之无愧的神箭手，他曾经在突厥王爷的面前沉着冷静地一箭双雕，一下子流传千古。不光如此，长孙晟还拥有超人的智慧。他的一条"远交而近攻、离强而合弱"的策略几乎让称霸大漠多年的突厥一时间土崩瓦解，为中原解除了来自北方的巨大威胁。

虎父无犬子，尽管长孙皇后是个女的，但肯定也非同凡响。首先她的长相就应该很不错，因为长孙皇后是北魏皇族后裔，在她的祖爷爷孝文帝迁都洛阳，实行汉化政策后，她的鲜卑血液自然也是1/N了。而长孙皇后年幼时，一位卜卦先生为她测生辰八字时就说她"坤载万物，德合无疆"。这是相当吉利的说法。不过，这夫妻二人还真是般配，因为李世民曾被预言能"济世安民"。

不过，长孙皇后身世还是有些可怜的，因为那么英明神武的老爸那么年轻就去世了，看来天才真的都是脆弱的。长孙皇后同父异母的哥哥在父亲死后就开始欺负他们兄妹，无奈兄妹俩只好暂时栖身舅舅家。不过，却因祸得福，成就了自己的美好姻缘，当然，这是后话。应该说年仅八岁的长孙皇后，在一夜之间明白了什么是人情冷暖，什么是世态炎凉。但好在童年的辛酸遭遇并没有让长孙皇后从此偏激、狭隘地理解生活。在她短暂的一生中，长孙皇后以女性特有的温柔用心呵护每一个人，甚至包括那个曾将她扫地出门的同父异母的大哥长孙安业。

长孙晟老来得女,长孙皇后是他唯一的女儿,女儿的婚事自然是不可以马虎的。长孙皇后的伯父长孙炽十分欣赏李渊的老婆窦氏,认为她的儿子一定不同凡响,所以极力主张把这个侄女嫁给她的孩子。后来长孙皇后的舅舅高士廉也认为李家二公子李世民尤为不凡,所以就把外甥女嫁给了他!可以说著名的大帅哥长孙炽和高士廉的眼光是非常毒辣的。于是,在613年,长孙皇后13岁的时候,嫁给了李世民,从此开始了自己幸福的一生。

几个关键词

长孙皇后去世时,李世民痛心疾首:"顾内失吾良佐,哀不可已已。"他说长孙皇后"每能规谏,补朕之阙"。以后入宫"不复闻善言"。这在一定程度上告诉我们,长孙皇后绝对是李世民的贤内助。在很多史料上都有记载,长孙皇后决不仅仅是一个优秀的后宫管理者。实际上,她一直是李世民的高参,特别是在重大问题上,她是李世民的高级政治顾问。关于长孙皇后,有几个关键词值得参考。

关键词——顾问以不问为前提

长孙皇后这个顾问比较沉默,经常是李世民自说自话了半天,也没见她有一句回应。这就很奇怪了,既然是李世民的顾问怎么会是这么沉默的羔羊呢?估计李世民也很郁闷,就一再地问。长孙皇后这时候才开口回答,说这是皇帝的事情,我一个妇道人家不能干政。说了跟没说一样。李世民不依不饶,就百般解释,非要逼皇后开口。这时候长孙皇后才说出自己的看法。这是为什么?难道是皇后真的没有意见,还是在扭捏作态?当然都不是。经过这么一个反复说的过程,长孙皇后要让李世民确定自己的问题,确定是否真的需要听自己的意见。这是一个意见再筛选的过程。她只回答李世民确实需要的问题,换句话说:皇后只回答重要的,李世民也拿不定主意的问题。什么小事都问你,那还不成秘书了?只有大事才问你,这才是顾问。可见,长孙皇后这个顾问当得是非常的保值。

关键词——长孙无忌

长孙无忌是长孙皇后的亲哥哥，而且是李世民的布衣之交。在李世民夺取最高权力的过程中，功劳甚大。李世民当然最信任他。这位大舅子，不仅和他的舅舅高士廉、叔叔长孙顺德作为二十四功臣被一起挂在凌烟阁，而且还勇夺榜首！——长孙皇后如果在世的话，肯定不会同意李世民整出这个东东！

李世民掌权以后，长孙无忌就担任吏部尚书，后来李世民就想让长孙无忌担任尚书仆射，也就是贞观时期的宰相。这事，李世民献宝似地早早告诉了皇后。结果长孙皇后死活不同意，"皇上，万万不可。臣妾已托身于皇宫，而且身份尊贵至极，如果再让兄长担任如此重要的职位，恐怕会引来朝廷议论纷纷。况且皇上也知道，历史上有多少江山，因为外戚权重而不保！"不光如此，长孙皇后还撺掇自己的老哥申请退出，长孙无忌胳膊拧不过大腿，只好答应了长孙皇后。但是，越是这样，李世民越是坚持，继续给长孙无忌封高官爵位。

果然没过多久，就有人向李世民上书，说这位国舅爷权势太盛，恐有不轨。李世民当众说：我信任无忌，如同信任儿子。朝廷顿时没有声音了。但是，这下长孙皇后誓死不从了，她和长孙无忌轮番苦求，无奈李世民为了不扰民，只好在一年后改授长孙无忌为"开府仪同三司"。

关键词——魏征

长孙皇后对长孙无忌的防范如此认真，而对于另外两个人却是极力推荐。第一个就是魏征。魏征本来不是秦王阵营的人，而是后来跳槽到李世民门下的。李世民爱才如命，接纳了魏征。魏征是唐朝有名的谏臣，号称"千古金鉴"。但是身为皇上的李世民虽然从谏如流，也难免会有不高兴的时候。

有一天李世民下朝回来变得怒气冲冲。长孙皇后很奇怪，早晨走的时候还好好的，怎么现在变成了这样子？于是赶忙问李世民发生了什么事。

李世民说："还不是魏征那个乡巴佬，又在朝堂上跟我过不去。早晚有一天，我要杀了这个乡巴佬！"

长孙皇后二话没说，立刻回头换上朝服，向李世民祝贺。把李世民弄得是丈二和尚摸不着头脑。

皇后说："史书上都说君圣臣忠。现在正是因为陛下圣明，所以魏征才如此敢于直言。天下得一明君，作为陛下的亲人，我怎能不祝贺呢？"

对于李世民的反应史书上没有记载，但想来一定是喜上眉梢的。因为皇后说服李世民的角度，是从表扬李世民的立场来维护魏征的直言。如果她从批评皇上度量狭小入手，那问题一定会更加复杂，甚至完全弄糟。这种方式的成功，是建立在对人性弱点认识的基础上的。得一如此冰雪聪明的女子为伴，夫复何求！

关键词——房玄龄

从年龄上来看，房玄龄比李世民和长孙皇后大出许多岁，但好像一直在帮助这对小夫妻。玄武门事变时，他和尉迟敬德力劝的声音最大。李世民当了皇上后，老房更堪称是勤勤恳恳的好宰相！

但即使是再忠的臣也难免会因为皇上的一时小糊涂被罢官。长孙皇后去世前，房玄龄就有过罢官的遭遇。但长孙皇后是何等聪明的女人，虽然没有亲政，但是什么人是忠臣、良臣，一定是心知肚明。因此，长孙皇后临死前特别嘱咐，"不能弃用房玄龄"，可怜的房玄龄于是又被召了回来。

李世民晚年的时候，不知为什么又把老房赶走了。褚遂良便劝谏，但一开始的好话根本不起作用。最后褚遂良灵机一动，说："当初房玄龄在秦王府和文德皇后'同心影助'帮助你……"后来老房就回来了——褚遂良还真是聪明，这番话一定是让李世民想起了老婆的遗言！

关键词——长乐公主

长乐公主是李世民和长孙皇后的大女儿，两人对她疼爱有加。长乐公主出嫁，李世民一高兴，就使她的嫁妆比长公主（李世民姐姐永嘉公主）的嫁妆多出了一倍。这事又被魏征知道了，他就开始在李世民面前进谏，"当年汉明帝……今天皇上给长乐公主的陪嫁比长公主还要多，臣以为有悖礼数，望陛下三思！"李世民回宫就随口把这件事告诉了皇后，还说魏征多事，要管皇上的家事。

长孙皇后听完，却说："臣妾一直听说皇上欣赏魏征，今天总算知道为什么了。臣妾作为皇上的结发夫妻，常伴左右，情深意重，尚且要察言观色，不敢轻易冒犯皇上，更何况是隔了好几层的臣子呢？魏征不愧是难能可贵的正直之人！"随后长孙皇后和皇上一起说服长乐公主高高兴兴带着不多的嫁妆出嫁了，还让魏征的腰包鼓了起来。并且让人传话，让魏征保持这种直言不讳的真性情！

要不是长孙皇后"深明大义"，估计将来的公主们出嫁也要争个你多我少，不得安宁。即使不是这样，也会惹一些妃嫔和公主们暗自不爽吧？

关键词——养马人

李世民有一匹非常喜欢的骏马，平常就放在宫中饲养。一天，这匹骏马突然无缘无故地死了。李世民当时非常生气，扬言要杀养马的宫人。长孙皇后劝谏说："从前齐景公因为马死而杀人，晏子当着齐景公的面列出养马人的罪状，说：'你把马养死了，这是第一条罪状；你养死了马而使国君杀人，老百姓知道后，一定恨国君，这是你的第二条罪状；其他诸侯知道后，一定看不起我国，这是你的第三条罪状。'齐景公听后便免了养马人的罪。陛下您也肯定知道这个故事吧？"唐太宗听了皇后这番话

【第七章】性情中人

火儿就消了，他对大臣房玄龄说："皇后用平常的故事来启发影响我，真是大有益处。"

最后的评价

关于长孙皇后的轶事还有很多，这样一个聪慧的女子故事一定是数不清的。贞观时期，李世民主外，征战四方、治理天下，长孙皇后主内，掌管内廷。后宫是一条看不见的战线，长孙皇后自始至终以自己的方式支持李世民，是李世民坚强的后盾。在长孙皇后的管理之下，后宫一直是风平浪静。不是这里改变了尔虞我诈的性质，也不是这里缺少了资源，而是因为长孙皇后掌控有力。那是一种化百炼钢为绕指柔的力量，看不见摸不着，但无处不在。对后宫的妃嫔，长孙皇后非常地宽容和顺，她并不一心争宠，反而常规劝李世民要公平地对待每一位妃嫔。正因如此，唐太宗的后宫很少出现争风吃醋的丑事，这在历代都是极少见的。

对待后宫如此，对待已经卸任的李渊更是关爱有加。长孙皇后十分恭敬而细致地侍奉李渊，每天早晚必去请安，时时提醒太上皇身旁的宫女怎样调节他的生活起居，像一个普通的儿媳那样尽着孝道。长孙皇后贤淑、优雅、智慧、大度，用现代最流行的一个说法就是不折不扣的知性女人。

但是，这样成功的女性却是如此的短命。636 年六月二十一，长孙皇后因病医治无效逝世，享年三十六岁。谥号文德皇后。

长孙皇后一生很短暂，只有短短的三十六年。但是这三十几年，她用自己的行动诠释了一个知性女人、智慧女人的一生。她勤奋，一年四季雷打不动；她俭朴，成了整个皇宫的榜样；她心存仁厚，爱护李世民的嫔妃和儿女，还收养了幼年丧母的豫章公主；她正直英明，屡次维护魏征和房玄龄，保住了一代忠臣；她冰雪聪明，巧妙地周旋于李渊和他的嫔妃之间，为李世民争取支持和谅解；她能干聪慧，上战场慰问战士；她小心谨慎，决不让自己的亲哥哥担任重臣，怕的就是会谋害国家……

长孙皇后是李世民身后最伟大的女性，因为她，李世民才可以如此顺利地开创了一个盛世，打开了一个从未有过的局面。她因为自己的丈夫，更因为自己的智慧和品德，在青史上留下美名，成为不逊于东汉阴皇后、明代马皇后的一代贤后。

历史因为这样德才兼备的人而增色，人民因为这样德才兼备的人而受惠。

只要是亲民、爱民、为人民着想的人，就会永远被人民缅怀。

文德皇后千古！

江南才女贤妃徐惠

除了长孙皇后，一夫多妻的政策下，李世民自然还会有很多的后宫嫔妃，其中也有几个比较有知名度的。其中之一就是江南才女贤妃徐氏。她名叫徐惠，浙江湖州人。传说中特别聪明，五个月大的时候就会说话，四岁能读《诗经》、《论语》，八岁会作诗文。估计是徐老爸胎教做得好。

这个徐惠才思敏捷，辞致清丽。进了皇宫后，博览群书，涉猎非常广。上书讨论时政的时候，一点不含糊，见解精到，角度新颖。李世民非常赏识她。

开始进宫的时候，一不小心徐惠就被淹没在后宫的佳丽三千里了。锦衣玉食毕竟敌不过深宫清冷的寂寞，徐惠挥毫泼墨，一首《长门怨》跃然纸上：

旧爱柏梁台，新宠昭阳殿。
守分辞芳辇，含情泣团扇。
一朝歌舞荣，夙昔诗书贱。
颓恩诚已矣，覆水难重荐。

这事很快传到了李世民耳朵里，不觉眼前一亮，于是将徐惠由二十七世妇最末一级才人一下晋迁为九嫔中的第八级充容。这

可是质的飞跃。

尽管有这样的身份，徐惠却没有忘乎所以。在朝野上下响起一片赞美声的时候，她操起魏征的旧业，在后宫担当第二个魏征。总是毫不客气地向李世民进谏。

李世民东征高丽的时候，徐惠也是劝阻的人之一，只可惜李世民没有听得进去。李世民巡游天下时，她告诫李世民"有道之君，以逸逸人；无道之君，以乐乐人"。珍玩是国家沦丧的根本所在；珠宝玉器是迷人心窍的毒药；珍玩珠宝盛行民间，必然会败坏淳朴的民风。徐惠提出论点还不算，还拿出了论据，举例说商纣因为迷恋玉器，最终导致了国家的灭亡。这样的女子在身边绝对是李世民的福气。

不光如此，徐惠才思敏捷也很得李世民爱慕。有一次，李世民派人去请徐惠，徐惠可能是忙着打扮自己，迟迟不来。李世民等到花都谢了，才见徐惠珊珊来临。当时李世民气得眼睛都快冒火了。容光焕发的徐惠见李世民一脸怒气，只是嫣然一笑，挥笔写下了一首诗《进太宗》：

> 朝来临镜台，妆罢暂徘徊。
>
> 千金始一笑，一召讵能来。

李世民一看，忍俊不禁，怒气也全消了。看来才气这个东西不光能挣得荣誉，还能化解怒气。李世民在世的时候，两人可谓相知相敬、相亲相爱。李世民过世后，徐惠忧思成疾，一下卧床不起。太医看了之后，开方熬药，但徐惠拒绝服用。第二年，也随着李世民去了，终年 24 岁。

一个愿意为李世民去死的女人，不光是因为她勇敢坚贞，更因为她明白，这样英明神武的丈夫值得自己这样做。

这样的女子，谁不爱？

大杨妃和小杨妃

在李世民的一生中，也曾有过一些很让人觉得脸上发烧的事儿，其中一件就是他在玄武门之变后，直接纳了李元吉的妻子杨珪媚为妾。这个杨珪媚原本是长安市的歌舞妓，容貌妖媚，性情妖娆，又通晓诗文，能歌善舞。好色的纨绔子弟李元吉花街柳巷转得多了，对这个杨珪媚就看上了眼，最终把她弄到了手，做了齐王妃。

但是婚后不久，李元吉原形毕露，妻子原来让自己惊叹的美貌变得司空见惯，于是又开始在外面猎艳调情，把一个花儿一般的娇妻冷落在了空房中。不过杨珪媚也应该变得乐观一点，毕竟，李元吉没有把情人弄到家里给你难堪啊！但是，这样的委屈谅谁也有点难以接受，于是杨珪媚想方设法地想要挽回丈夫的心，但是最终均告失败。

李世民欣赏杨珪媚的美貌，也知道这个弟媳妇有点不得意，于是就生了恻隐之心。后来恻隐之心越过大堤就变成了爱慕之心。一来二去，两人就对上眼了。

玄武门之变后，李元吉命归西天。李世民把李元吉家的财产全部给了尉迟敬德，唯独留下这一个女人，直接把她纳为自己的妃子，称为大杨妃。二人之间的感情倒是挺好，但是这种事毕竟有悖伦理。后来，李世民仙逝，本来在宫里就没什么人缘的齐王妃更是失去了生活重心。后来，就被放出宫外，出家为尼，就这样结束了她与唐太宗李世民的一段充满爱恨恩怨的情缘。

有大杨妃就会有小杨妃，这个小杨妃是隋炀帝杨广的女儿。虽然杨广生活奢侈糜烂，名声很坏，但是杨广也有雨露均沾的"好名声"。所以，即使小杨妃的母亲不是皇后，估计她的童年生活也挺幸福的。

后来李渊起兵反隋，夺了杨家的天下，作为战利品的她，最

终被送到了李渊最英勇的儿子李世民面前。

那时候小杨妃年纪尚小，但是容色清美，李世民预见了她日后的绝色，就把她交给了长孙皇后。心存仁厚的长孙皇后毫不反对地扮演起了亦姐亦母的角色，抚慰杨淑妃国破家亡的恐惧与悲伤。等她长大，李世民就顺势纳她为妃，恩宠不可谓不荣。

史籍中形容小杨妃"贵盛无比"，她毕竟出身名门。但杨淑妃深受长孙皇后的教导，为人低调，她很清楚自己的血统虽然可能比李世民后宫里任何一个女人都要高贵，但这也是她获罪的第一条件。她小心地把握着自己作为新国贵妃的分寸，为李世民先后生下了两位王子，一个是行三的吴王恪，一个是行六的蜀王愔。由于她有谦恭，有美貌，有公主天然的仪态，更有一个出色的儿子——吴王恪，李世民对她是恩宠有加。

但是，小杨妃注定是不幸的。这不幸就来源于她的儿子——吴王李恪。在李世民为太子的事焦头烂额的时候，吴王不是没有进过李世民的眼。因为吴王非常优秀，在他身上，李世民总是可以看到自己年轻时候的影子。

但是，以长孙无忌为首的一拨人力挺李治，哪怕李治是那么懦弱无能。他们也不能容忍一个流着前朝最尊贵血液的王子成为储君，哪怕他是最优秀的，是融合了两代伟大帝王的血统、众望所归的皇子。他们无法容忍隋杨政权以这样一种顺理成章的方式复辟。李治继位后，失去了李世民庇佑的淑妃母子，在处心积虑的长孙无忌面前无处可逃，最终吴王恪和高阳公主被以谋反的莫须有罪名赐死。如果一个人的死亡，可以绝天下之望，那么他的卓越实在令人无法想象。

在李恪死后，他的弟弟被黜为庶人，徙居巴州，死后爵位才被起复，陪葬昭陵。而他们的母亲杨淑妃，从此在史官的笔下失去踪迹，想来以她的娇弱无争，也应该想不通自己的命运到底是不是受上天眷顾的。

　　杨淑妃作为天之骄女，却注定要为李世民失去一切——在失去父亲、兄弟、王朝、皇后，最后再加上儿子的时候，不知她在地下再见那个男人的时候，是否依然能够笑靥如花。

第二节　嗜好弓马

　　李世民一生南征北战，算得上是在马背上打下的天下，弓箭与战马自然既是他的所爱，又是他人生事业的有力保障。有一句话很有道理：每天锻炼半小时，成功工作五十年，健康生活一辈子。估计，李世民对此也是深有感触，于是各种爱好是非常广泛，而且，有益身心。

善射爱弓身体棒

　　提起李世民这第一个爱好，应该是和他的血统有关。李世民出身于有胡族血统的关陇集团，身上流着胡人善骑射的血脉。崇尚武艺自然是首选。

　　《出猎》
　　雕戈夏服箭，羽骑绿沉弓。
　　怖兽潜幽壑，惊禽散翠空。

　　这是一首用来赞颂李世民的诗，描述他的娴熟弓法。李世民从小就学习弓箭骑射。他所用的箭比平常人的大一倍，命中率高、威力大，有"射洞门阖"的威力。看来要是得罪了李世民让他用箭射敌人，估计能穿过敌人的身体再射出去老远。房玄龄就曾赞扬李世民"箭穿七札，弓贯六钧"。看来，这事十有八九是真的。

　　李世民登基后，虽然不再有机会操着弓箭驰骋沙场，然而李世民自告奋勇地亲自担任警卫将士"习射"的教练。对于这项活动，李世民有明确的规定，每天参加训练的数百人，只要射中目标就可以得到弓刀、布帛的赏赐。这是用经济利益来刺激大家的学习能力，不啻为一个好方法。

李世民善骑射，而且对于弓箭也很有研究。他曾经赋诗一首，表达对弓箭的爱好。

上弦明月半，激箭流星远。

落雁带书惊，啼猿映枝转。

俗话说，三天不练手生。有好的骑射也是需要勤加练习的。而提高骑射最好的方法就是围猎，李世民对此自然也是十分钟爱的。

早在李世民和李建成兄弟之间稍有罅隙的时候，李建成就曾经在一次围猎的时候把自己的骏马借给李世民骑，也正因此趁机告了李世民一状，好在后来化解了危机。

李世民每次外出围猎，左右都会有猎手陪同，名曰"百骑"。他们穿着画有野兽图案的衣衫，持着弓箭在李世民马前帮助李世民狩猎，场面相当壮观。

但是，对于围猎这件事，很多大臣包括长孙皇后在内都是很反对的，一是怕李世民有个什么闪失就完了，毕竟，国不可一日无君。另外，围猎这事本身就有点扰民。经常出去打猎，也会给百姓造成玩物丧志的印象。但是，李世民很聪明，在打猎的时候，他经常带兵练习布阵，而且经常把打猎时间安排在十至十二月。寒冬腊月，出去玩的百姓不多，自然也就不会存在扰民的问题了。而且，围猎的时候布阵，两不耽误。

就是喜欢马

李世民是征战沙场的老手，驰骋疆场的人，对于弓箭马匹都会有自己的心得，前面说了李世民对于弓箭的爱好，接下来要说的就是他对马的热爱。

李世民曾经因为一匹自己喜欢的骏马无缘无故的死了要杀掉侍候马的宫人，好在长孙皇后贤德，及时制止住了。这种感情应该很好理解，就好像现在养狗养猫的人，如果自己的宠物狗宠物猫死了，会不伤心？只不过，李世民的宠物比一般人的要大一些，是马而已。

李世民喜欢马，有一部分应该是遗传于自己的老爸李渊。当年李渊在杨广手下坐班，就是因为自己喜欢养马而没有把那些品种名贵的马进献给杨广，结果落得个玩物丧"职"的下场。

李世民喜欢马，特别是对骏马的嗜好都成癖了。昭陵六骏雕刻，既是唐初雕刻艺术的高度成就，更是唐太宗嗜马成癖与他驰骋战场的真实写照。

这六匹骏马曾经陪伴李世民驰骋过沙场，算得上是为大唐的基业立下了汗马功劳。他们分别是：

"特勒骠"，毛色黄白，嘴微黑。"特勒"是突厥部落的官名，此马可能是突厥某特勒进贡的礼物。公元619年，李世民与宋金刚作战时，就是骑的这匹马。李世民给这匹马的赞语是："应策腾空，承丰半汉，天险催敌，乘危济难。"

"青骓"，毛色苍白，公元621年李世民在河北献县虎牢关与窦建德作战时就是骑的它。马身在冲锋陷阵时被敌人射中五箭，前一后四。李世民对它的赞语是："足轻电影，神发天机，策兹飞练，定我戎衣。"

"什伐赤"，"什伐"为波斯语，"马"的意思。毛色纯赤，来自波斯，还是进口货。李世民与窦建德在虎牢关作战时曾乘骑，身中五箭，可见战斗之激烈。李世民对它的赞语是："里涧未静，斧钺申威，朱汗骋足，青旌凯归。"

"拳毛䯄"，毛色黄，嘴黑，许洛仁在虎牢关所献。李世民乘骑此马曾在河北洺水与刘黑闼进行过激烈的战斗，马连中九箭而

死。李世民对它的赞语是："月精按辔，天马横空，孤矢载戢，氛埃廓清。"

"白蹄乌"，此马周身乌黑，四蹄俱白。公元618年深冬，李世民在陕西长武平定薛仁杲时的乘骑。据说李世民乘此马在追歼薛仁杲时，一昼夜间奔驰二百多里。石刻画面上白蹄乌昂首怒目，四蹄腾空，鬃竖立迎风，可想当年在黄土高原上奔驰的神态。李世民对它的赞语是："依天长剑，追风骏足，纵辔平陇，回安定蜀。"

"飒露紫"，毛色紫红。公元621年，李世民曾骑着这匹马与王世充交战于洛阳。李世民对它的赞语是："紫燕趋跃，马腾神骏，气詟三川，威陵八阵。"

在此六骏中，惟有"飒露紫"这块石雕上有一人像，形似牵马人。这个人就是唐朝大将丘行恭。李世民与王世充在洛阳邙山交战时，李世民乘骑的"飒露紫"在激战中身上连中数箭。在陷入困境的千钧一发之际，大将丘行恭及时赶到，把自己的坐骑留给李世民。自己在前面左右开弓地帮李世民充当前锋，最后成功杀出重围。丘行恭也因此被称为史上全能的运动员。

在浮雕中，此马身中数箭，两眼下垂，臀部稍缩，显示出刚下战场的疲倦神情；而丘行恭身穿战袍，佩刀箭囊未卸，正在俯首为马拔取胸前血箭。战马紧紧偎依在战将胸前，相依为命的形态，是栩栩如生。唐太宗李世民为了表彰丘行恭的功绩，特意将他雕在六骏石刻之中。

除了这六匹骏马，李世民还有其他很喜欢的马。当年李世民征战窦建德的时候，看中了敌军将士王琬的马。于是后来就上演了一幕连人带马的争夺战：尉迟敬德冲入敌阵，连人带马地擒了过来。李世民得到这匹马后，左看右看上看下看，心里特别喜欢，给他取名黄骢骠。要是能抱，估计李世民当时就来个熊抱了。直到贞观晚年李世民还带它出征。黄骢骠死时，李世民哀叹

不已，命乐工制了一首《黄骢叠曲》表示纪念。看来皇帝真的跟平常人一样，对于这些宠物们都是喜爱有加的。

李世民喜欢马，还表现在实际行动中，他曾经写过一首诗《咏饮马》：

骏骨饮长泾，奔流洒络缨；细纹连喷聚，乱苲绕蹄萦。

水光鞍上侧，马影溜中横；翻似天池里，腾波龙种生。

这首诗从动态上写了饮马的各种姿态，最终以"翻似天池"、"腾波龙种"作结，宛若天马行空，神妙无比。倘若不是爱马至深，能写得这么传神吗？

第三节　诗文与书法

李世民的一生女人无数，除了他的长相和身份，有才也应该是其中一个理由。用多才多艺来形容李世民是绝对不算过分的。在战场上我们可以看到他横刀立马、英姿飒爽的勇猛身姿，回到现实生活中，诗文字画也在行的李世民肯定会吸引相当一拨女性的青睐。

属文赋诗倡导学风

初　夏

一朝春夏改，隔夜鸟花迁。阴阳深浅叶，晓夕重轻烟。

嘤莺犹响殿，横丝正网天。佩高兰影接，绶细草纹连。

碧鳞惊棹侧，玄燕舞檐前。何必汾阳处，始复有山泉。

对于诗文，李世民有自己的见解，他觉得齐梁以来绮靡浮艳的文风根本就是在暴殄天物，于是倡导北朝时质朴无华的实用文风。

这是有原因的。多年的征战之苦，使李世民亲眼目睹了黎民百姓的苦难生活。他崇尚节俭，因为他知道一针一线来得都不容易，因此反对奢华侈靡的生活作风。李世民将这种简朴的生活作风同时赋予了诗文理论，那就是要反对绮靡浮华、放纵淫艳，主张质实朴素、崇实弃浮的诗学观念。看来，艺术源于生活，又高于生活，真的不是盖的。

同时，李世民觉得自己身为一国之君，自己的一言一行影响着整个国家的运转。如果自己提倡务实的诗风，就会在国内形成一种潮流。而且，自己的家庭背景，使得李世民从小接受的就是儒家思想的熏陶和影响。在他的思想中，根深蒂固的就是要以儒家思想作为治国之本。

所以他强调诗歌创作要合乎儒家的规范，要求诗歌反映政治得失，并且主张诗歌中要有安邦治国和修身立事的远大抱负，追求的是一种雅正的诗学观。

不过，不得不说，李世民的诗很少有能读起来朗朗上口的。

但是，李世民一生的创作是很丰富的。他创作了散文 25 篇、赋 5 篇、诗歌 109 首等。"一个艺术家总在某些社会条件下创作，又总在某种文艺风气里创作。这个风气影响到他对题材、体裁、风格的去取，给予他以机会，同时也限制了他的范围。"李世民正是在这种情况下，创作了内容丰富的不同于宫体诗的诗歌，在诗歌中体现了独特的思想性和艺术性。一个帝王，尤其是一个成功的帝王，必定是胸怀大志的。委实正是如此，在李世民的诗歌创作中无一不展示着自己的抱负，他往往以缅怀古代帝王的行迹来抒发自己的志向，并表示自己立志做一个节俭、虚心、纳谏、慎刑、爱民的英明君主。

《帝京篇》十首就是唐太宗文学作品的代表作。这些述怀言志诗，所表现出来的是健康乐观、积极向上的情怀，呈现的是刚

李世民

【第七章】性情中人

毅蓬勃的诗风，蕴涵着的是宏伟壮阔的大唐气象。

由于唐太宗的倡导与实践，使贞观文坛出现了一派兴盛的局面。

擅长飞白融合南北

唐朝在很多方面都是其他朝代所不能相媲美的。唐代文化是中国封建文化的巅峰。如果说唐诗是中国诗文化的一个巅峰，至今仍如一轮皓月辉映在历史的天空，春风化雨般滋润着人们的心灵，那么唐代的书法艺术就是星汉灿烂的夜空。在这里书法名家辈出、书体流派纷呈、书法理论繁荣昌盛，颜、柳、欧、褚等名家法帖历经千载风雨，依然是当今学书者临写的楷本。

这些艺术成就的取得和李世民是分不开的。不管是作为一名书法作品的收藏家，还是卓有成就的书法家，不管是关爱书法家的举动，还是培养书法人才的措施，这些都在一定程度上促进了书法事业的发展。皇帝带头发展书法，手下人还不疯了似的跟风？

李世民是王羲之书法艺术的铁杆粉丝，痴迷之深，后人无人能及。看来皇帝追起星来也是不要命啊。他曾命虞世南将选购的王羲之墨迹三千六百幅，张贴在寝殿的墙壁上，朝夕坐卧观赏。还真是上瘾了。这样天天看，再勤加练习，李世民的书法艺术也是突飞猛进。他最擅长的是飞白书法，功力很深，曾写飞白字赏赐群臣，一时成为大家争抢的目标。不过我觉得这句话不能单纯地说明李世民的书法非常好，因为这有可能出于官员的拍马之举。除此之外，李世民还十分重视对技法的钻研，并且写了《笔法论》、《指法论》、《笔意论》等理论研究的文章，从初学到深造的角度对书法作了精辟的分析。

由于李世民对王羲之书法的推崇，因此在贞观时期出现了一场书法革新运动，统一了南北朝以来南师王帖、北宗魏碑的自立门户的局面，使王书成为全国书体的正宗。看来，王羲之泉下有

知自己在唐朝被尊为书圣，一定会乐得眉开眼笑的。

而且，为了普及并提高书法艺术的水平，李世民还设立弘文馆，传习书法。另外，还把书法作为科举考试录取人才的重要一科，明订"楷法遒美"为科举选士标准之一，你字写不好，估计就会影响你的仕途。看来，高考前老师字要写规范的告诫是非常有见地的。

如此狂热地推崇书法艺术，书法想不火都难。

李世民喜欢书法还有很多的故事。他对王羲之那么喜欢，自然是千方百计地想要得到他的真迹。有一天，他听说《兰亭序》的真迹藏在永欣寺和尚辩才那里，就派监察御史萧翼去谋取。萧翼扮成老百姓，先到了湘潭，然后随商人乘船到越州，经过永欣寺，与辩才和尚见了面。

两人一起谈谈文章，聊聊诗赋，十分投机。天晚了，辩才留萧翼住了下来，萧翼就逐渐把话题转到了书法上。萧翼说："我的祖辈传下来二王的楷书，小时候因为贪玩，不知道用功练习。现在还留下几本王羲之的真迹随身带着。"说着便拿出作品给辩才看。辩才看了后说："这些是王羲之的手迹，但不是他的最佳作。贫僧有一本王羲之的真迹，那才是无与伦比的！"萧翼装作惊喜的样子问："什么真迹？"辩才得意地说："《兰亭序》。"萧翼假装不信地说："经过多次战乱，《兰亭序》的真迹怎么会还在呢？肯定是别人仿写的。"辩才和尚见他不信，急了，就从屋梁上取下了自己珍藏的《兰亭序》真迹。萧翼仔细观察，仍然故意说道："果然就是仿写的。"

两人为此争了起来。辩才也没再把《兰亭序》放上屋梁，而是和萧翼带来的作品一起放在了桌上。等辩才出门，萧翼赶忙拿着《兰亭序》回到了京都，把一切禀报了皇上。李世民得到了《兰亭序》真迹，高兴极了，特别奖赏了萧翼，封他为员外郎。

看来李世民还真不是一般的疯狂追星。

第四节　走向终点

晚年的李世民身体每况愈下，而且烦心事一件连着一件。在立太子这件事上，李世民有过困惑，也因此感悟出很多生命的真谛，除了皇权、名誉、地位，是不是还有比这些更可贵的东西存在？晚年的唐太宗给我们呈现出更多人性的本质。

政绩不突出的晚年

眼看着曾经和自己并肩作战的大臣一个个离自己而去，李世民心中自然是非常地难过。人岁数大了，容易感怀很多事，这样的天人永别，自然是最不胜悲情的。此时天下又谣传"唐三代后，女主武王昌"，这一系列的震撼性事件，给唐太宗的心灵以极大的冲击，因此贞观后期，李世民的政绩远没有贞观前期那么突出。

贞观二十二年，天空多次在白昼出现太白星。现在有点天文常识的人都知道这是再自然不过的天文现象。而且，在现在一定会吸引很多人观看。但是，那时候大家不懂这是什么，于是就找人占卜。太史占卜后说，这是"女主昌盛"的征兆。偏偏李世民又听说民间流传的《秘记》上说，"唐三世以后，女主武王代有天下"。这下李世民睡不着觉了，他的李家王朝怎能让"武王"取代呢？李家的天下还没坐够呢！于是，李世民开始想尽一切办法要找到这个"武王"，想把他扼杀在摇篮里。

要说李君羡这个左武卫将军还真是倒霉。他是左武卫将军，官职里有一个武，他的爵号是武连县公，又有一个武，他是武安县人，又有一个武，最后他是宫城北门"玄武门"的守将，一连

占了四个武。更巧的是，小时候为了好养活，他妈给他取了个小女孩的名字，叫他"五娘"，整了五个武。人要是倒霉了，喝凉水都是要塞牙缝的。李君羡占了五个武，"五"与"武"同音，正好牵连到女主之忌里去。这时候的李世民迷信得很，简直到了丧失理智的地步。不由分说，先把李君羡贬到华州任刺使。后来仍不放心，又借故把他杀了。李君羡到死也不明白自己犯了什么罪，可怜地成了李世民迷信的牺牲品。

李君羡要是知道自己的死跟这个名字有关，不知道要怎么埋怨自己的爹妈呢！

另外，李世民晚年的时候，也有一些不好的表现。首先就是东征高丽，这件事算是得到了朝野上下的反对，但是都没有劝得动李世民。一来看得出李世民那时候的顽固，人老了都比较顽固。二来，也是因为当时李世民急于为太子李治清除隐患。这次战争虽然取得了一些胜利，但是完全不能掩盖失败的损失。而且，李世民还在这之后生了病，身体变得不好，成为后来炼丹的直接原因。

后来，李世民要求造船，劳民伤财，竟然引起了农民起义，使得全国上下一起不满。

另外，简朴的李世民晚年也变得奢侈。在贞观十六年的时候，李世民下诏说，太子要用的东西，其他机关不能限制。这就在一定程度上怂恿了太子的奢侈浪费，还给予了"法律文件"上的认可。

李世民自己也开始修建宫殿，贞观十一年在东都洛阳修飞山宫，又在二十一年修翠微宫。

但李世民终究是一代明君。他在晚年的时候，还能反省自己的错误，这是非常难能可贵的。他对太子李治教诲时反省了自己的一生："你应该从历史中找古代的贤明帝王作为学习的典范，像我这样的不足以效法。我做了许多错事，比如锦绣珠玉不绝于前，宫室台榭常有兴造，犬马鹰隼没有不去的地方，行游四方又劳民伤财，这都是大错，你以后不能像我这样，要三思而后行。"

所以，即使后期李世民有一些错误，这样的反省也让人民在一定程度上原谅他了。

求健康食丹药反丧生

史料上曾经说过，对于南北朝时期的梁武帝迷信佛道导致国破家亡，李世民认为这是非常可笑的事，这个教训值得自己一生牢记。而对于图谶迷信，李世民也是非常反对。他曾经说那就是荒唐的事，不能随便喜欢。后来，李世民还说人不论高低贵贱，都逃脱不掉生老病死这一自然规律。唐太宗的这番话，讲得何等精彩！他一生戎马，身体强健。在盛年即位，励精图治，从善如流，把国家治理得井井有条，和贤惠的长孙皇后日子过得也是有滋有味。这时候的他，自然对求仙问道不热衷，甚至很反感，还曾经嘲笑过秦皇汉武晚年追求长生不老的伪科学行为。看来李世民是古代为数不多的唯物主义思想家，把这些看的很淡。

但是，历史的转变总是出乎人们意料的。

随着功业的隆盛与年岁的增高，李世民也与历史上许多有作为的封建帝王一样，以为人间真的有长生不老的药存在。李世民对仙道丹药的事，突然来了个 180 度的大转弯。看来，人真的是不禁夸啊！也可能是李世民神话故事听多了，才会这么以为。但是不管怎么说，李世民开始疯狂地追求长生不老的办法，比当初追王羲之的星还要疯狂。

据说这是有一部分原因的，为什么这么说？因为常年征战，使得李世民的身体变得不怎么好了。另外加上贞观十九年时他亲征高丽时不幸受的箭伤，再加上战争失利，心情郁闷，回到京城后再次病倒。除了早年的"气疾"外，又相继患有痢疾、胃炎、感冒、风疾等多种疾病。这些小病看似没什么大问题，但是人岁

数大了，身体本来就不好，很可能由这些病引发出别的病。比如说脑血栓、冠心病、心肌梗塞什么的，这些可都是致命的。李世民生病后，没有马虎，身边的大臣也不许他马虎啊！但是，这些病好像扎根在他身体里了，吃了半天药，也没看到什么效果。人生病身子虚，容易恍惚，这时候李世民就恍惚了，相信是有神力在控制着什么，于是开始找那些炼丹的人，为自己炼制丹药。

这也跟当时的社会风气有关。唐初门阀士族的传统势力还很强大，若不是出自名门，就很难得到社会的尊重。基于这种局限性，李世民为了提高自己的门第出身，便利用道教始祖李聃姓李、皇室也姓李的巧合，积极地向李聃也就是老子靠拢。老子的名号当然是如雷贯耳了，李世民也因此成为太上老君的后代，是"神仙之苗裔"。结果使得当时道教一下子蹿升到社会第一的位置，道士的身价倍增，春风得意。

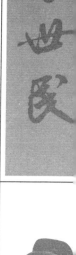

这些道士最喜欢干的事就是炼制丹药，据说吃了可以长生不老，比唐僧肉还管用。结果，病歪歪的李世民就着了道，开始追求长生不老之药。

皇帝的行为总在一定程度上影响着手下大臣的价值观和价值取向。李世民千方百计地寻访仙丹，手下的大臣也不遗余力地帮忙。

贞观二十一年正月，高士廉去世。李世民觉得高士廉跟随自己这么久，而且还跟自己有亲戚关系，应该参加追悼会。但是，房玄龄极力劝阻，李世民不听，坚决要去。到了半路上，马车突然停了，一问才知道，是长孙无忌挡在了前面。长孙无忌说："皇上吃了金石仙丹，按照方子不能参加追悼会，还是回去吧！皇上要为苍生考虑啊！"李世民依然固执地要去。这下，长孙无忌要急疯了，干脆躺在了路上，一边哭一边喊着不让李世民去。李世民这下子没办法了，只好返回宫中。

长孙无忌说的金石，就是方士们炼制的丹药，看来，那时候李世民已经开始服用丹药了。而且，李世民还在那个时候开创了一种先河：就是从国外引进丹药。唉，李世民无论在哪方面都是这么优秀。眼看着国内的方士们的丹药不怎么有效，他的眼光自然就转向了国外。外来的和尚会念经，没准真比国内的强。大臣们知道李世民想咨询国外的方士，于是就开始四处搜罗国外方士。

无巧不成书，贞观二十二年，王玄策出使西域，路上遇见强盗，于是向唐朝的外甥吐蕃借兵。他们合力打败了中天竺帝那伏帝国，俘虏了国王阿罗那顺与方士那罗迩婆婆寐。王玄策听说这个那罗迩婆婆寐（名字真难念）已经活了二百岁，是因为自己懂得长生不老的方法，家里祖传的秘方，能配制金石秘剂。王玄策想李世民之所想，急李世民之所急，赶紧屁颠屁颠地把这个方剂献给了李世民。此举正中李世民下怀，满足了李世民期望康复、幻想长寿的急切心理。王玄策自然也少不了加官进爵。

等外国的方士来到宫中，李世民自然非常喜欢，好吃好喝好招待后，请到金飚门宫内配制丹药。还额外地下令兵部尚书崔敦礼率一批人马，协助古印度方士炼丹。估计是怕有人打扰方士炼丹。

皇天不负有心人，经过近一年的炼制，贞观二十三年春，丹药终于出炉了！崔敦礼等赶紧捧着刚出炉的热乎乎的丹药送进宫里，让李世民趁热吃。李世民一见丹药，如获至宝，按照那罗迩婆婆寐的嘱咐，依法服食。

结果，吃下丹药后，就觉得浑身疼痛难忍。不但没缓解病情，反倒是越来越重了。没过几个月，一代英明神武的皇帝，曾经南征北战立过赫赫战功的李世民，四方臣服、万国来朝的天可汗，身患"暴疾"，在贞观二十三年的五月二十六日，一命呜呼了！享年五十岁。

也无怪乎李世民会这样"惨死"，只怪当时的科技水平太落后。据说，当年李世民服用的那颗药是由水银、硫磺、砒霜等炼制而成的。砒霜、水银、硫磺，这都是可以要人命的东西啊！没文化真可怕！不过，话又说回来，现在科技比原来发达多了，不是还有人相信网上的虚假宣传，买那些自以为真的药。李世民的悲哀就在于太过沉迷于那些方士对于长生不老的宣传，结果以身试药，导致了这样的结局，可悲可叹！

所以在此呼吁，不要相信网络上药品的虚假宣传，一定要到正规网点买药！

不过，榜样的力量是无穷的，李世民之后的子孙们，虽然知道自己的老祖先是吃丹药死的，依然前仆后继，执着地追求长生不老，炼制丹药服用。真是可悲啊！

李世民的一生

纵观李世民的一生，除了这个死法不是很光明外，其他方面称得上是可圈可点。在他之前，一提到盛世，人们都会说文景之治；一提到明君，都会说汉武帝。而在他之后，人们想到的盛世是贞观之治，想到的明君是他李世民。

他的一生，征战南北。李渊起兵太原时，他是先锋；征讨薛氏父子，虽然尝了败绩，但最终用拖字诀打败了他们；王世充、窦建德，哪个不是他的手下败将？尽管他亲手杀害了自己的兄弟，但即使他不先下手为强，他就不会被他们干掉吗？当时的环境决定了他不能心慈手软。那是人性在权力面前暴露出来的弱点，这是整个人类的悲哀，不光李世民自己一个人这样。对少数民族多次用兵，那也是一个国家打击对手、走向强盛的手段，我们不能苛责当时的帝王遵守现在的国际法或者道德准则。即使现在有国际法和道德准则，不一样还是有些国家不遵守吗？而且，当时李世民不动手，突厥、吐谷浑不是一样地来骚扰中原吗？

更为值得称道的是李世民的用人之道。贞观一朝，人才济

济，光是这些人的光环就可以把人眼耀花了。哪一个不是光芒四射？哪一个的名讳不是如雷贯耳？而且，李世民对于官员的任用绝对值得赞赏。且看他手下那些人：一心想告发李渊谋反的兵法大家李靖、李建成的心腹魏征、东突厥贵族阿史那社尔、铁面无私的戴胄……都在李世民的麾下找到了展示才能的舞台，建立了属于自己的功勋，青史上留下了美名。

也正是因为李世民高明的用人之术，那个时代是人才辈出，特别是在李世民登基之后。杰出的文臣武将是一茬一茬的，在中国、在历史上，涌现出这么多的杰出人才的不能说没有，但是真的很少。大家耳熟能详的凌烟阁二十四臣，比东汉时期光武帝时候的云台二十八将名声肯定是响亮许多的。

当然，所谓人无完人，李世民也不可能是完美的。他也有很多劣迹。曾经有人拿李世民和杨广相比，因为二人实在是有很多的相似之处，首先都不是嫡长子，都是夺来的政权；其次，二人都对少数民族用过兵，而且，都有东征高丽不成功的记录；再次就是二人都曾大兴土木，建立了一些楼堂馆所，耗费了很多的人力物力；最后，就是二人都曾霸占过别人的女人。

前两个所谓的"劣迹"我们已经在前面解释过了，那是出于形势所逼的不得已而为之。至于后面两条，确实要批评李世民。但是，李世民和杨广还是有很大区别的。毕竟李世民绝对是一代明君，而杨广却是不折不扣的昏君。

李世民大兴土木是在贞观后期，而不是像杨广那样，贯穿自己统治的始终。至于霸占别人的老婆，李世民是在李元吉死后霸占的，虽然之前两人就对上眼了，但是没有什么实际行动，仅限于幻想。而杨广，却是在杨坚还活着的时候，就霸占了老爸的妃子。

如果杨广能如李世民这般张弛有度，他也是有机会成为一代明君的，只可惜，他没有这样的眼光和智商。史料上还记载贞观

十七年的时候，李世民坚决要求房玄龄、许敬宗等呈上还没有编写好的《实录》，然后在自己的指示下更改了《实录》的某些记载。

当然要对于李世民明知史官不应该让君主看见《实录》还坚持要看的行为表示鄙视，但是这事有些蹊跷。因为后面又记载说，李世民要求坚决按照事实记录玄武门事变。这就说不过去了。首先，李世民既然是改史了，为什么不美化一下玄武门，还要求按事实记载？其次就是，如果真的改史，干脆把这段抹了不是更能显示自己的形象高大吗？再次，李世民把长孙无忌看做自己的儿子般喜欢，既然改史，干嘛不把长孙无忌的功劳往完美那儿扩大，而是继续没有什么大的作为？

所以，对于史料上说的李世民改史这一"劣迹"，我觉得需要为李世民正一下名，但愿不会挨资深史学家的板砖。

李世民是一代明君，这绝对是人人都认可的称呼，而李世民也用自己的行动成功诠释了这一点。即使他死去这么多年，仍然会有人记得他的一切，他所有的丰功伟绩。

唐太宗千古！

李世民死后，和长孙皇后合葬在昭陵，这对生前相敬如宾的夫妻，死后可以继续书写他们的神话。

李世民大事年表

599 年，出生于武功（今陕西武功西北）。

隋炀帝大业十一年（615），隋炀帝被突厥始毕可汗率兵围困在雁门（今山西代县），年仅十六岁的李世民应募勤王，崭露头角。

大业十三年（617），李渊被任命为太原留守，李世民随从来到晋阳（今山西太原）。

李渊在晋阳起兵以后，李世民与其兄李建成分统左、右两军，并肩作战，于大业十三年十一月（617）攻克长安。

武德元年（618），李渊称帝，是为唐高祖。唐朝建立，国号唐。李世民以功被拜为尚书令、右武候大将军，晋封秦王。

武德元年（618）三月，盘踞金城（今甘肃兰州）的薛举、薛仁杲父子率部进犯关中，李世民奉命率兵征讨。将其击败。薛仁杲投降后被处死。

武德二年（619）十月，马邑（今山西朔县东北）人刘武周叛乱，率众南下，相继打败了李元吉、裴寂等唐将，几乎占领河东全境，关中震动。李世民主动请缨，并率兵三万，东渡黄河，一举击败了刘武周的精锐部队宋金刚部，并收降了骁将尉迟敬德和寻相等。

李世民麾军北进，在武德三年（620）四月歼灭了刘武周，收复了河东全境。

620 年七月，李世民率兵挺进中原，势如破竹，相继收复了河南的多数郡县，将隋朝的残余势力王世充围困在洛阳孤城之中。接着，又果断地采取围城打援的作战策略，生擒了窦建德，迫降了王世充，相继平定了隋末以来两个势力最强的集团势力。

武德九年（626）六月四日，李世民率秦府幕僚长孙无忌、尉迟敬德等，在宫城的北面玄武门内，一举杀死了太子李建成和四弟齐王李元吉，这就是"玄武门之变"。

武德九年（626）六月六日，唐高祖下诏将李世民立为太子。

武德九年（626）八月，唐高祖禅位而为太上皇，李世民登上帝位，是为唐太宗。

贞观元年（627）正月初一，改元贞观。

贞观元年（627）正月，唐太宗下制，令今后中书省、门下省以及三品以上官入阁商议国家大事，都要有谏官跟随，遇有不当之处，谏官立刻进谏。

贞观元年（627）正月，唐太宗命吏部尚书长孙无忌等与学士、法官等人重新议定律令。放宽绞刑五十条为砍断脚趾，唐太宗仍嫌这种肉刑太残酷，蜀王法曹参军裴弘献请再改为加役流，徙三千里，居作三年。诏从之。

贞观元年（627）唐天节将军、燕郡王李艺据泾州反。

贞观元年（627）二月，并省全国的州县，将全国分为十道，即关内道、河南道、河东道、河北道、山南道、陇右道、淮南道、江南道、剑南道、岭南道，废郡为州，故每道各辖若干州。

贞观元年（627）十月岭南酋长冯盎遣子入朝。

贞观元年（627）末，吏部侍郎刘林甫奏请以后四时听选，随阙注拟，人以为便。太宗诏命一部分人到洛州参选。太宗说"官在得人，不在员多"。命房玄龄并省中央官员，只留下文武官额六百四十三人。

贞观二年（628）诏各地置义仓。薛延陀首领夷男受唐封为可汗，建汗庭于漠北。

贞观二年（628）三月，大理少卿胡演向太宗上报每月囚徒的账目。太宗命令后大辟罪由中书、门下省四品以上官和尚书省议定，以免冤滥。接着又逐个带进囚徒，轮到岐州刺史郑善果时，太宗认为善果虽有罪，官品不低，不应予于囚徒之列。于是，又命以后三品以上官犯罪，不用带进，可在太极宫承天门左右朝堂听判决。

【第七章】性情中人

贞观二年（628），关内发生旱灾，百姓缺粮，有许多人卖儿卖女以换取衣粮。四月，太宗诏出御府金帛赎回被卖儿童，交还父母。又因去年久雨，今年又遭受旱灾、蝗灾，大赦天下。

贞观二年（628）四月，突利派使来唐请求援助。太宗召集大臣讨论，兵部尚书杜如晦请出兵攻突厥。贞观三年（629）十二月，突利可汗入朝，太宗任命他为右卫大将军，赐爵北平郡王。

贞观二年（628）九月，中书舍人李百药请再出宫人。唐太宗命尚书左丞戴胄和给事中杜正伦在掖庭西门简选宫人，前后放出宫女又达三千余人。

贞观二年（628）末，派遣游击将军乔师望从小路带着册书拜夷男为真珠毗伽可汗，赐给他鼓纛。夷男非常高兴，派使入贡。

贞观三年（629）三月，太宗以房玄龄为左仆射，杜如晦为右仆射，以尚书右丞魏征守秘书监，均参与朝政。房玄龄善谋略，杜如晦善决断，为唐朝名相，并称"房杜"。

唐朝初年，凡国家军政大事，中书舍人各依自己的见解，签署自己的名字，被称做五花判事。由中书侍郎、中书令审查，由给事中、黄门侍郎校正。

贞观三年（629）四月，唐太宗重新申明旧的制度，于是很少发生错事。

贞观三年（629）大旱，太宗诏求直言，马周代常何向太宗提了二十多条意见。太宗大喜，召马周入见，令他宿值门下省，不久以马周为监察御史，终至拜相。

贞观三年（629）八月，命兵部尚书李靖为行军总管、张公瑾为副总管，前去征讨突厥。突厥俟斤九人带领三千骑兵降唐，拔野古、仆骨、奚等酋长也率部众降唐。

贞观三年（630）正月，李世勣在白道败突厥，李靖在阴山大败颉利可汗。

贞观三年（630）闰十二月，东谢酋长谢元深、南谢酋长谢强朝唐。

东谢、南谢是南蛮的分支,分布在黔西。唐太宗下诏以东谢之地为应州(今贵州德江县)。

贞观三年(630)闰十二月,牂柯酋长谢能羽及兖州蛮向唐入贡。太宗诏以牂柯之地为牂州。党项酋长细封步赖降唐,唐以其地为轨州境,南谢之地为庄州(今贵州境内),隶属于黔州都督。

贞观四年(630)正月,李靖率三千骑自马邑进驻恶阳岭,夜袭定襄,大败突厥。颉利可汗大惊,迁牙帐于碛口。颉利的亲信康苏密以隋炀帝后萧氏及其孙杨政道降唐。

贞观四年(630)三月,各族君长都到长安请唐太宗称天可汗,唐太宗笑道:"我为大唐天子,难道又为可汗之事吗?"但此后唐太宗赐给西北各族君长的玺书都用"天可汗"的称号。

贞观四年(630)三月,唐行军副总管张宝相突至苏尼失兵营,俘颉利,送往长安。

贞观四年(630)九月,伊吾城主到长安朝唐。先是伊吾内属,隋于其地设置伊吾郡;隋末,城主向突厥称臣。颉利被唐攻灭后,伊吾城主率他所属的七城降唐,唐朝在伊吾设置西伊州(今新疆哈密)。

太宗阅读中医著作《明堂针灸书》后,认为人的五脏都归结在背部。于是于贞观四年(630)十一月下令,此后审讯犯人,不得鞭击背部。

贞观四年(630),全国丰收,流散到各地的百姓回归故里,米每斗不超过三四钱,一年仅判处了二十九人死刑。

贞观四年(630)八月,日本遣使犬上三田耜(亦作御田锹)、药师惠日等来唐,是为日本第一次遣唐使。

贞观五年(631),开党项之地为十六州。林邑、新罗遣使到唐。

贞观五年(631)十二月初二日,唐太宗制:"判决死罪,要在两天内五次申奏,下各州的要三次申奏;行刑当天,尚食局不得进酒肉,内教坊及太常寺不得奏乐。门下省还要再检查,有依法应当死而处境堪怜者,另外写状上奏。"五次申奏是指行刑前两天到行刑之日共上奏五次,

人命关天，以示慎重。只有犯恶逆罪（隋立"十恶不赦"之科，唐承之）的人只奏一次。

贞观六年（632），太宗增置三师官（太师、太傅、太保）。太宗与侍臣论安危之本。长孙后贺太宗喜得谏臣，焉耆王遣使入贡，唐太宗派鸿胪少卿刘善因前去册立泥孰为奚利邲咄陆可汗。

贞观六年（632）十一月，契苾（铁勒十五部之一）部落酋长契苾何力率所部六千余家到沙州（今甘肃敦煌西）向唐政府归降。

贞观七年（633），太宗赦死囚，李淳风造浑天黄道仪。

贞观八年（634），李靖等赴诸道察情。

贞观九年（635），唐高祖李渊卒，唐平吐谷浑。

贞观十年（636），唐建南北衙。

贞观十年（636）六月二十一日，太宗皇后长孙氏卒，年三十六岁。

贞观十一年（637）八月，侍御史马周上疏朝廷，建议政府应重视州县地方官吏的选任。太宗闻奏，深以为是，决定以后刺史由他亲选，县令则由京官五品以上各举一人。

贞观十二年（638），立薛延陀小可汗，太宗建百骑。

贞观十三年（639），太宗停世袭刺史。

贞观十四年（640），流鬼国遣使入贡，侯君集灭高昌，唐置安西都护府于交河，礼官改礼制，唐文成公主入藏。

贞观十五年（641），唐蕃和亲，席君买平吐谷浑之乱，册封百济王，李世勣败薛延陀。

贞观十六年（642），魏王泰上《括地志》，太宗徙死罪者实西州，禁自伤肢体，郭孝恪败西突厥咄陆可汗。

贞观十七年（643），魏征卒，李世民命画功臣像于凌烟阁，太子承乾造反，被废，立晋王治为皇太子。

贞观十八年（644），太宗亲征高丽。

贞观十九年（645），铁勒九姓大首领率众降唐。玄奘取经回国，张亮、程名振拔高丽卑沙城，李世勣攻高丽辽东城，契苾何力等勇击高丽，高丽白岩城降，太宗破高丽安市救兵，太宗下诏从高丽班师。

贞观二十年（646），薛廷陀咄摩支降唐，敕勒诸部朝唐。

贞观二十一年（647），唐发兵攻龟兹，太宗哭高士廉，骨利干入贡，王波利造船攻高丽，突厥车鼻可汗向唐朝入贡，西赵酋长赵磨内附。

贞观二十二年（648），薛万彻等率军击高丽，李百药卒，结骨入朝，松外蛮附唐，契丹首领曲据内附，阿史那贺鲁降唐，王玄策破中天竺，房玄龄卒。

贞观二十三年（649），徒莫祇等蛮内附。

贞观二十三年（649）五月，唐太宗病危。临终前，他召见长孙无忌和褚遂良，让他们辅佐太子李治听政。是月，太宗病逝于翠微宫含风殿。太子即位，是为高宗。

唐太宗李世民的三代祖辈

唐太宗李世民	父亲： 唐朝皇帝 唐高祖李渊	祖父： 北周唐国公（仁公） 追尊唐世祖 李昞	祖父之父： 西魏陇西郡公（襄公） 追尊唐太祖 李虎
			祖父之母： 追尊景烈皇后 梁氏
		祖母： 追尊元贞皇后 独孤氏	祖母之父： 北周大司马独孤信
			祖母之母： 独孤信之妻崔氏
	母亲： 追尊太穆皇后 窦氏	外祖父： 北周神武郡公（肃公） 窦毅	外祖父之父： 窦岳
			外祖父之母： 窦岳之妻，姓氏不详
		外祖母： 北周襄阳长公主 宇文氏	外祖母之父： 西魏安定郡公（文公） 追尊北周文帝 宇文泰
			外祖母之母： 北周叱奴太后

后　妃

皇后

长孙长孙皇后，三子，李承乾、李泰、李治

妃嫔

韦贵妃，韦珪，子纪王李慎，长孙皇后崩后，一直由韦贵妃掌管后宫。

杨贵妃，杨妃，子赵王李福，贵妃为死后追封。

燕德妃，本为贵妃，阴妃降为嫔后，升为德妃，子越王李贞，李治尊封为越国太妃。

郑贤妃无子，疑为贞观十七年封，卒年不明，《唐会要卷二十一》记载陪葬昭陵，目前尚未发现其墓葬。

徐贤妃，名徐惠，自才人、婕妤进封昭容，太宗崩后徐惠殉葬，追为贤妃。

杨妃，隋炀帝女，子吴王李恪，为与另一位杨妃区别，又称小杨妃，后人猜测她的封号可能是淑妃

阴嫔，封号不详，可能是淑妃、德妃的其中一個。因为儿子齐王李祐的缘故，降为嫔。

杨婕妤杨恭道第三女。

萧美人，萧铄第二女。

崔才人，崔宏道長女。

萧才人，萧铿第二女。

武才人，武媚娘，即后来的武则天。

王氏，子蒋王李恽。

杨氏（原为李元吉之妻），子曹王李明。因为身份尴尬的为题，没有封号，据说唐太宗有意立其为后，遭反对后才不了了之。

子女

子

常山郡王→中山郡王→皇太子李承乾（母长孙皇后，后废为庶人，死后复常山愍王爵）

楚王李宽（母不详，早薨）

长沙郡王→汉王→蜀王→吴王→贬为庶人［7］→郁林王李恪（母隋炀帝女杨妃）

宜都郡王→卫王→越王→魏王→降封东来郡王→顺阳郡王→濮恭王李泰（母长孙皇后）

宜阳郡王→楚王→燕王→齐王李祐（母阴妃，后因罪赐死，贬为庶人）

梁王→蜀王→贬为庶人→涪陵郡王→蜀悼王李愔（母隋炀帝女杨妃）

郯王→蒋王李恽（母王氏）

汉王→原王→越王李贞（母燕妃）

晋王→皇太子→高宗李治（母长孙皇后）

申王→纪王李慎（母韦妃）

江殇王李嚣（母燕妃，早薨）

代王李简（母不详，早薨）

赵王李福（母杨妃）

曹王李明（母李元吉妻巢剌王妃杨氏）

女

襄城公主（下嫁萧锐，又嫁姜简）

汝南公主（早薨）

南平公主（下嫁王敬直，又嫁刘玄意）

遂安公主（下嫁窦逵，又嫁王大礼）

长乐公主（母长孙皇后，下嫁长孙冲）

豫章公主（早年丧母，由长孙皇后抚养长大，下嫁唐义识）

巴陵公主（下嫁柴令武，后被迫自杀，追封比景公主）

普安公主（下嫁史仁表）

东阳公主（母长孙皇后，下嫁高履行）

临川公主（母韦贵妃，下嫁周道务）

清河公主李敬（字德贤，下嫁程怀亮）

兰陵公主李淑（字丽贞，下嫁窦怀悊）

晋安公主（下嫁韦思安，又嫁杨仁辂）

安康公主（下嫁独孤谋）

新兴公主（下嫁长孙曦）

城阳公主（母长孙皇后，下嫁杜荷，又嫁薛瓘）

高阳公主（早年丧母，由长孙皇后抚养长大，下嫁房遗爱，后被迫自杀，追封合浦公主）

金山公主（早薨）

晋阳公主（字明达，母长孙皇后，丧母后由唐太宗亲自抚养，十二岁夭折）

常山公主（没有下嫁）

新城公主（母长孙皇后，下嫁长孙诠，又嫁韦正矩）

凌烟阁二十四臣

排名从上至下，从左到右

长孙无忌	房玄龄	萧瑀	殷开山	侯君集	刘政会
李孝恭	高士廉	段志玄	柴绍	张公谨	唐俭
杜如晦	尉迟敬德	刘弘基	长孙顺德	程知节	徐世绩
魏征	李靖	屈突通	张亮	虞世南	秦叔宝

十八学士

排名从上到下，从左到右

杜如晦	苏世长	褚亮	李玄道	蔡允恭	薛元敬
房玄龄	姚思廉	陆德明	李守素	颜相时	盖文达
于志宁	薛收	孔颖达	虞世南	许敬宗	苏勖